用于国家职业技能鉴定
国家职业资格培训教程
YONGYU GUOJIA ZHIYE JINENG JIANDING
GUOJIA ZHIYE ZIGE PEIXUN JIAOCHENG

冷作钣金工

（初 级）

第2版

编审委员会

主　任　刘　康
副主任　张亚男
委　员　（按姓氏笔画排列）
于　军　张　伟　陈　蕾　林　征　郑文杰
孟广斌　孟庆峰　赵东旭

编审人员

主　编　孟广斌
副主编　孟庆峰
编　者　郑文杰　张　立　曹　永

中国劳动社会保障出版社

图书在版编目（CIP）数据

冷作钣金工：初级/中国就业培训技术指导中心组织编写．—2版．—北京：中国劳动社会保障出版社，2012

国家职业资格培训教程

ISBN 978-7-5045-9634-5

Ⅰ．①冷…　Ⅱ．①中…　Ⅲ．①钣金工-技术培训-教材　Ⅳ．①TG38

中国版本图书馆CIP数据核字（2012）第075951号

中国劳动社会保障出版社出版发行

（北京市惠新东街1号　邮政编码：100029）

出 版 人：张梦欣

*

三河市华骏印务包装有限公司印刷装订　新华书店经销

787毫米×1092毫米　16开本　14.75印张　257千字

2012年4月第2版　2020年3月第3次印刷

定价：29.00元

读者服务部电话：（010）64929211/84209101/64921644

营销中心电话：（010）64962347

出版社网址：http://www.class.com.cn

前　言

为推动冷作钣金工职业培训和职业技能鉴定工作的开展，在冷作钣金工从业人员中推行国家职业资格证书制度，中国就业培训技术指导中心在完成《国家职业技能标准·冷作钣金工》(2009年修订)（以下简称《标准》）制定工作的基础上，组织参加《标准》编写和审定的专家及其他有关专家，编写了冷作钣金工国家职业资格培训系列教程（第2版）。

冷作钣金工国家职业资格培训系列教程（第2版）紧贴《标准》要求，内容上体现“以职业活动为导向、以职业能力为核心”的指导思想，突出职业资格培训特色；结构上针对冷作钣金工职业活动领域，按照职业功能模块分级别编写。

冷作钣金工国家职业资格培训系列教程（第2版）共包括《冷作钣金工（基础知识)》《冷作钣金工（初级)》《冷作钣金工（中级)》《冷作钣金工（高级)》《冷作钣金工（技师高级技师)》5本。《冷作钣金工（基础知识)》内容涵盖《标准》的“基本要求”，是各级别冷作钣金工均需掌握的基础知识；其他各级别教程的章对应于《标准》的“职业功能”，节对应于《标准》的“工作内容”，节中阐述的内容对应于《标准》的“技能要求”和“相关知识”。

本书是冷作钣金工国家职业资格培训系列教程（第2版）中的一本，适用于对初级冷作钣金工的职业资格培训，是国家职业技能鉴定推荐辅导用书，也是初级冷作钣金工职业技能鉴定国家题库命题的直接依据。

本书在编写过程中得到辽宁省职业技能鉴定中心、辽宁冶金技师学院、盘锦市北方工业学校等单位的大力支持与协助，在此一并表示衷心的感谢。

中国就业培训技术指导中心

目 录

CONTENTS 国家职业资格培训教程

第1章 识图绘图

第1节 识　　图

学习单元1 识读零件图样

学习目标

- 掌握投影原理及零件的常用表达方法
- 掌握标准件的规定画法
- 掌握常用螺栓、孔符号标注方法及其含义
- 能识读金属结构零件图样

知识要求

一、投影原理与零件的表达方法

零件图样是完全利用投影原理和机械制图的规定画法而绘制的，所以是否掌握投影原理和机械制图的基本知识，关系到能否读懂零件图样。关于投影原理和机械制图的基本知识，在机械制图课程中已有详细介绍，由于篇幅的原因，在这里仅做

简单的叙述。

1. 投影法的基本知识

（1）投影的产生

众所周知，阳光、灯光照射物体就会在墙壁上（或地面上）出现该物体的影子（见图 1—1）。这个影子虽然不能显示出物体的确切形状，但却能反映出物体某个方面的轮廓外形。

在上述自然现象的启示下，人们总结出用投影来表示物体形状的方法（见图 1—2）。所谓投影，就是假想用一束光线（投射线）将物体上各表面及其边界轮廓向一个承受光线的平面（投影面）进行投射，从而在投影面上得到图像（投影图）。上述投射线、物体、投影面便是构成投影的三要素。

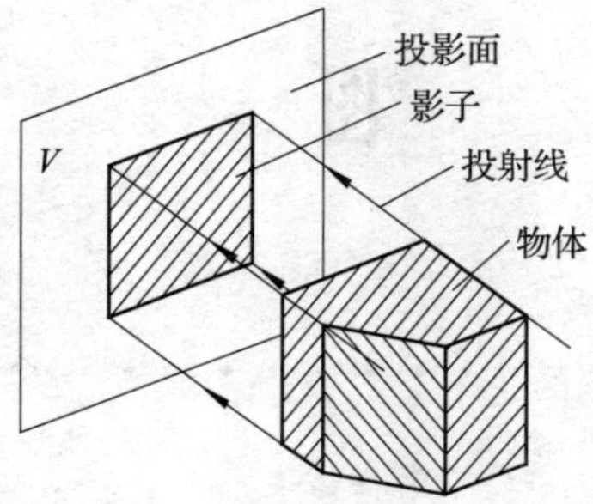

图 1—1 影子的产生

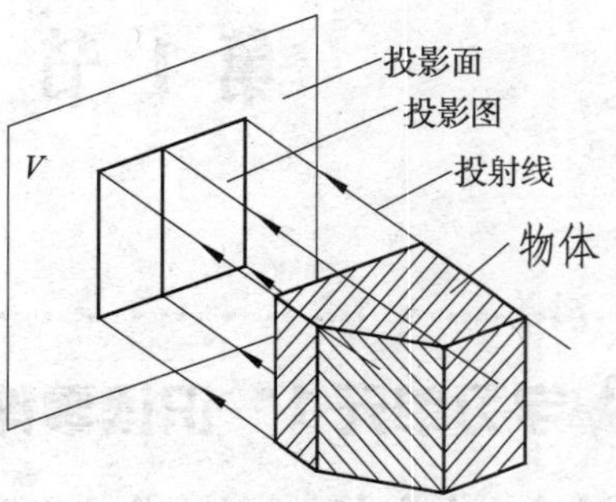

图 1—2 投影的产生

对物体进行投影而在投影面上产生图像的方法称为投影法。它是研究空间几何关系及绘图的基本方法。

（2）投影法分类

通常把投影法分为两类，即中心投影法和平行投影法。

1）中心投影法。中心投影法如图 1—3 所示。如果要把 P 平面外的一段曲线 AB 投影在 P 平面上，则可在 P 平面外选择任意一点 S，并由 S 点向曲线上所有的点引直线并延长，在 P 平面上得到所有线的交点，将这些交点连接起来就得到曲线 AB 在平面 P 上的投影图形——曲线 ab。

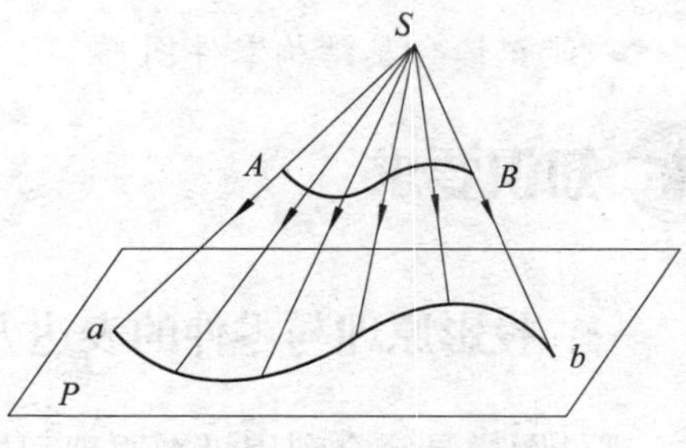

图 1—3 中心投影法

图中，S 点称为投影中心，P 平面称为投影面。由 S 点发出，经曲线 AB 上任一点的直线称为投射线。曲线 *ab* 则是曲线 *AB* 在 *P* 平面上的中心投影。这种投射线交于一点的投影方法，称为中心投影法。

2）平行投影法。平行投影法如图 1—4 所示。若设想将 *S* 点移开到离 *P* 平面外无穷远的地方，这时投射线就如同地面上的太阳光线一样彼此平行，投射线的方向称为投影方向。在图 1—4 中，分别按给定的投影方向作出了与 *P* 平面平行的四边形 *ABCD* 在 *P* 平面上的投影。这种投射线互相平行的投影方法，称为平行投影法。

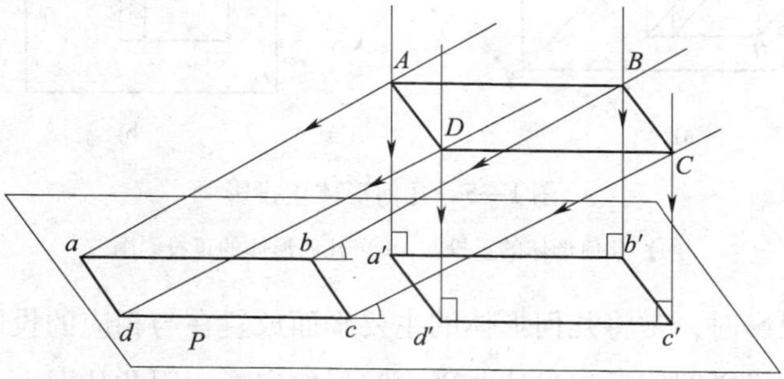

图 1—4　平行投影法

平行投影法按投影方向是否垂直于投影面，又分为两种：

①斜投影法。投影方向倾斜于投影面，如图 1—4 中左图所示。

②正投影法。投影方向垂直于投影面，如图 1—4 中右图所示。

用正投影法得到的图形称为正投影图。图中四边形 *a′b′c′d′* 就是四边形 *ABCD* 的正投影图，这种投影图能准确表达物体的形状和大小，且作图简便，故在工程中广泛应用。正投影法也是零件图样中最常用的表达方法，因此，本课程主要研究正投影法。为了叙述简便，除特殊说明外，本书所述投影均指正投影。

2. 工程上常用的几种图示法

从上面两种投影法可以看出，点在投影面上的一个投影不能完全确定该点的空间位置。由于空间形体均可分析为一些点的集合，因此只有形体的一个投影还不能完全确定该形体所占空间。为了解决这个问题，在工程上常根据所用的图示法，采用一定的方法作为补充。

工程图样为解决工程实践中的有关问题，常根据所绘对象的特性和图形的要求而采用不同的图示法。在工程上常用的图示法有正投影法、轴测投影法和透视投影法。

（1）正投影法

正投影法是一种多面投影，它采用互相垂直的两个或两个以上投影面，在每个投影面上分别用正投影获得几何形体的投影。由这些投影便能完全确定该几何形体的空间位置和形状。

图 1—5 就是几何形体的正投影。

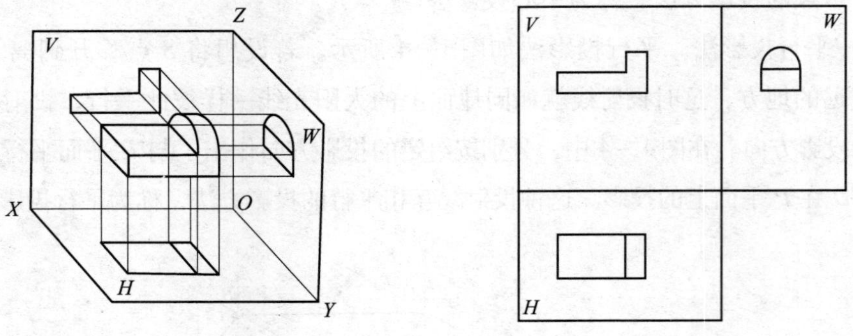

a)　　b)

图 1—5　几何形体正投影

a）几何形体的正投影　b）几何形体的正投影图

正投影法投影时，常将几何形体的主要平面放置在与相应的投影面平行的位置上，这样画出的投影图能反映出这些平面图形的实形，因此从图上可以直接量得空间几何形体的许多尺寸。也就是说，正投影图有很好的度量性，而且正投影图作图也较为简便，所以在工程上应用最广。它的缺点是所绘图形的直观性较差。在金属结构制造中常接触到的机械图、钢结构和轻钢结构施工图等，一般均是用正投影法绘制的。

（2）轴测投影法

轴测投影法是单面投影，也是一种平行投影法。这一方法是将空间形体连同确定该形体的三个互相垂直的坐标轴一同平行地投射到一个投影面上。图 1—6 表示这种投影图的绘图方法。由于采用平行投影法，所以在空间中平行的直线投影后仍平行。

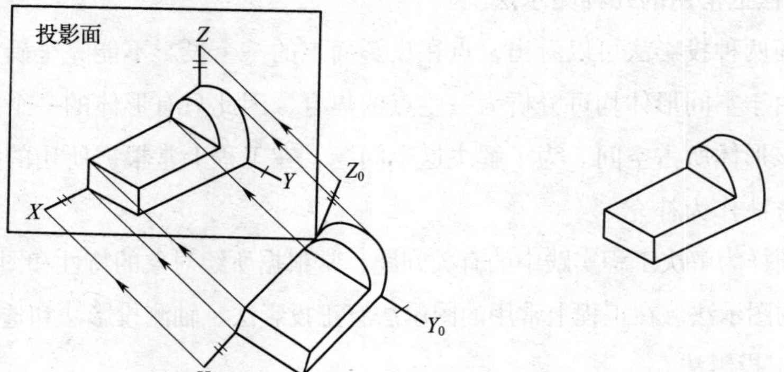

a)　　b)

图 1—6　几何形体的轴测投影

a）几何形体的轴测投影　b）几何形体的轴测投影图

轴测投影法投影时，将坐标轴对投影面放成一定的角度，使得投影图上能同时反映出几何形体长、宽、高三个方向上的形状，以增强立体感。轴测投影图较正投影图的作图烦琐且度量性差。在管道施工图中常采用此种图示法，在其他施工图中也常作为正投影图的补充。用这种方法绘制的图形直观性较强，而且在一定条件下也可直接度量，它的缺点是绘图较为费时。

（3）透视投影法

透视投影法就是中心投影法。图 1—7 是几何形体的一种透视投影图，由于采用中心投影法，所以在空间中平行的直线投影后可能就不平行了。

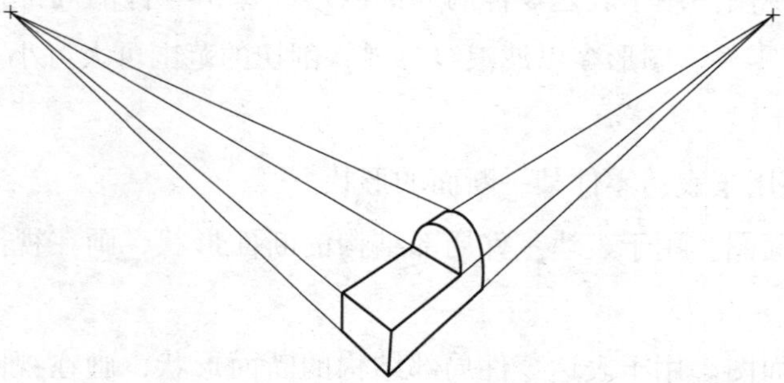

图 1—7　几何形体的透视投影图

透视投影法与照相成影的原理相似，图像接近于视觉影像。用这种方法绘制的图形直观性很强，大致与观看实物时所得到的形象相同，常应用在土木建筑和装饰工程图中，用来表示工程的外貌或内部陈设，近年来由于轻钢结构在民用建筑行业中被广泛采用，所以轻钢结构工程中也常用到此类图示法，作为正投影图的补充视图，施工中也常称为效果图。

3. 零件的表达方法

零件的结构有简有繁，形状千变万化，为了清楚地表达各种各样的零件，制图标准中规定的表达方法多达几十种，常见的零件表达方法有视图、剖视图、断面图、局部放大图和图样简化画法等。下面就将零件的表达方法加以归纳，将常用的表达方法、适用条件及应用情况说明如下。

（1）视图

视图主要用于表达零件的外部结构形状。

1）基本视图。用于表达零件的外形，视图按规定位置配置，不加任何标注。

2）向视图。用于表达零件的外形或内形，它是基本视图的另一种表达形式，图形可随意配置，但必须标注。

3）局部视图。用于表达零件的局部外形，以波浪线分界，完整轮廓则封闭。

4）斜视图。用于表达零件倾斜部分的外形，按投射方向配置，也可按向视图配置，图形可旋转，旋转符号的方向要与实际转向一致。必须标注。

(2) 剖视图

剖视图主要用于表达零件的内部结构形状。

1）全剖视图。用于表达内形复杂的不对称零件或外形简单的对称零件的整个内部形状。

2）半剖视图。用于同时表达具有对称平面的零件的外形与内形，图形以对称线分界。

3）局部剖视图。用于表达零件的局部内形和保留零件的局部外形，或不宜采用全剖、半剖的零件。图形多以波浪线分界，剖切的范围可大可小。

(3) 断面图

断面图主要用于表达零件某一断面的形状。

1）移出断面图。用于表达零件局部结构的断面形状，画在视图之外，轮廓为粗实线。

2）重合断面图。用于表达零件局部结构的断面形状，画在视图之内，轮廓为细实线。

(4) 局部放大图。用于零件上细小结构的放大，应用于在视图中表达不清楚或不便于标注尺寸和技术要求的部位。

(5) 简化画法

简化画法可以提高绘图效率和增加图形的清晰度。简化画法包括规定画法、省略画法和示意画法。

二、常用标准件的规定画法

在各种机器和设备上，除一般零件外，还会经常用到螺栓、螺钉、螺母、垫圈、键、销、滚动轴承、齿轮、弹簧等标准件。

由于这些标准件的应用极为广泛，为了便于批量生产和使用，它们的结构和尺寸已全部或部分标准化了。绘图时，对某些结构和形状不必按其真实投影画出，而是根据相应的国家标准所规定的画法、代号和标记进行绘图和标注。

这里仅对在冷作专业中应用较多的螺纹的规定画法加以介绍。

1. 外螺纹的画法

外螺纹的画法如图1—8所示。外螺纹的牙顶圆的投影用粗实线表示，牙底圆的投影用细实线表示，螺杆的倒角或倒圆部分也应画出。在垂直于螺纹轴线的投影面的视图中，表示牙底圆的细实线只画约 3/4 圈。此时，螺杆的倒角投影不应画出。

螺纹终止线用粗实线表示，在剖视图中则按图 1—8 中右图的画法绘制。

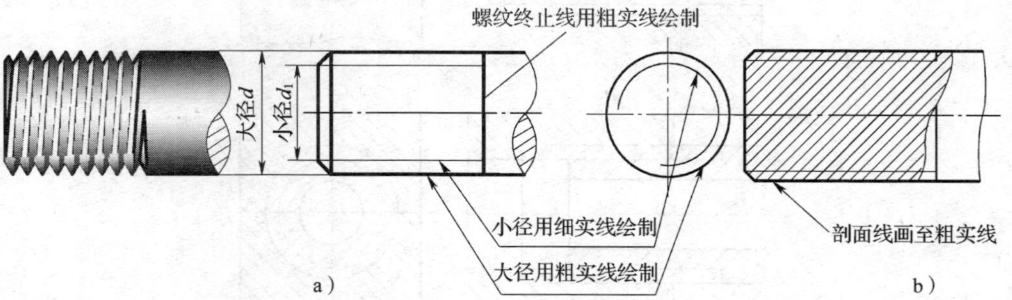

图 1—8　外螺纹的画法

2. 内螺纹的画法

内螺纹的画法如图 1—9 所示。在剖视图中。内螺纹的牙顶圆的投影用粗实线表示，牙底圆的投影用细实线表示，螺纹终止线用粗实线绘制，剖面线应画到表示小径的粗实线为止。在垂直于螺纹轴线的投影面的视图上，表示大径的细实线圆只画约 3/4 圈，表示倒角的投影不应画出。

当内螺纹为不可见时，螺纹的所有图线均用细虚线绘制。

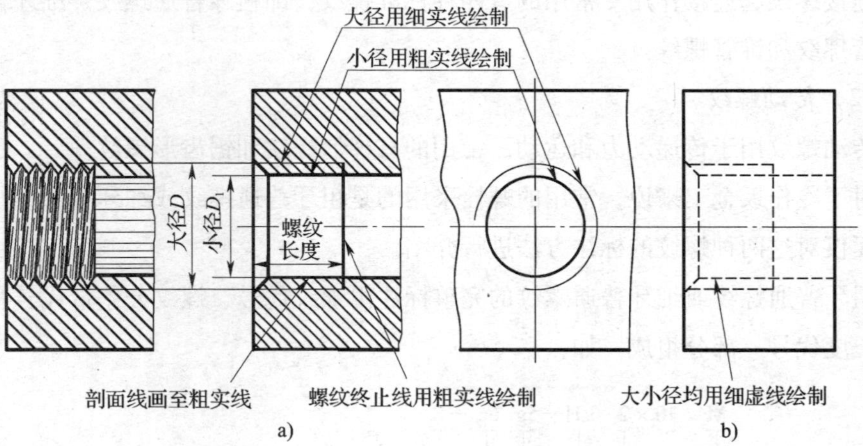

图 1—9　内螺纹的画法

3. 螺纹连接的画法

在剖视图中，内、外螺纹旋合的部分应按外螺纹的画法绘制，其余部分仍按各自的画法表示，如图 1—10 所示。应注意，表示内、外螺纹大径的细实线和粗实线，以及表示内、外螺纹小径的粗实线和细实线必须分别对齐。

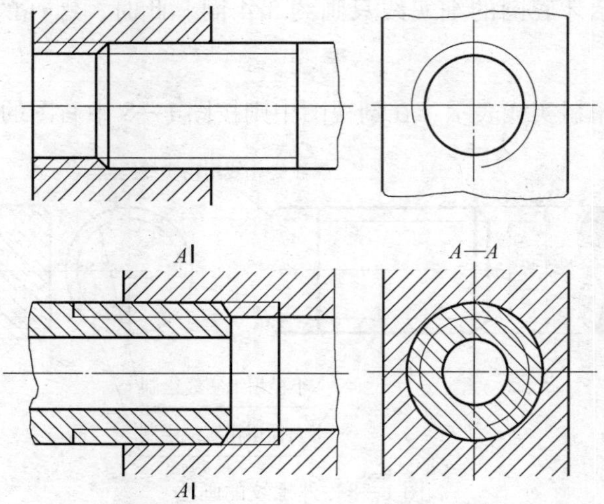

图 1—10　螺纹连接的画法

三、常用螺栓、孔符号标注方法及其含义

1. 螺栓符号标注方法及其含义

螺纹按用途不同分为连接螺纹和传动螺纹两种。

（1）连接螺纹

连接螺纹起连接作用。常用的有四种标准螺纹，即粗牙普通螺纹、细牙普通螺纹、管螺纹和锥管螺纹。

（2）传动螺纹

传动螺纹用于传递动力和运动。常用的有梯形螺纹和锯齿形螺纹。

对于冷作钣金工来说，常用的螺栓采用的是粗牙普通螺纹或细牙普通螺纹，所以下面仅对这两种螺纹的标注方法进行介绍。

粗牙普通螺纹或细牙普通螺纹的完整标注由螺纹代号、螺纹公差带代号和螺纹旋合长度代号三部分组成。如：

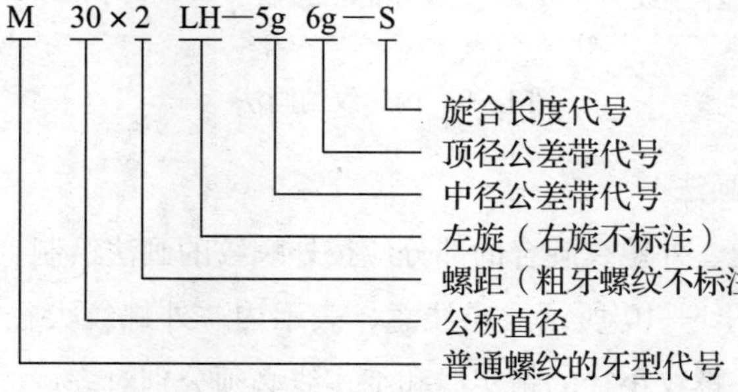

粗牙螺纹的螺距省略不注，右旋螺纹的旋向省略不注，左旋时加注 LH。公差带代号包括中径公差带代号和顶径公差带代号，外螺纹用小写字母表示，内螺纹用大写字母表示。若中径公差带代号和顶径公差带代号相同，则只标注一个公差带代号。旋合长度分为三种：短旋合长度（S），中等旋合长度（N），长旋合长度（L）。由于中等旋合长度应用较多，为了简化，省略不注 N。

国家标准规定，公称直径以 mm 为单位的螺栓，其标记应直接标注在大径的尺寸线或尺寸延长线上，如图 1—11 所示。

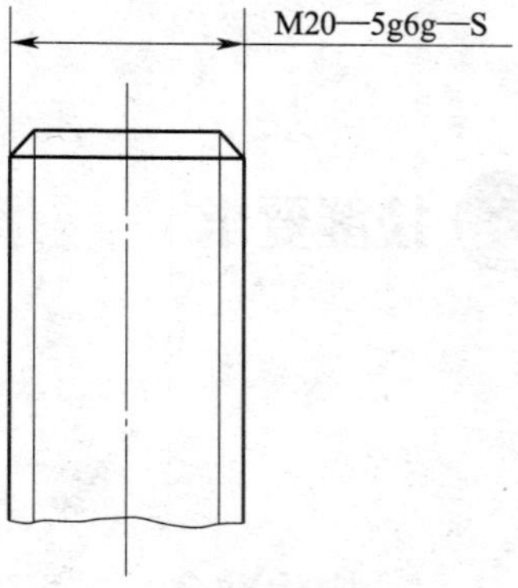

图 1—11　常用螺栓的标注

2. 孔符号标注方法及其含义

（1）在平行于孔、螺栓及铆钉轴线的视图中，尺寸界线与图中的孔、螺栓及铆钉符号断开，如图 1—12 所示。尺寸界线用细实线绘制，并应从图形的轮廓线、轴线或中心线处引出。

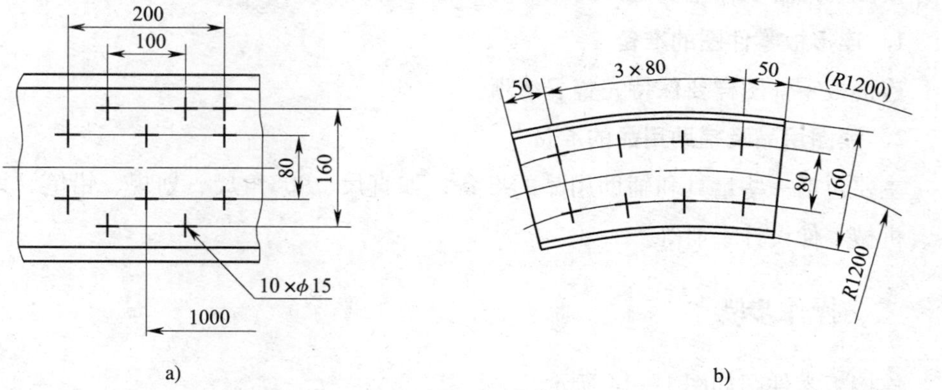

图 1—12　尺寸界线与图中的孔符号断开

（2）孔的直径尺寸标注，应按图 1—12a 所示的方法引出（如 10 × ϕ15），标注在孔的附近。

（3）若孔、螺栓及铆钉离中心线等间距时，应按图 1—12a 所示标注尺寸 80、100、160、200。

（4）相同要素的标记。如果孔、螺栓及铆钉是一组相同要素时，可以只标注外侧的一个要素，此时构成同一组的孔、螺栓、铆钉的个数应写在该标记之前，如图 1—12b、图 1—13 所示。

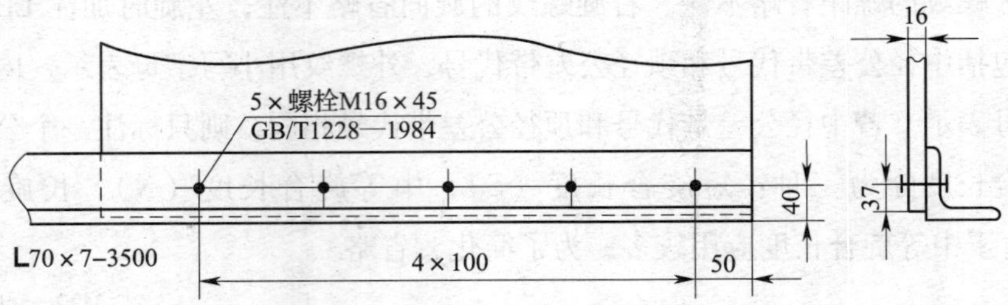

图 1—13　相同要素的标记

技能要求

连接板零件图识读

一、操作准备

读图的准备工作主要是读图用品的准备，包括以下几方面。

1．连接板零件图的准备

连接板零件图样要保持完整、清晰。

2．读图用品及辅助用品的准备

主要包括一些量具和辅助用品的准备，如直尺、90°角尺、划规、铅笔、计算器、机械零件设计手册等。

二、操作步骤

连接板零件图如图 1—14 所示。

1．概括了解

概括了解主要是了解零件的名称、材料、绘图比例、质量等。另外还要明确该零件所起的作用，达到对零件有一个初步认识的目的。

通过读标题栏得知，该零件为连接板，材料是 Q235 钢，绘图比例为 1∶2，生产件数为 2 件。

2．看懂零件结构形状

（1）分析视图

纵览全图，弄清视图之间的关系。因为一组图形通常有多种表达方式，通过纵览应对所有视图有个初步了解。

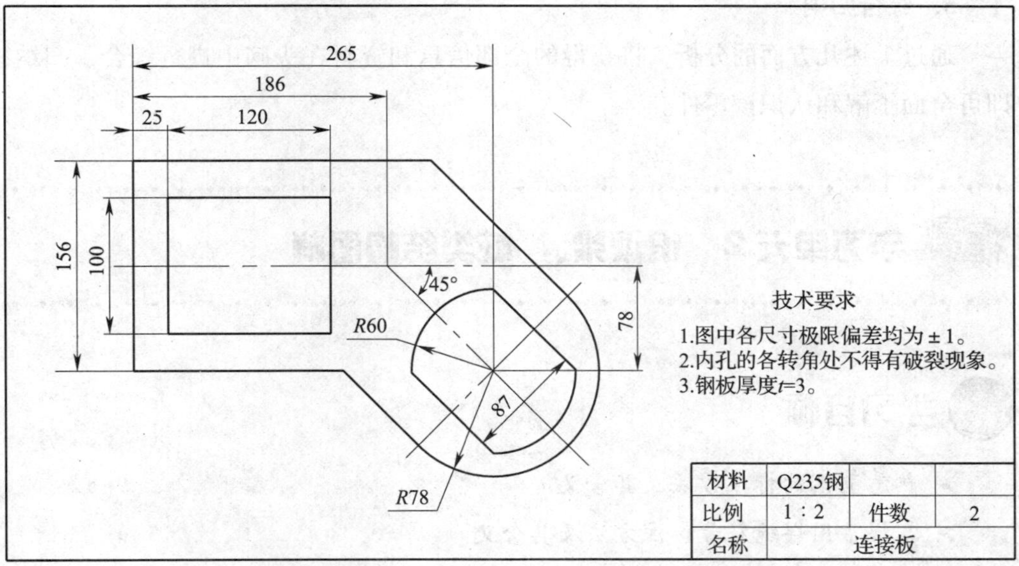

图 1—14　连接板零件图

由于连接板结构比较简单，所以只采用了一个视图表达。

（2）分析结构形状

分析零件的结构形状，要先看主要部分，然后看次要部分；先看容易确定的部分，后看难以确定、不易看懂的部分；先看整体轮廓，后看细部结构。

连接板的外形可以看成是由两块长方形钢板以 45° 夹角方式组合在一起，其中一块板的端部为半圆形过渡。另外连接板上需要开两个孔，其中一个开长方形孔，另一个开带圆角的长方形孔。

3. 分析尺寸

分析零件图上的尺寸，首先要找出三个方向的尺寸基准，确定定形尺寸、定位尺寸及总体尺寸。

通过尺寸分析可以看出，连接板的横向基准为左端面，纵向基准为连接板的水平中心线。定形尺寸分别为 156 mm、*R*78 mm、100 mm、120 mm、87 mm 和 *R*60 mm。定位尺寸分别是 25 mm、186 mm、265 mm 和 78 mm。

4. 分析技术要求

分析技术要求时，关键是弄清楚哪些部位的要求比较高，以便考虑在加工时采取相应措施予以保证。

通过分析技术要求可知，连接板的所有尺寸偏差均为 ±1 mm，要求还是比较高的，另外，在加工制造时，还要注意连接板上两个开孔的转角处不能发生破裂现象。

5. 综合归纳

通过上述几方面的分析，将获得的全部信息和资料在头脑中进行综合、归纳，即可全面了解和认识该零件。

学习单元2　识读梁、柱类结构图样

学习目标

- 熟悉型钢的标注方法及其含义
- 掌握常用焊缝符号标注方法及其含义
- 能读懂简单的梁、柱类结构图样

知识要求

一、常用型钢的标注方法及其含义

常用型钢的标注方法见表1—1。

表1—1　　各种型钢的标记符号及尺寸

名称	标记		名称	标记	
	符号	尺寸		符号	尺寸
圆钢	Ø	d	半圆钢	⌓	$b \times h$
实心方钢 空心方钢	□	b $b \times t$	等边角钢	∟	若无其他相应标准时，应详细地标明型钢的规格尺寸，并在其前加注符号（有些符号具有方向性）
实心扁钢 空心扁钢	▭	$b \times h$ $b \times h \times t$	不等边角钢	∟	
实心六角钢 空心六角钢	⬡	s $s \times t$	工字钢	I	
三角钢	△	b	槽钢	[	
丁字钢	T	若无其他相应标准时，应详细地标明型钢的规格尺寸，并在其前加注符号（有些符号具有方向性）	钢轨	⊥	
Z字钢	⅂		球头扁钢	ǀ	

型钢应采用表 1—1 中规定的符号及尺寸进行标注，必要时，可在标注后注出切割长度，但需要用一短线隔开，如图 1—15 所示。

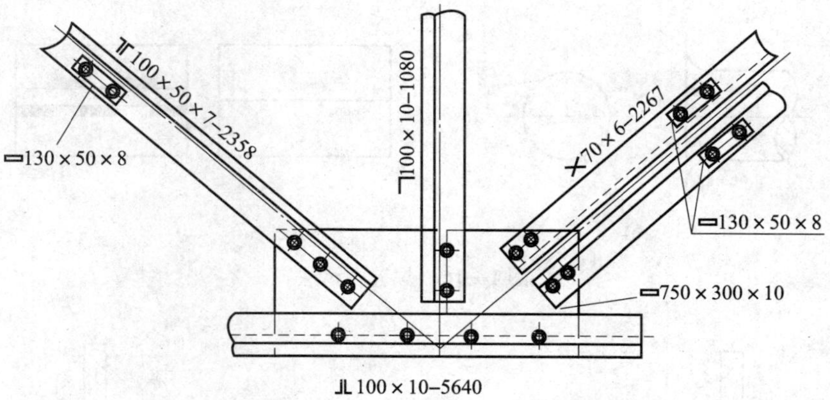

图 1—15　型钢标注示例

二、焊缝的表达方法

工件经焊接后所形成的接缝（熔合处）称为焊缝。

焊缝的表达方法有两种，即标注法和图示法。在技术图样中一般使用标注法，这种方法简单清晰，能说明问题，不必把焊缝坡口的制备尺寸再画出来，只有在必须进一步表示时，才用局部剖视图、断面图来说明。如果标注法不如图示法简洁明了，则用图示法。值得注意的是，若采用了图示法，就不必再用标注法；或者在用标注法时，不必再画出焊缝坡口的制备尺寸，即在同一图样上不能同时采用图示法与标注法。

1. 图示法

如果图样上需要简易地绘制焊缝时，应按技术制图 GB/T 12212—1990《焊缝符号的尺寸、比例及简化表示法》所规定的图示法（包括视图、剖视图或断面图表示，轴测图示意等）表示焊缝，如图 1—16、图 1—17、图 1—18、图 1—19 所示。

图中表示焊缝的一系列细实线允许徒手绘制表示，如图 1—16a、b 所示，也允许采用粗实线（线的宽度为粗实线的 2 ~ 3 倍）表示焊缝，如图 1—16c 所示，但在同一图样中，只允许采用一种画法。

在表示焊缝端面视图中，一般用粗实线绘制焊缝轮廓，必要时可用细实线画出坡口形状等，如图 1—17a 所示。在剖视图或断面图上，焊缝的金属熔焊区通常以涂黑表示，如图 1—17b 所示；若同时需要表示坡口等形状时，熔焊区部分也可不涂黑，而用细实线画出坡口形状，如图 1—17c 所示。

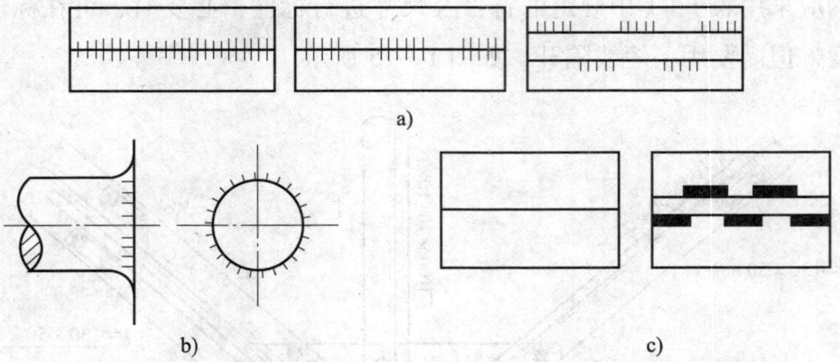

图 1—16　焊缝图示法

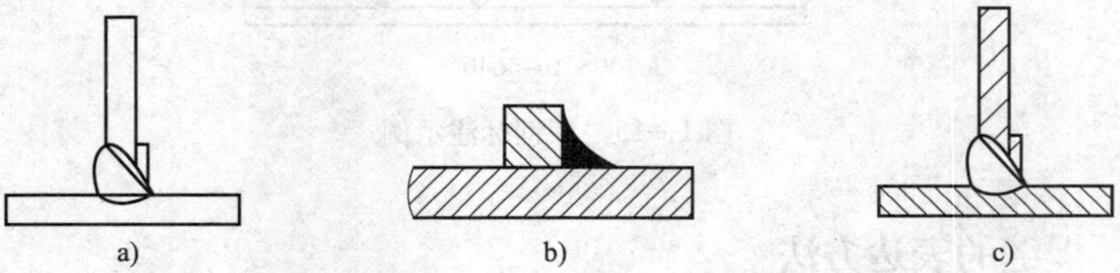

图 1—17　视图、剖视图或断面图的焊缝端面图示法

a）焊缝端面视图　b）焊缝端面剖视图　c）焊缝端面断面图

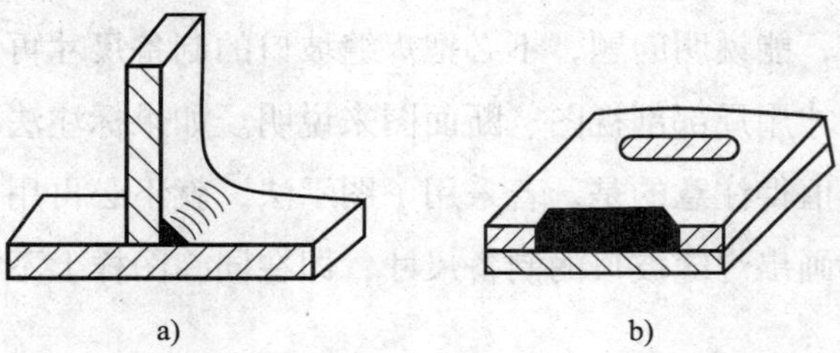

图 1—18　轴测图上的焊缝图示法

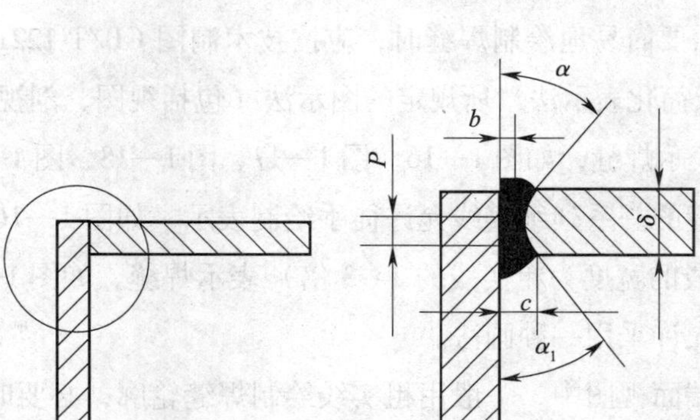

图 1—19　焊缝局部放大图示法

必要时也可用轴测图示意表示焊缝，如图 1—18 所示。

焊缝局部放大并标注尺寸符号或数字，如图 1—19 所示。

2. 标注法

在国家标准 GB/T 324—1988、GB/T 12212—1990 和 GB/T 5185—1985 中对焊缝符号和焊接方法代号都有明确的规定。

焊缝符号一般由基本符号与指引线组成，必要时还可以加上辅助符号、补充符号和焊缝尺寸符号。焊缝符号和焊接方法代号必须通过指引线并符合有关规定才能准确无误地表示焊缝。

指引线一般由带箭头的箭头线和两条基准线（一条为细实线，另一条为虚线）两部分组成，如图 1—20a 所示。必要时，在细实线末端加一尾部符号，作为其他补充说明，如图 1—20b 所示。

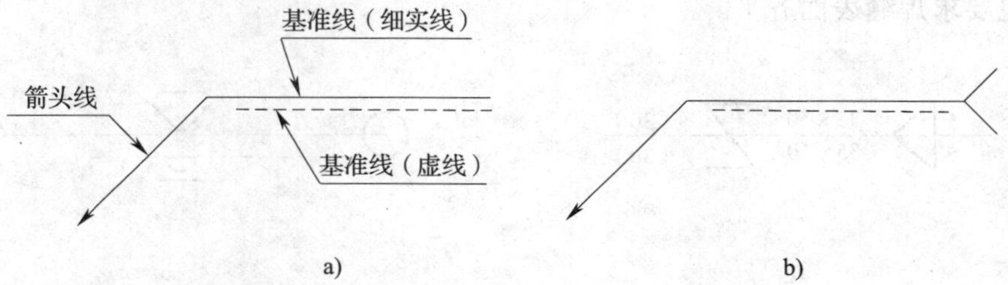

图 1—20　指引线

基准线的虚线可以画在基准线的细实线下侧或上侧。基准线一般应与图样标题栏的长边相平行，但在特殊情况下也可与标题栏长边相垂直。

箭头线相对焊缝的位置一般没有特殊要求，但在标注 V 形、单边 V 形、J 形坡口形式的焊缝时，箭头应指向带有坡口一侧的施焊部位。箭头线用细实线绘制，箭头指向有关焊缝处，必要时允许箭头线折弯一次。

如果焊缝和箭头线在接头的同一侧（即箭头指向焊缝的施焊面），则将焊缝基本符号标在基准线的实线一侧；相反，如果焊缝和箭头线不在接头的同一侧（即箭头指向焊缝的施焊背面），则将焊缝基本符号标在基准线的虚线一侧。标注对称焊缝和双面焊缝时，基准线中的虚线可以省略。

此外，该标准还要求在必要时基本符号可附带尺寸符号及数据，其标注原则为：

（1）焊缝横断面上的尺寸数据标注在基本符号的左侧。

（2）焊缝长度方向的尺寸数据标注在基本符号的右侧。

（3）坡口角度、坡口面角度、根部间隙等尺寸数据标在基本符号的上侧或下侧。

（4）相同焊缝数量及焊接方法代号标在尾部。

（5）当需要标注的尺寸较多又不易分辨时，可在数据前面增加相应的尺寸符号。

在基本符号右侧无任何标注又无其他说明时，意味着焊缝在工件的整个长度上是连续的。在基本符号左侧无任何标注又无其他说明时，表示对接焊缝要完全焊透。

焊缝符号和焊接方法代号标注举例如图 1—21 所示。图 1—21a 表示 T 形接头交错断续角焊缝，焊脚尺寸为 5 mm，相邻焊缝的间距为 30 mm，焊缝段数为 35，每段焊缝长度为 50 mm。图 1—21b 表示对接接头周围焊缝，由埋弧焊焊成的 V 形焊缝在箭头一侧，要求焊缝表面齐平；由焊条电弧焊焊成的封底焊缝在非箭头一侧，也要求焊缝表面齐平。

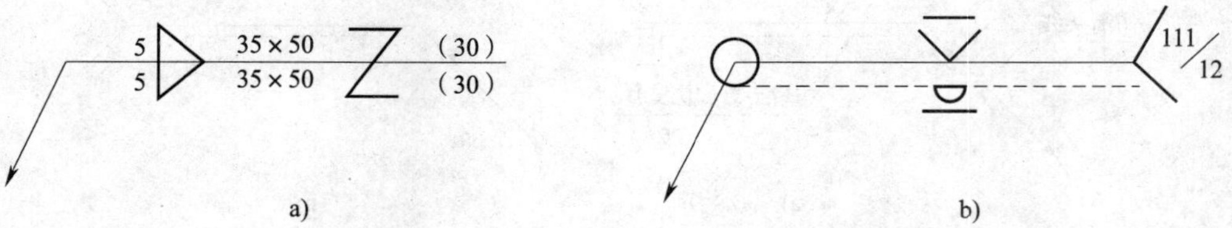

图 1—21　焊缝符号和焊接方法代号标注举例

技能要求

简易吊车梁施工图识读

一、操作步骤

简易吊车梁施工图如图 1—22 所示。

1. 概括了解

从标题栏中可知，图中表示的构件为吊车梁，属于梁类构件，绘图比例为 1∶30，生产件数为 1 件，所用材质均为 Q235 钢。

2. 看懂零件结构形状

（1）分析视图

为表达清楚吊车梁，采用了三个视图，即主视图、左视图和一个件 2 的详图。

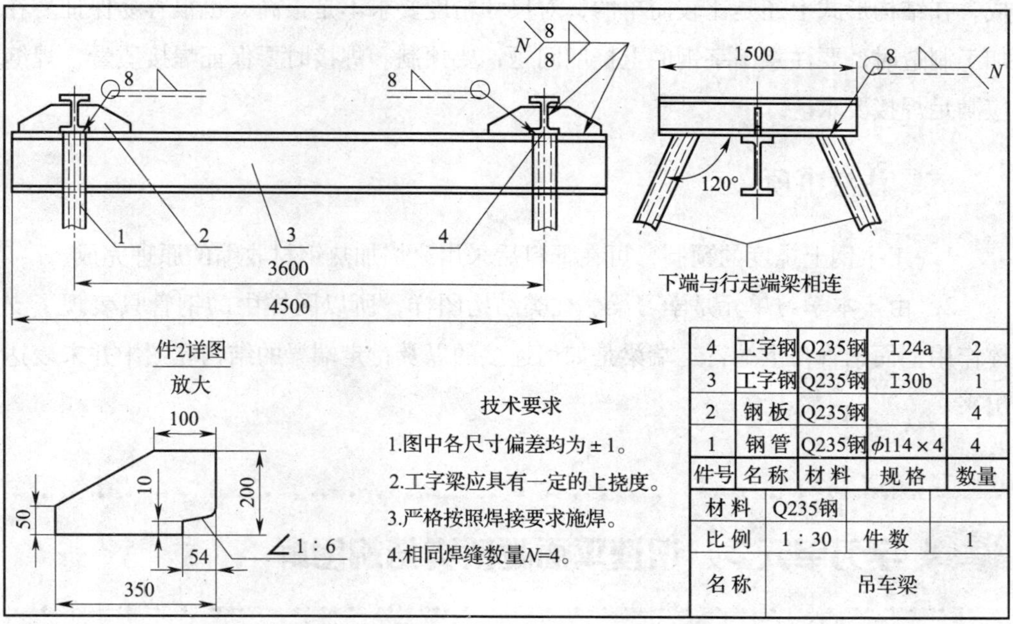

件号	名称	材料	规格	数量
4	工字钢	Q235钢	I24a	2
3	工字钢	Q235钢	I30b	1
2	钢板	Q235钢		4
1	钢管	Q235钢	ϕ114×4	4
材料	Q235钢			
比例	1 : 30	件数		1
名称	吊车梁			

图 1—22　简易吊车梁

（2）分析结构形状

该吊车梁的主体部分是一根水平放置的工字钢（件3），作为吊车的主梁承受主要载荷；在主梁工字钢上方左右两端垂直方向放置两根规格稍小一些的工字钢（件4），起对主梁支撑的作用，为保证支撑稳固，又在两工字钢的连接处增设了加强板（件2），以保证连接强度；在支撑工字钢的下方安放了四根钢管（件1），也起支撑作用，钢管底部将与行走端梁相连（图中未显示）。

3. 分析尺寸

主视图、左视图的尺寸均以中心线作为基准。定形尺寸分别为 4 500 mm 和 1 500 mm。定位尺寸为 3 600 mm。

4. 了解技术要求

由于工字梁需要承受一定的载荷，所以制作前必须预制一定的挠度。

吊车梁各零件之间是以焊接方式连接的，有三种焊接要求：件 3 与件 4 之间形成角焊缝，焊脚尺寸为 8 mm，属于周围焊缝，共 2 条；件 1 与件 4 之间也同样形成角焊缝，焊脚尺寸为 8 mm，也属于周围焊缝，共 4 条；件 2 与件 4 之间形成双面对称角焊缝，焊脚尺寸为 8 mm，共 4 条。

5. 综合归纳

通过上述的分析进行综合归纳如下：该吊车梁主要由工字钢、钢管和钢板组成，在结构形式上还是比较简单的，对尺寸精度要求不是很高，也很容易保证。在加工制造时，要注意工字钢的上挠度问题，要预制。焊接时要保证焊接质量，焊缝应满足焊接要求。

二、注意事项

1. 工字钢上挠度的预制，可在下料后采用火焰加热钢材收缩的原理完成。

2. 由于本学习单元是学习梁、柱类结构图样，所以图样中的钢管只表现了支撑作用，而钢管与下端行走端梁是如何连接的以及行走端梁的结构在图中并未表达出来。

学习单元 3　识读平面框架类结构图样

学习目标

- 了解平面框架类结构图样的特点
- 熟悉管材在图样中的标注方法及其含义
- 能读懂简单的平面框架类结构图样

知识要求

一、平面框架类结构图样的特点

平面框架类结构一般属于在长度和宽度方向明显大于厚度方向的结构，因此这类结构有着较大的平面，且周围由一些型材或管材组对而成，中间采用一些拉撑、加强筋等，故此命名为平面框架类结构，如钢结构门、各种型钢框架等。用图样表达平面框架类结构时，一般都是将平面方向作为主视图，而将厚度方向作为俯、左视图，但在一般情况下，主视图已能将平面框架结构基本上表达清楚，所以俯、左视图通常可以省略。

二、管材在图样中的标注方法及其含义

管材在图样中的表达符号为“ϕ”，尺寸标注方法为 $d\times t$，其标注方法及其含

义如下：

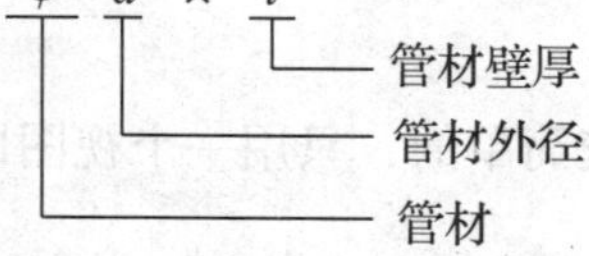

例如：$\phi60\times3.5$ 表示钢管外径为 60 mm，壁厚为 3.5 mm。

技能要求

管材结构门施工图的识读

一、操作步骤

管材结构门施工图如图 1—23 所示。

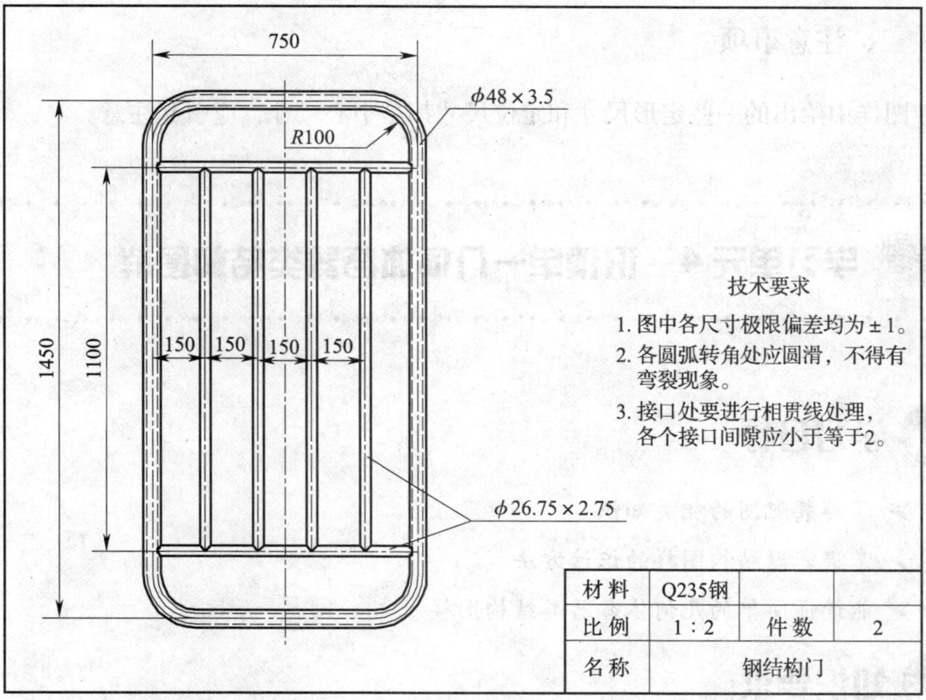

图 1—23　钢结构门

1. 概括了解

由标题栏得知，该产品为钢结构门，绘图比例为 1∶2，生产件数为 2 件，所用材料为 Q235 碳素钢普通钢管。

2. 看懂零件结构形状

（1）分析视图

钢结构门的结构还是比较简单的，只用一个视图即可把钢结构门表达清楚。

（2）分析结构形状

钢结构门属于平面框架类结构，外框是用 ϕ48 mm 的钢管弯成的带圆角的长方形，中间采用 ϕ26. 75 mm 的钢管构成纵横拉筋。

3. 分析尺寸

钢结构门的高度方向和宽度方向的基准都是中心线。定形尺寸分别为 750 mm、1 450 mm 和 R100 mm。定位尺寸分别是 1 100 mm 和 150 mm。

4. 了解技术要求

根据技术要求，在加工制造钢结构门时要注意各尺寸的准确性，应保证各尺寸在允许的公差范围内。另外在弯管时还要注意保证钢管的圆度和圆弧曲线的圆滑度，应将有缝钢管的接缝放在中性层位置，以免弯裂现象的产生。

二、注意事项

图样中给出的一些定形尺寸和定位尺寸都是中心尺寸，应引起注意。

学习单元4　识读单一几何体容器类结构图样

学习目标

- 了解装配图的相关知识
- 掌握容器结构图样的识读方法
- 能读懂简单的几何体容器类结构图样

知识要求

一、部件装配图的读图知识

任何复杂的机器都是由若干个部件组成的，而部件又是由许多个零件装配而成的。表示产品及其组成部分的连接、装配关系的图样，称为装配图。若部件是一个相对完整的结构，有时也可按照装配图形式画出，即部件装配图。下面对装配图的相关知识进行介绍。

1. 装配图的作用

（1）在新产品设计中，一般先画出机器或部件的装配图，然后根据装配图提供的总体结构和尺寸，设计、绘制零件图。

（2）在产品制造中，装配图是制定装配工艺规程和进行装配、检验、调试等工作的依据。

（3）在使用和维修机器或部件时，也需要通过装配图来了解机器或部件的构造、装配关系等。

2. 装配图的内容

一张完整的装配图主要包括以下四个方面的内容：

（1）一组图形

用来表达机器或部件的构造、工作原理、零件间的装配关系、连接方式和零件的重要结构形状等。

（2）一组尺寸

用来表示机器或部件的规格或性能，以及装配、安装、检验、运输等方面所需要的尺寸。

（3）技术要求

用文字或代号说明机器或部件在装配、检验、调试时需达到的技术条件和要求及使用规范等。一般包括对机器或部件在装配、检验时的具体要求，关于机器或部件性能指标方面的要求，安装、运输及使用方面的要求，有关试验项目的规定等。

（4）标题栏和明细栏

标题栏用来填写机器或部件的名称、绘图比例、质量、图号及设计者姓名和设计单位。明细栏用来记载零件名称、序号、材料、数量及标准件的规格、标准代号等。

二、容器结构图样的识读基础知识

冷作工制造的容器结构往往以板材为主体，如油罐、塔、压力容器等，而且以钢结构居多，有色金属结构较少，在连接方式方面以焊接连接为主。

识读容器结构图样是冷作工必须掌握的基本技能，这类图样一般用三视图形式来表达。一般情况下取容器的高度方向为主视图，平面方向为俯视图，是否选用左视图要根据容器的具体表达情况而定。

容器结构图样一般分为总图、部件图和标准件图。识读时，首先要阅读标题栏和材料表，以便了解容器结构的名称和使用的材料；然后看总图，这时对容器的整体结构会有大概了解，在头脑中也必然会形成容器的空间形体；最后再分步骤查看部件图和标准件图，以达到详细了解各构件之间的连接情况和部件的结构形状的目的；另外还要阅读图样的技术要求或说明。

三、容器结构图样的读图方法与步骤

容器结构图样的读图方法与步骤如下。

1. 通读图样，形成总体概念

一项工程的产品图样数量很多，故在识读之前，首先应根据图样目录清查图样是否齐全，并应根据图样的先后次序依次通读。这样可以对整个工程和产品建立一个基本的概念。如对容器的需求地点、周围环境、规模大小、结构形式、主要特点和关键部位、技术要求等，都做到心中有数。

在标题栏里可以清楚地了解容器名称，图样总张数，组成容器各部件的材质、规格、质量以及该容器的总质量，同时还可以得到各部件所在图号和标准图号的信息，一般常用的法兰、封头、人孔等部件均有标准图。

2. 分析视图

了解各视图、剖视图、断面图的数量，各自的表达意图和它们相互之间的关系，明确视图名称、剖切位置、投射方向，为下一步识图做准备。

3. 分析零部件

分析零部件主要是了解零件的基本形状和作用，以便弄懂部件的工作原理和运动情况、装配顺序及各焊接部位的焊接工艺性。在分析零部件时，首先应当研究主要零部件，根据零部件编号按指引线找到零件的图形。分析时应注意以下几点：

（1）分清零件轮廓，想象出各零件的大致立体结构形状，必要时参阅部件装配图，以加深对容器整体结构的印象，便于做初步工艺分析。

（2）分清零部件之间的关系，了解各零部件的几何形状、尺寸、公差要求、技术要求以及装配次序等。

（3）弄清零部件的工作状况，如承受载荷的性质和大小，介质的性质和防腐、密封等情况，工作温度及焊接变形将对结构整体质量的影响等。了解这些可以及早地对零部件的加工、装配以及焊接提出合理的工艺要求，并满足总装配的需要。

4. 归纳总结

在以上分析的基础上，还要对技术要求和全部尺寸进行分析，并把部件的性能、结构、装配、维修等几方面联系起来研究，进行归纳总结，这样对容器才能有一个全面的了解。

综上所述，识图可遵循以下原则进行：先看图头（标题栏和明细栏）、后看图面，先看总图、后看详图，弄清零件的规格、材质、数量、几何形状，明确零件的连接方式及技术要求等，综合理解图样所表达的各项内容。

技能要求

识读气包图样

一、操作步骤

气包图样如图 1—24 所示。

1. 概括了解

通过阅读标题栏和明细栏，可得到如下信息：本产品为气包，属于容器类结构，绘图比例为 1∶15，生产件数为 1 件，所用材质均为 Q235 钢，另外，从明细栏中可以清楚地了解到组成气包的全部零件和各个零件的名称、材料和数量等。

2. 分析视图

该气包采用了三个视图来表达。主视图绘制出的气包是一个高度为 900 mm、外径为 800 mm 的圆筒，其两端用封头封闭，在筒体上部带有管头，在下部封头上装有支座。主视图采用了半剖视图的表达方式，既表达了气包的外部情况，也表达了气包的内部详细结构。

除了主视图外，还采用了两个视图来进一步表达气包的其他结构，一个为向视图，另一个为局部放大图。向视图主要表达了支座的结构形式、尺寸规格和安装位置；局部放大图主要表达的是接管与气包及接管与法兰的连接形式以及接管、法兰的尺寸规格。

3. 弄清气包零件的材料、规格、数量及连接情况

通过标题栏和明细栏了解到气包是由 8 个零件组成的。

筒体材料为 Q235 钢，规格为 ϕ800 mm×10 mm，数量为 1 个。

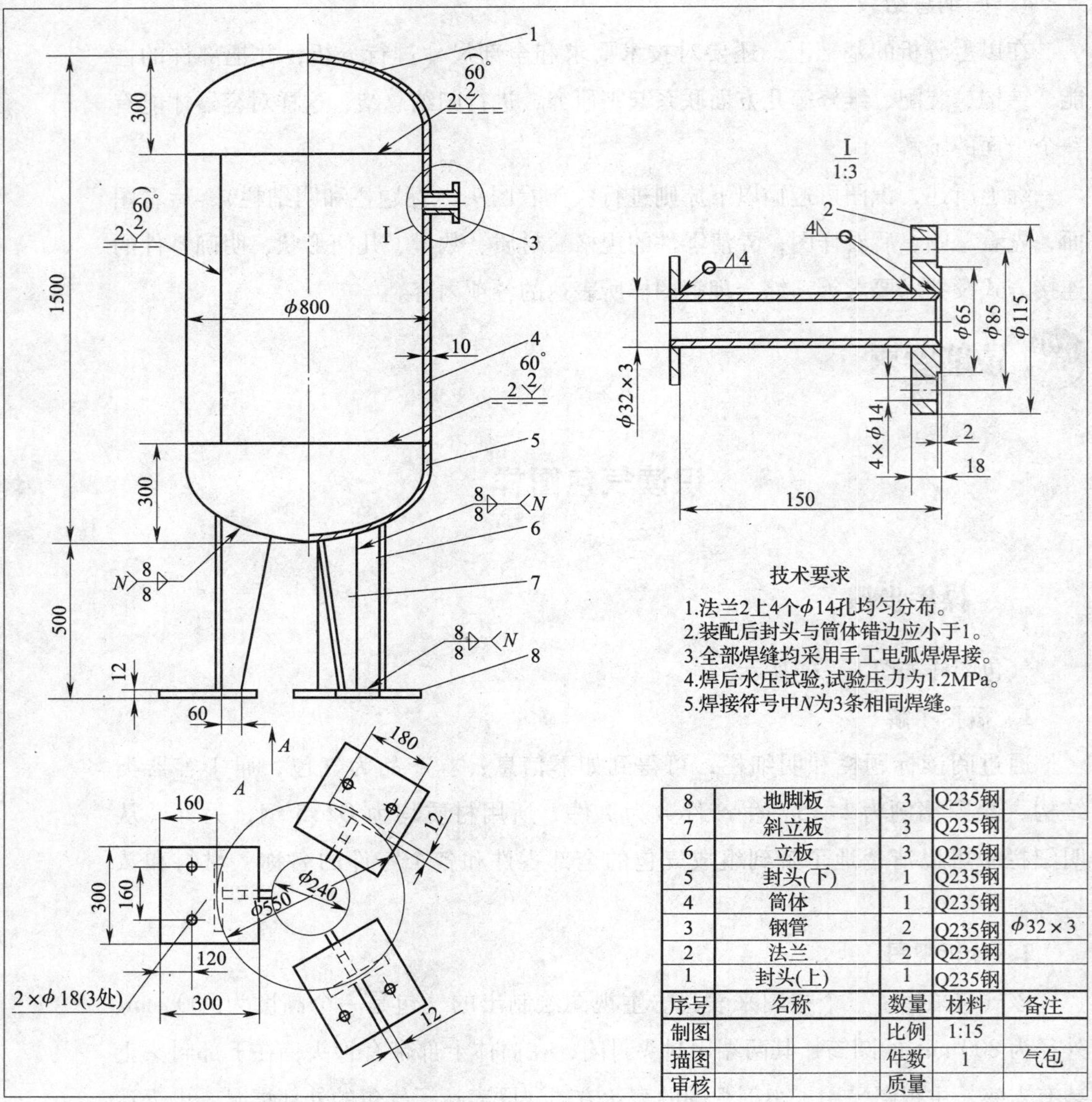

8	地脚板	3	Q235钢	
7	斜立板	3	Q235钢	
6	立板	3	Q235钢	
5	封头(下)	1	Q235钢	
4	筒体	1	Q235钢	
3	钢管	2	Q235钢	ϕ32×3
2	法兰	2	Q235钢	
1	封头(上)	1	Q235钢	
序号	名称	数量	材料	备注
制图		比例	1:15	气包
描图		件数	1	
审核		质量		

图 1—24　气包

封头材料为 Q235 钢，位于气包的两端，规格为 ϕ800 mm×10 mm，深度为 300 mm，数量为 2 个。

接管和法兰的材料均为 Q235 钢，接管的规格为 ϕ32 mm×3 mm，数量 1 个；法兰的规格为 ϕ115 mm×18 mm，数量 1 个。

支座是由钢板组对而成，钢板厚度均为 12 mm，数量 3 个，各种钢板的尺寸规格在图中已有明确表示。

若需要看零件的详图，可通过明细栏上的零件图号，去查阅零件图样（因受图面所限没有给出零件详图）。待零件加工完毕后，再进行装配与焊接，装配时要看详图，按零件与零件的连接关系进行安装，全部采用焊接方式。

4. 了解图样的技术要求

图样上的技术要求即是该工程的各项技术规定，制造时要严格执行，如有问题应与有关部门协商解决。

通过以上的识读，对气包图样应有一个详细的了解。

二、注意事项

由于焊缝符号也属于一项技术要求，是对焊接提出的要求，所以读图时不应忽略对焊缝符号的识读。

第 2 节　绘制零件图样

学习目标

- 熟悉绘制零件图的步骤与方法
- 能绘制简单的零件图

知识要求

绘制零件图的步骤与方法如下。

一、准备工作

1. 分析图形的尺寸及其线段。
2. 确定比例，选用图幅，固定图纸。
3. 拟定具体的表达方案。

二、绘制零件草稿图

画零件草稿图时，应注意以下几点：

1. 画草稿图用 3H 铅笔，铅芯应经常修磨以保持尖锐。
2. 草稿图上，各种线型均暂不分粗细，并要画得很轻很细。

3. 作图力求准确。

4. 在不影响画图的情况下，画错的地方可先作记号，待草稿图完成后一齐擦掉。

三、铅笔描深草稿图

描深草稿图的步骤：

1. 先粗后细。一般应先描深粗实线，再描深全部虚线、点画线及细实线等。

2. 先曲后直。在描深同一种线型（特别是粗实线）时，应先描深圆弧和圆，然后描深直线，以保证连接圆滑。

3. 先水平，后垂斜。先画出全部相同线型的水平线，再自左向右画出全部相同线型的垂直线，最后画出倾斜的直线。

4. 画箭头，填写尺寸数字、标题栏等。

技能要求

绘制板架零件图

一、操作准备

主要包括丁字尺、三角板、圆规、分规、铅笔、橡皮、毛刷等绘图用具的准备。

二、操作步骤

以板架构件（见图1—25）为例说明绘制步骤。

1. 设计图样在图纸上的布局

选择绘图比例（本图采用1∶1），确定图幅大小。画出基准线，主视图以中心线为基准线，俯视图以中心线和前端面为基准线，左视图以中心线为基准线。画各种基准线时应考虑留出标注尺寸的位置。

2. 选择视图

以板架构件的正面作为主视图，为减少虚线，使图样更加清晰，俯视图和左视图分别采用全剖视图。

3. 绘制各投影视图

先画出主视图，然后按照三视图的投影规律分别画出俯视图和左视图，并在剖切实体处画出剖面线。

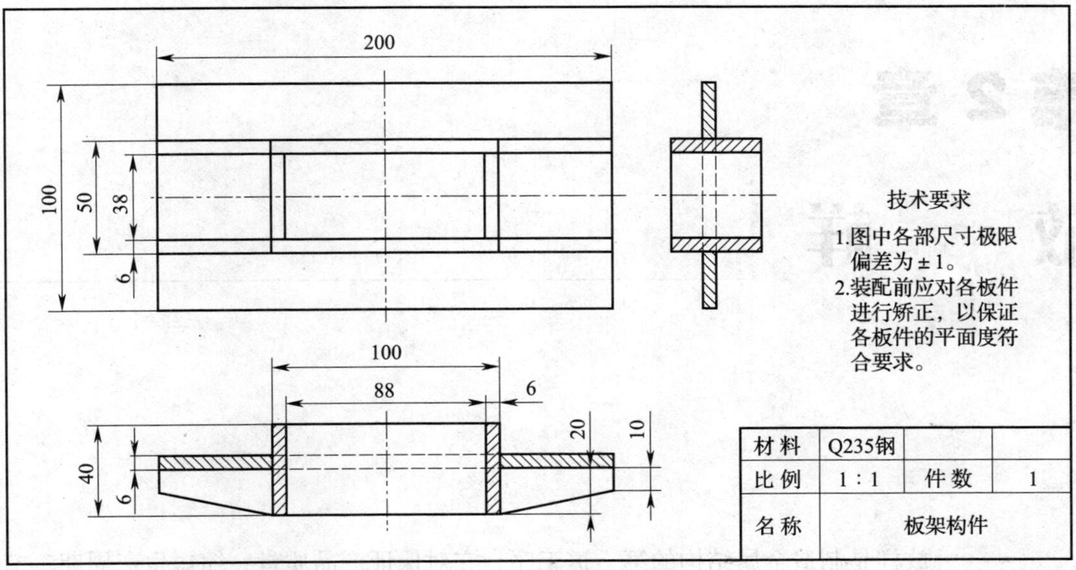

图 1—25　板架构件

4. 铅笔描深

经检查无误后，即可用铅笔对草稿图进行描深。

5. 标注尺寸

画出尺寸界线、尺寸线、箭头，填写尺寸数字。

6. 填写标题栏、技术要求等

完成标题栏、技术要求中所有内容的填写工作。

第2章 放样

放样是制造金属结构的第一道工序，它对保证产品质量、缩短生产周期、节约原材料等都有着重要的作用。从事这项工作，需要多方面知识，理论性很强。

所谓放样就是在产品图样基础上，根据产品的结构特点、制造工艺要求等条件，按一定比例（通常取1∶1）准确绘制结构的全部或部分投影图，并进行结构的工艺性处理和必要的计算及展开，最后获得产品制造过程所需要的数据、样杆、样板和草图等。

放样的方法有多种，但在长期的生产实践中，形成了以实尺放样为主的放样方法。随着科学技术的发展，又出现了比例放样、电子计算机放样等新工艺，并在逐步推广应用。但目前多数企业应用的仍然是实尺放样。即使采用其他新方法放样，一般也要首先熟悉实尺放样过程。实尺放样一般要经过线型放样、结构放样、展开放样三个过程。但并不是所有的金属结构放样都包含上述的三个过程，有些构件（如桁架类）完全由平板或杆件组成而无须展开，放样时自然就省去了展开放样过程。

第 1 节　结构放样

学习单元 1　划出梁、柱和平面框架的线型样图

学习目标

- 了解划线基本规则和常用符号
- 熟悉较大尺寸几何图形的划法
- 能正确使用常用的划线与放样工具
- 掌握线型放样、结构放样知识
- 能划出梁、柱和平面框架的线型样图

知识要求

一、常用划线、放样工具及使用方法

1. 放样量具

（1）木折尺

木折尺常用的有两种：四折木尺，其长度为 500 mm；八折木尺，其长度为 1 000 mm。木折尺一般用于常温下测量精度要求不高的工件。

（2）钢直尺

钢直尺有公制和英制两种尺寸刻度。它的规格较多，冷作工常用钢直尺的长度为 1 000 mm。

（3）钢卷尺

钢卷尺由带刻度的窄长钢片带制成，全尺可卷入盒内，携带方便。常用的钢卷尺规格有 1 000 mm 和 2 000 mm 两种。长度较长的有 20 m 和 50 m 的钢卷尺，通常称为盘尺。

（4）90°角尺

90°角尺由相互垂直的长、短两直尺制成，如图 2—1 所示，主要用于测量构件垂直度或划垂线。

90°角尺在使用期间，应常对其角度进行检查，以免在测量中或划线时出现误差。检查方法如图 2—2 所示。

图 2—1　90°角尺

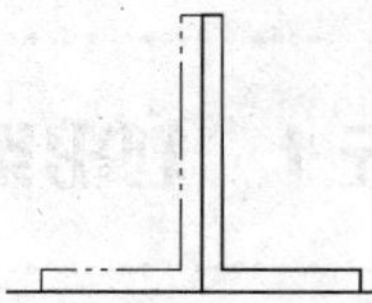

图 2—2　90°角尺角度的检查方法

（5）内、外卡钳

内、外卡钳是辅助测量用具。内卡钳（见图 2—3a）主要用于测量零件上孔或管子的内径；外卡钳（见图 2—3b）则用于零件外部尺寸及板厚的测量。

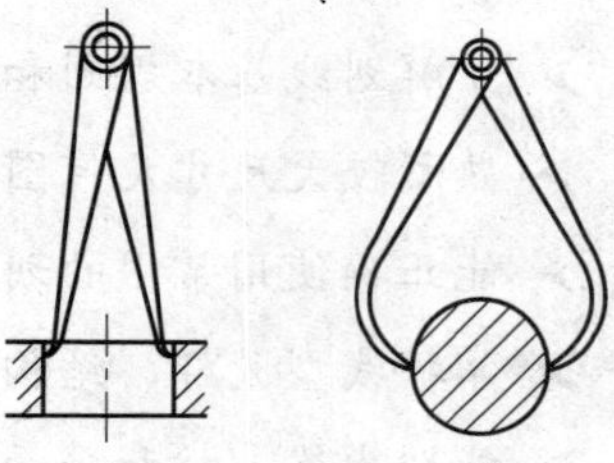

图 2—3　内、外卡钳的使用
a）内卡钳　b）外卡钳

2. 放样量具使用注意事项

（1）作为量具，要保持规定的精度，否则将会直接影响制品质量。因此，除按规定定期检查量具精度外，在进行质量要求较高的重要构件的施工前，还要进行量具精度的检查。

（2）要依据产品的不同精度要求，选择相应精度等级的量具。对于尺寸较大而相对精度又较高的构件，还要求在同一产品的整个放样过程中使用同一量具，不得更换。

（3）要学会正确的测量方法，减小测量操作误差。

3. 放样工具

（1）石笔

石笔用于要求较低或较大构件的划线，石笔在使用前应将头部磨成斜楔形，如图 2—4 所示，以保证划出的线尽可能准确。

（2）粉线

粉线用于划较长的直线，平时粉线绕于粉线盘上，如图 2—5 所示。使用时将粉线拉出，并通过粉袋被涂敷上白粉，然后对准线段的两端，再绷紧弹出所需要的直线。注意拉弹时应让粉线垂直钢板表面，当线长超过 2.5 m 时，不要在风中操作，以免产生较大的误差。

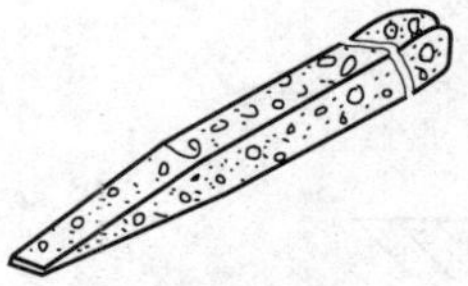

图 2—4　石笔

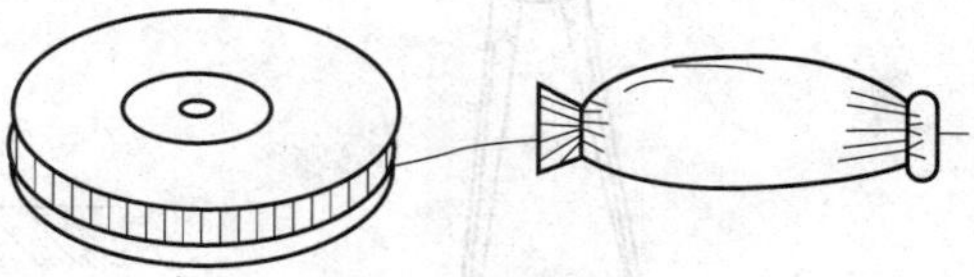

图 2—5　粉线

（3）划针

划针（见图 2—6a）主要用于在钢板表面上划出凹痕的线条，通常用碳素工具钢锻制而成。划针的尖部必须经过淬火，以提高其硬度。有的划针还在尖部焊上一段硬质合金，然后磨尖，以保持锋利。为使所划线条清晰准确，划针尖必须磨得锋利，其角度为 15°～20°。划针用钝后重磨时，要注意不使针尖退火变软。

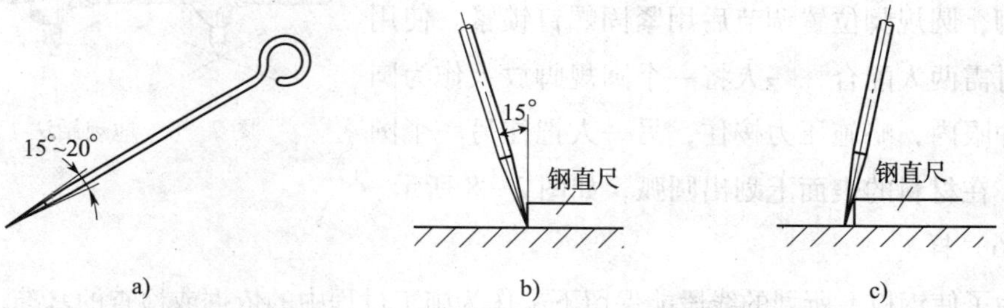

图 2—6　划针及使用方法

a）划针　b）使用正确　c）使用不正确

使用划针时，用右手握持，使针尖与直尺的底部接触，并应向外侧倾斜 15°～20°（见图 2—6b），向划线前方倾斜 45°～75°。用均匀的压力使针尖沿直尺移动划出线来。用划针划线要尽量做到一次划成，不要连续几次重复划，否则线条变粗，反而模糊不清。

（4）划规

划规用于在放样时划圆、圆弧或分量线段长度。冷作工常用的划规有两种规格，一种是 200 mm（8 in），另一种是 350 mm（14 in）。图 2—7a 所示为 200 mm 划规。这种划规开度调节方便，适用于量取变动的尺寸。为了避免量取的尺寸发生变化，可用锁紧螺钉将调整好的开度固定。

使用划规时，以其一个脚尖插在作为圆心的冲眼内定心，并施加较大的压力（见图 2—7b），另一脚尖则以较轻的压力在材料表面上划出圆弧，以保证中心不偏移。

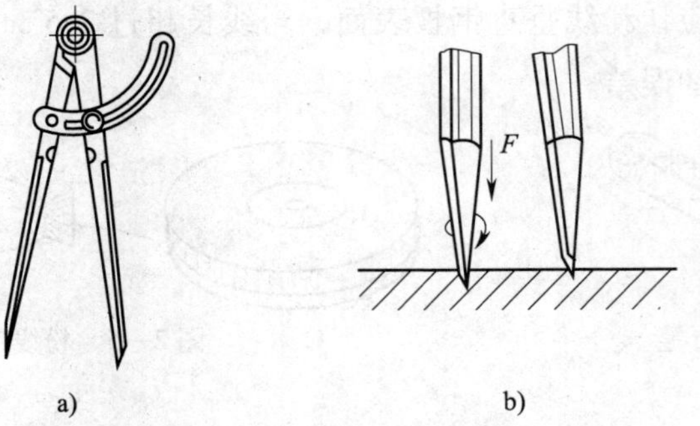

图2—7　划规及其用法

a）200 mm划规　b）划规使用方法

（5）地规（长杆划规）

划大圆、大圆弧或分量长的直线时，可应用地规。地规是用较光滑的钢管套上两个可移动调节的圆规脚，圆规脚位置调节后用紧固螺钉锁紧。使用地规时需两人配合，一人将一个圆规脚放入作为圆心的冲眼内，略施压力按住，另一人把住另一个圆规脚，在材料的表面上划出圆弧，如图2—8所示。

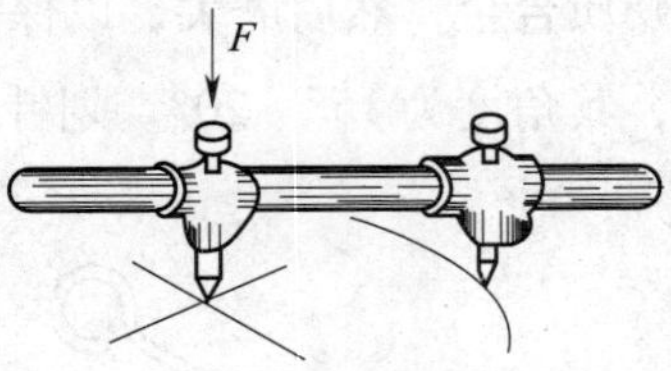

图2—8　地规用法

（6）样冲

为了使钢板上所划的线段能保留下来作为施工过程中的依据或检查的基准，在划线后用样冲沿线打出冲眼作为标记。在使用划规划线前，也要用样冲在圆心处打上冲眼，以便定心。样冲（见图2—9a）一般用中碳钢或工具钢锻制而成，尖部磨成45°~60°的圆锥形，并经热处理淬硬。使用时，先将样冲略倾斜使尖端对准欲打冲眼的位置，然后将样冲竖直，手握小锤子轻击顶端，打出冲眼，如图2—9b所示。

（7）勒子

勒子主要由勒刃和勒座组成。勒刃一般由高碳钢制成，使用前须经刃磨与淬火，勒子用于型钢号孔时划孔心线。勒子的使用方法如图2—10所示。

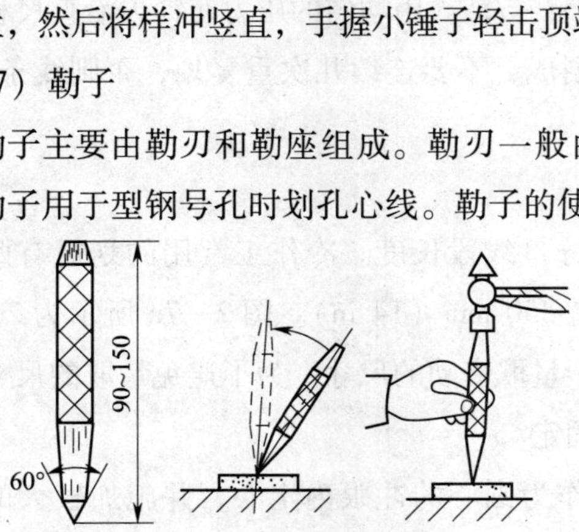

图2—9　样冲及其使用方法

a）样冲　b）使用方法

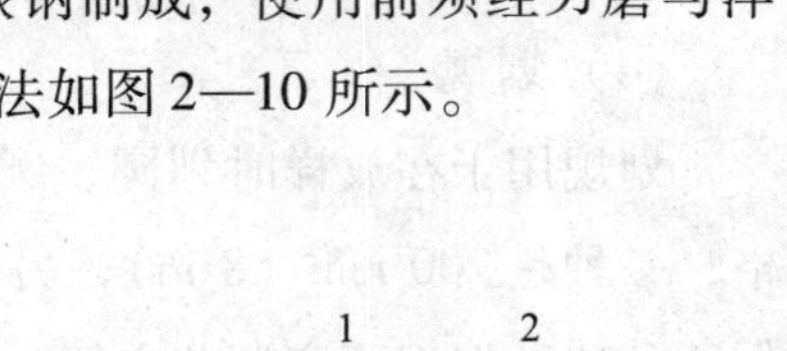

图2—10　勒子使用方法

1—勒刃　2—勒座

（8）曲线尺

划线中，常常需要用平滑的曲线连接数个已知的定点，使用曲线尺可以提高工作效率。图 2—11 所示为曲线尺的结构。它是由弯曲尺 1、竖杆 2、横杆 3 及定位螺钉 4 组成。横杆和竖杆均有长形孔，其曲率由竖杆在孔中移动调节，各竖杆的端头与弯曲尺铰接。弯曲尺可用金属或富有弹性的纤维材料制成。使用时，调节竖杆，使弯曲尺与各已知点接触，然后旋紧定位螺钉，使其固定，再沿弯曲尺划出所需要的曲线。

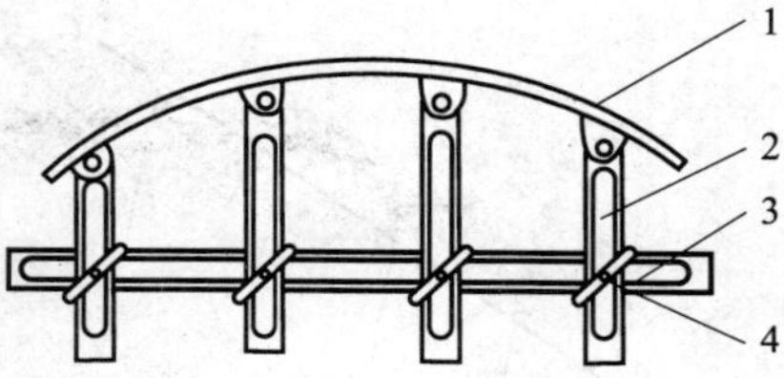

图 2—11　曲线尺

1—弯曲尺　2—竖杆　3—横杆　4—定位螺钉

（9）辅助工具

在放样与号料过程中，常由操作者根据实际需要制作一些辅助工具。图 2—12 所示分别为角钢、槽钢号料时的过线板及角度样板。

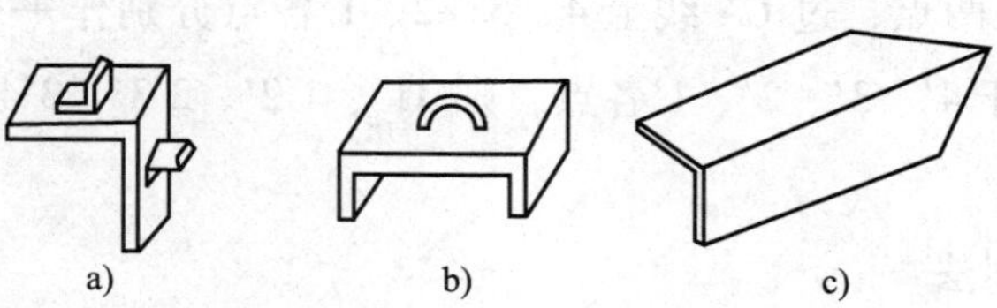

图 2—12　辅助工具

a）角钢过线板　b）槽钢过线板　c）角钢角度样板

二、较大尺寸几何图形的划法

1. 直线的划法

（1）直线长不超过 1 m 可用直尺划线。划针尖或石笔尖紧抵钢直尺，向钢直尺的外侧倾斜 15°～20°划线，同时向划线方向倾斜。

（2）直线长不超过 5 m 用弹粉线法划线。弹粉线时把线两端对准所划直线两端点，拉紧使粉线处于平直状态，然后垂直拿起粉线，再轻放。若直线较长，应弹两次，以两线重合为准；或是在粉线中间位置垂直按下，左右弹两次完成。

（3）直线超过 5 m 用拉钢丝的方法划线。钢丝直径取 0.5～1.5 mm。操作时，两端拉紧并用两垫块垫托，其高度尽可能低些，然后用90°角尺靠紧钢丝的一侧，在90°角尺下端定出数点，再用粉线以三点弹成直线。

2. 线段的等分

（1）求平均值

用卷尺（或盘尺）测量出线段的长度除以等分数得平均值，尺不动将平均值依次叠加，得到各等分点。

（2）平行线等分线段定理（图2—13为5等分线段 *AB*）

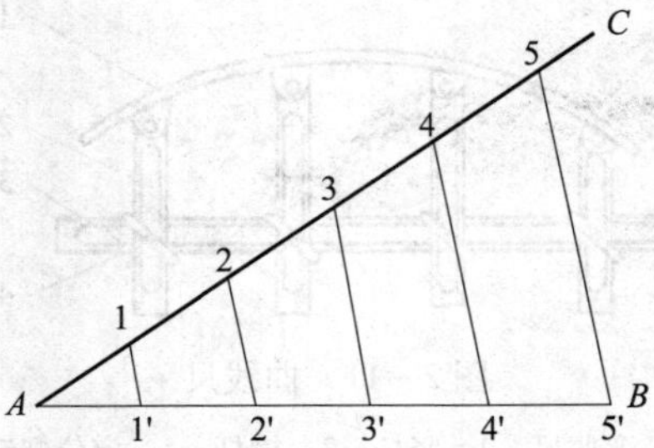

图2—13　平行线等分线段

1）过 *A* 点作斜线 *CA*，得∠*BAC*。

2）过 *A* 点取适当长在斜线 *CA* 上截取5等份，得1、2、3、4、5点。

3）连接 *B*、5两点，过 *CA* 线上4、3、2、1各点分别作平行于5*B*（即55′）的直线交 *AB* 直线于4′、3′、2′、1′各点，则 *A*1′、1′2′、2′3′、3′4′、4′5′（4′*B*）即为所求的5等份。

3. 平行线的划法

（1）平行四边形法

已知直线 *ab* 和直线外任意一点 *p* 作平行线，如图2—14所示。

以 *p* 点为圆心，取 R_1（大于 *p* 点到直线 *ab* 的垂直距离）为半径作弧，交 *ab* 直线于 *e* 点。以 *e* 点为圆心，R_1 为半径划弧交 *ab* 直线于 *f* 点。再以 *e* 为圆心，取 R_2（等于 *fp*）为半径划弧交之前划的弧于 *g* 点，过 *g*、*p* 两点作 *cd* 直线，则直线 *cd*∥*ab*。

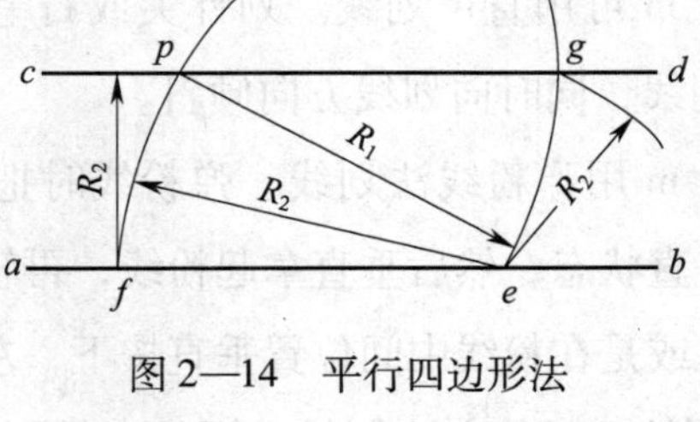

图2—14　平行四边形法

(2) 菱形法

已知直线 AB 及直线外一点 O 作平行线，如图 2—15 所示。

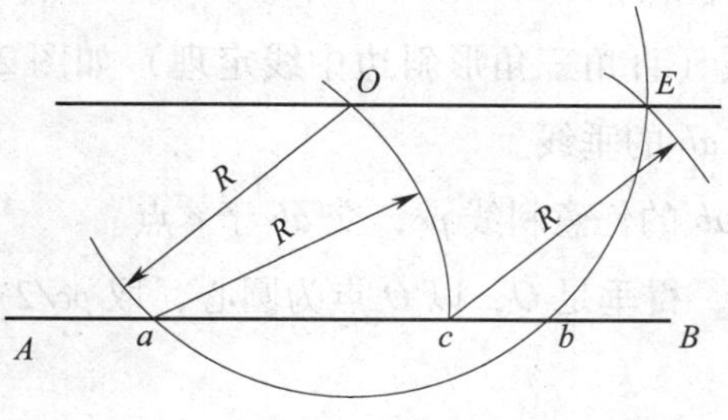

图 2—15　菱形法

1) 以 O 为圆心，取 R（大于 O 点到直线 AB 的垂直距离）为半径划弧，交 AB 直线于 a、b 两点。

2) 以 a 为圆心，取 ao 的长 R 为半径划弧交直线 AB 于 c 点。

3) 以 c 点为圆心，仍取 R 为半径划弧交原弧于 E 点。

4) 连接 OE，则直线 $AB /\!/ OE$。

4. 垂线的划法

(1) 直线端作垂线（三规法作图）如图 2—16 所示，已知直线 ab，过 a 点作垂线。

1) 以 a 为圆心，取适当大小的 R 为半径作圆弧交直线 ab 于 c 点。

2) 以 c 为圆心，以相同的 R 为半径作圆弧，并交圆弧于 e 点。

3) 以 e 为圆心，以相同的 R 为半径作圆弧。

4) 连接 e、c 并延长交圆弧于 f 点。

5) 连接 a、f 得过 a 点的垂线。

(2) 直线上作垂线（中垂线定理）如图 2—17 所示，已知直线 ab，过 c 点作垂线。

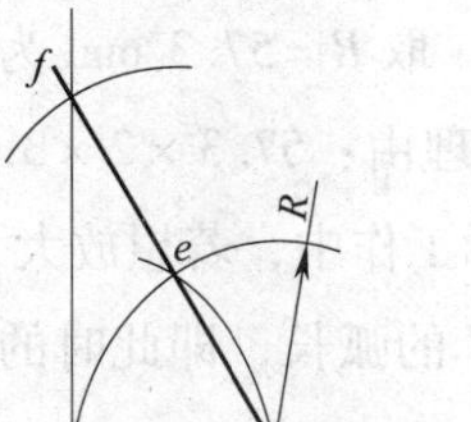

图 2—16　直线端作垂线

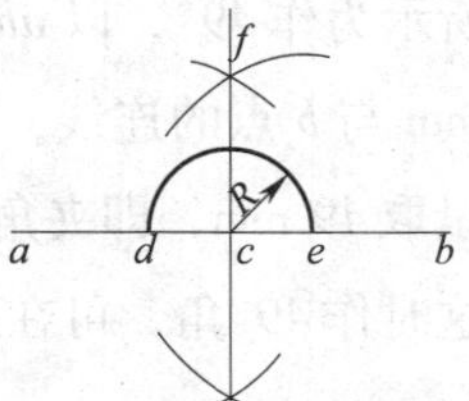

图 2—17　直线上作垂线

1）以定点 c 为圆心，任取适当大小的 R 为半径作圆弧，交直线于 d、e 两点。

2）分别以 d、e 为圆心，以大于 R 的长度为半径作圆弧交于 f、g 两点。

3）连接 c、g 得垂直线。

（3）直线外作垂线（直角三角形斜边中线定理）如图2—18所示，已知直线 ab 外一点 p，过 p 点作 ab 的垂线。

1）过 p 点作直线 ab 的任意斜线 pc，交 ab 于 c 点。

2）作 cp 的中垂线，得垂足 O，以 O 点为圆心，取 $pc/2$ 为半径划弧，交 ab 于 d 点。

3）连接 dp，则 $pd \perp ab$，且过直线 ab 外 p 点。

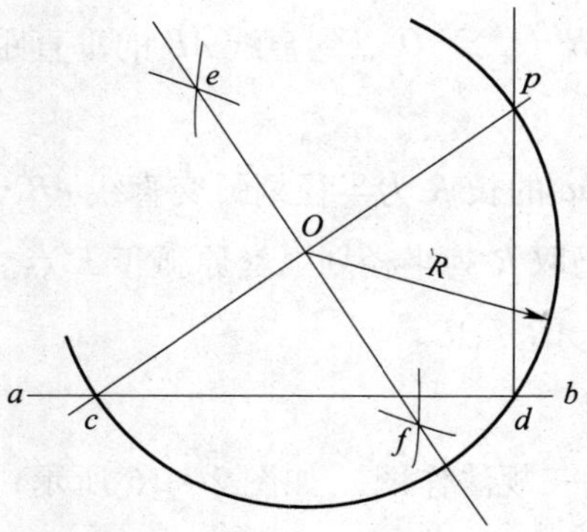

图2—18　直线外作垂线

5. 角的等分和作任意角度

（1）作已知直角的三等分如图2—19所示。

1）以 $\angle abc$ 的顶点 b 为圆心，取 R（不大于直角边长）为半径划弧，交直角边于1、2点。

2）分别以1、2点为圆心，取 R 为半径划弧，交弧得3、4点。

3）连接 $4b$、$3b$，即三等分直角，$\angle ab4 = \angle 4b3 = \angle 3b2 = 30°$。

（2）作任意角度作图步骤

图2—20所示为作49°，以 ab 上 b 点为圆心，取 $R = 57.3$ mm 为半径划弧。此时弧线上每1 mm与 b 点的连线，其夹角为1°（理由：$57.3 \times 2 \times 3.141\,6 \approx 360$），所以在弧线上量取49 mm，即夹角为49°。在实际工作中，若想放大，取 $R = 57.3\,l$ 为半径作弧，这时作49°角，可在弧线上量取 $49\,l$ 的弧长，即此时的每度对应弧上 l 的长度。

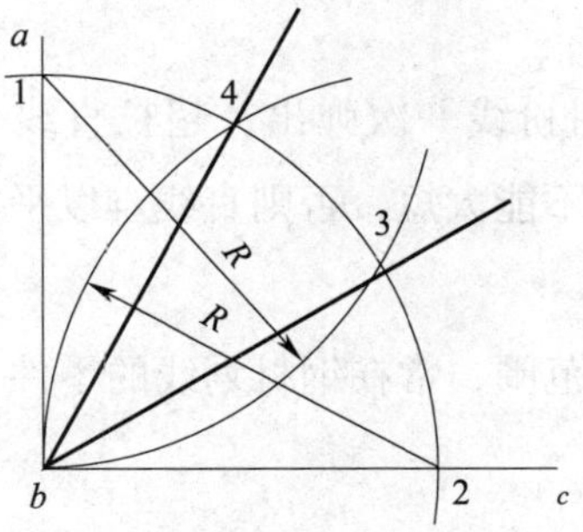

图 2—19　90°角的三等分

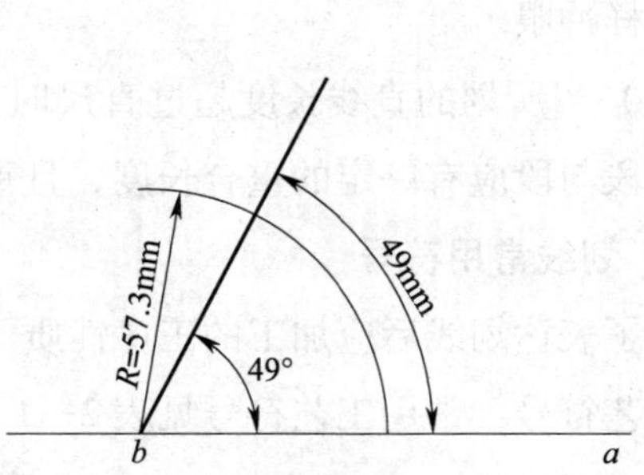

图 2—20　作任意角度

6. 大圆弧的划法

已知圆弧 1/2 弦长 *ab* 和弦高 *cb*，作 1/2 圆弧如图 2—21 所示。分别过 *a*、*c* 点作 *cb* 和 *ab* 的平行线，得矩形 *abce*。连 *ac*，过 *a* 点作 *ac* 的垂线交 *ce* 延长线于 *d* 点。在 *ab*、*ae*、*cd* 上进行相同数目的等分（图 2—21 为 4 等分），分别得 1、2、3 点，1′、2′、3′点和 1″、2″、3″点。连接 11″、22″、33″和 1′*c* 、2′*c* 、3′*c*，得相应交点 *g*、*h*、*l*，圆滑连接各点，即得所求的 1/2 圆弧。

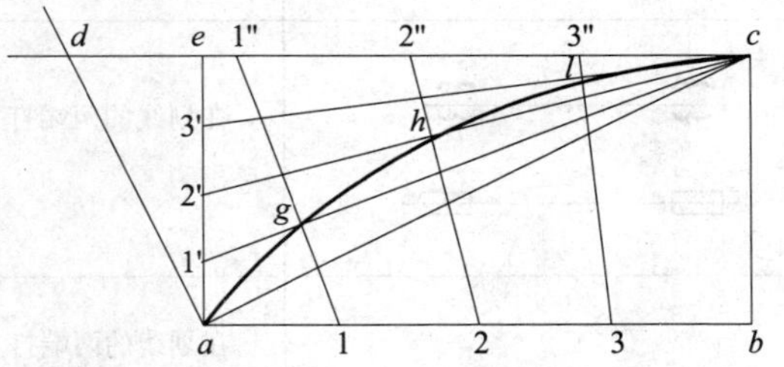

图 2—21　大圆弧的划法

三、划线基本规则和常用符号

1. 划线的基本规则

为了保证划线质量，应注意在划线前应核对钢材牌号、规格等是否符合图样的技术要求，被划线的钢材表面应平整、干净，无夹灰、麻点、裂纹等缺陷，如果表面波浪或凹凸等不平度过大，就会影响划线的准确度，应予以矫正。

划线量具要定期检验校正，尽可能采用高效率的划线工具，如样板、样杆等。

划线时，应严格遵守以下规则：

（1）垂直线必须用作图法划，不能用角度尺或 90°角尺划，更不能用目测法划线。

（2）用圆规在钢板上划圆、圆弧或分量尺寸时，为防止圆规脚尖滑动，必须先冲出样冲眼。

（3）当所划的直线长度超过直尺时，必须用粉线一次弹出；超长直线分段划时，其段与段应有一定的重合长度，且重合长度不能太短，否则直线难以平直。

2. 划线常用符号

为了表达划线后应加工的工序性质、内容和范围，常在钢材划线的零件上标出各种工艺符号，常用工艺符号见表 2—1。

表 2—1　　划线常用工艺符号

名　　称	符　　号	符号说明
剪断线	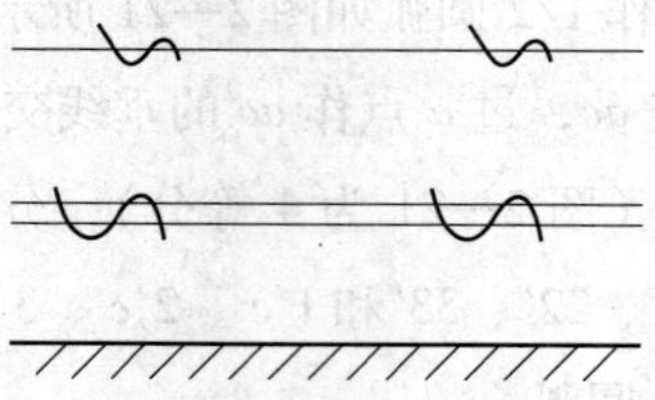	在划线上打上錾子印，并注上“S”符号，表示剪切线 在双线上均打上錾子印，并注上“S”符号，表示切割线 在划线上打上錾子印，并注上斜线符号，表示剪切或切割后斜线一侧为余料
中心线	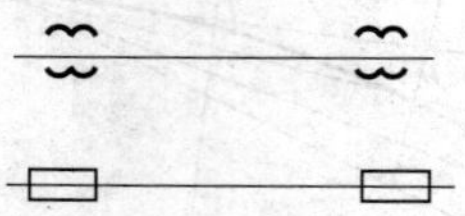	在划线的两端打上 3 个样冲眼，并注上符号
对称线（翻中线）		在划线的两端打上 3 个样冲眼，并注上符号，表示零件图形或样板图形关于此线左右完全对称
压角线	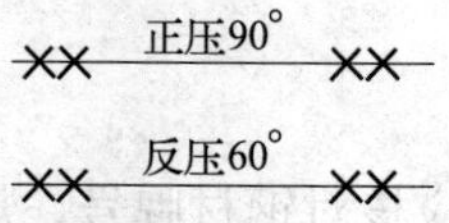	在划线的两端打上 3 个样冲眼，并注上符号，表示钢材弯成（正或反）一定角度或直角
轧圆线	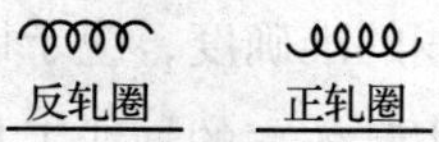	在钢板上注上反轧圈符号“”，表示弯成圆筒形后，标记在外侧。注上正轧圈符号“”，表示弯成圆筒形后，标记在筒内侧
刨边线	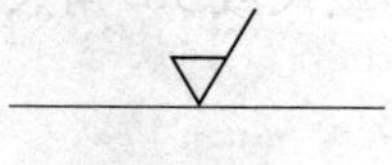	在划线的两端均打上 3 个样冲眼，并注上符号，表示加工边以此线为准

四、线型放样、结构放样知识

1. 线型放样

线型放样就是根据结构制造需要，绘制构件整体或局部轮廓（或若干组剖面）的投影基本线型。进行线型放样时要注意：

（1）根据所要绘制图样的大小和数量多少，安排好各图在样台上的位置。为了节省放样台面积和减轻放样劳动强度，大型结构的放样允许采用部分视图重选或单向缩小比例的方法。

（2）选定放样划线基准。放样划线基准就是放样划线时用以确定其他点、线、面空间位置的依据。图样上确定点、线、面相对位置的基准称为设计基准。放样划线基准通常与设计基准是一致的。

在平面上确定几何要素的位置，需要两个独立坐标，所以放样划线时每个图要选取两个基准。放样划线基准一般可按如下三种方式选择：以两条互相垂直的线（或两个互相垂直的面）作为基准，如图 2—22a 所示；以两条中心线为基准，如图 2—22b 所示；以一个面和一条中心线为基准，如图 2—22c 所示。

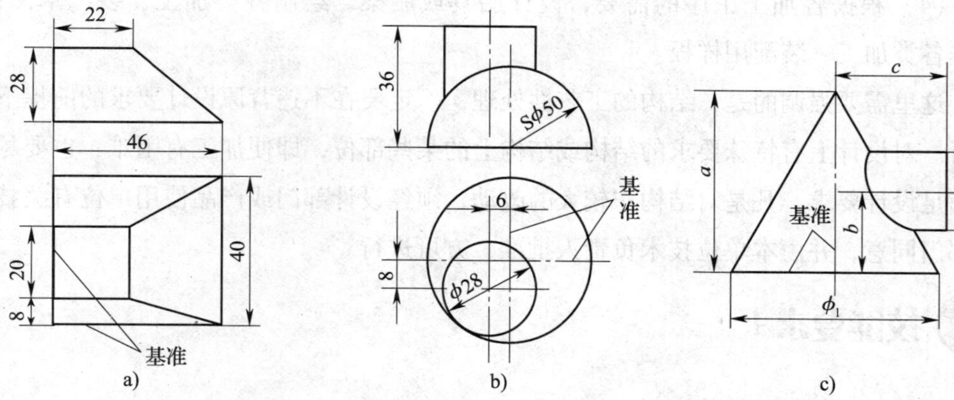

图 2—22　放样划线基准

较短的基准线可以直接用钢尺或弹粉线划出，而对于外形尺寸长达几十米甚至超过百米的大型金属结构，则需用拉钢丝配合角尺或悬挂线锤的方法划出基准线。目前某些工厂已采用激光经纬仪作出大型结构的放样基准线，可以获得较高的精确度。作好基准线后，还要经过必要的检验，并标注规定的符号。

（3）线型放样以划出设计要求必须保证的轮廓线型为主，而那些因工艺需要可能变动的线型则可暂时不划。

（4）进行线型放样，必须严格遵循正投影规律。放样时，究竟划出构件的整体还是局部，可依工艺需要而定。但无论整体还是局部，所划出的线型包含的几何投影必须符合正投影关系，即必须保证投影的一致性。

（5）对于具有复杂曲面的金属结构，如船舶、飞行器、车辆等，则往往采用平行于投影面的剖面剖切，划出一组或几组线型，来表示结构的完整形状和尺寸。

2. 结构放样

结构放样就是在线型放样的基础上，依制造工艺要求进行工艺性处理的过程。它一般包含如下内容：

（1）确定各部分结合位置及连接形式。在实际生产中，由于材料规格及加工条件等限制，往往需要将原设计中的整件分为几部分加工、组合。这时，需要放样者根据构件实际情况，正确、合理地确定结合部位置及连接形式。此外，对原设计中的连接部位结构形式，也要进行工艺分析，对不合理的部分要加以修改。

（2）根据加工工艺及工厂实际生产加工能力，对结构中的某些部位或构件进行必要的改动。

（3）计算或量取零部件料长及平面零件的实际形状，绘制号料草图，制作号料样板、样杆、样箱，或按一定格式填写数据，供数控切割使用。

（4）根据各加工工序的需要，设计胎具或胎架，绘制各类加工、装配草图；制作各类加工、装配用样板。

这里需要强调的是：结构的工艺性处理，一定要在不违背原设计要求的前提下进行。对设计上有特殊要求的结构或结构上的某些部位，即便加工有困难，也要尽量满足设计要求。凡是对结构作较大的改动，须经设计部门或产品使用单位有关技术部门同意，并由本单位技术负责人批准，方可进行。

技能要求1

横梁（见图2—23）的线型放样

一、操作准备

操作准备主要包括准备放样平台和放样量具、工具。放样平台通常由厚度12 mm以上的低碳钢板拼制而成。钢板接缝应打平、磨光，板面要平整，板下面须用枕木或型钢垫起，且调平整。放样时，为使线型清晰，常在板面上涂带胶白粉。

放样量具和工具见前面介绍。

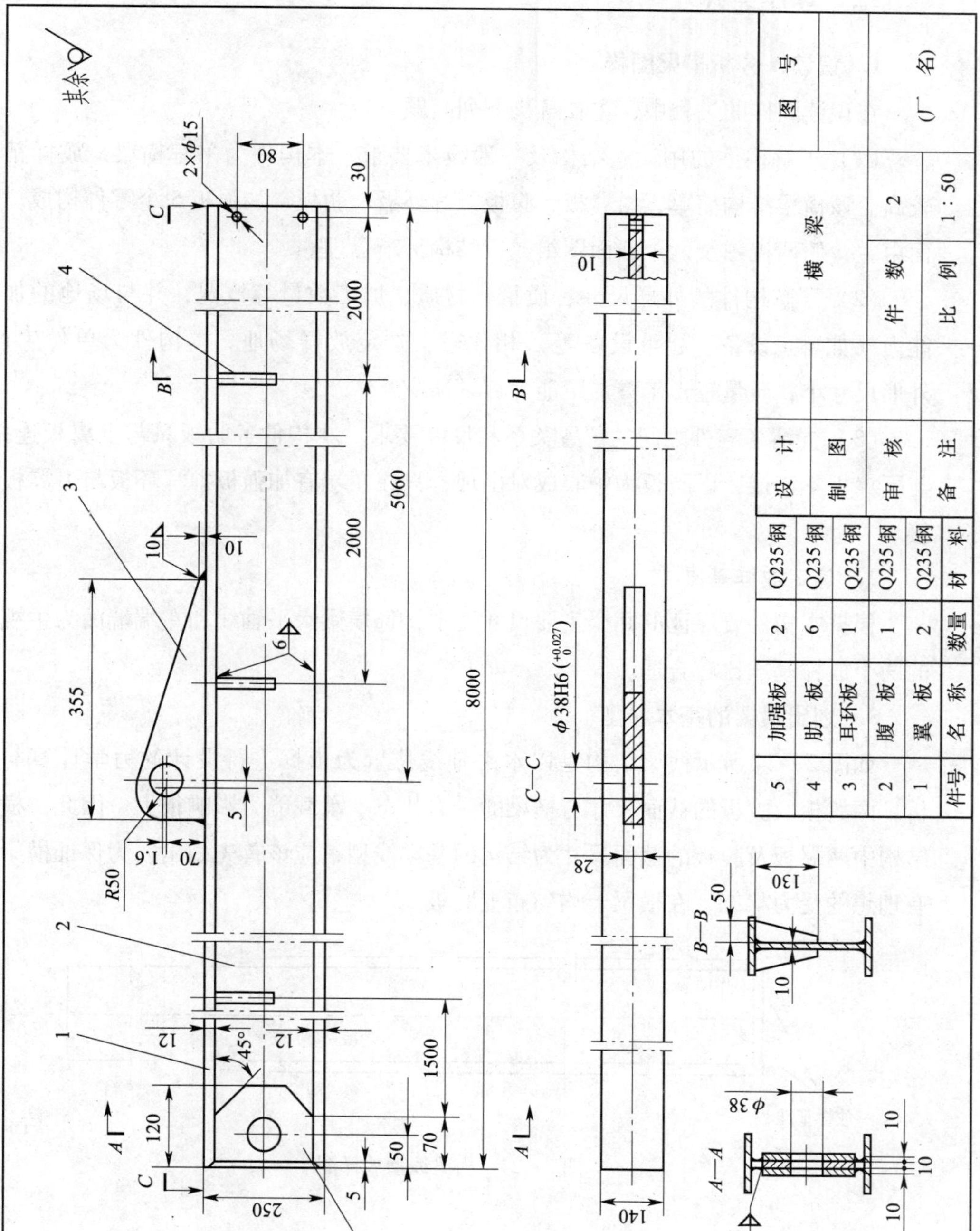
其余
2×φ15
80
30
2000
5060
8000
355
R50
1.6
70
120
1500
250
140
45°
φ38H6 (+0.027 0)
C—C
A—A
B—B
φ38
130
件号 名称 数量 材料
5 加强板 2 Q235钢
4 肋板 6 Q235钢
3 耳环板 1 Q235钢
2 腹板 1 Q235钢
1 翼板 2 Q235钢
设计
制图
审核
备注
横梁
件数 2
比例 1:50
图号
(厂名)

图2—23 横梁

二、操作步骤

1. 识读、分析横梁图样

在识读图样的过程中，主要解决下列问题：

（1）了解构件的用途、结构及一般技术要求。本构件为吊车横梁，放样精度较高。该横梁结构简单，由翼板、腹板、耳环板、肋板、加强板5个零件构成。图面由主、俯两视图及两个断面图组成，结构清晰合理。

（2）了解构件的外形尺寸、质量、材质、加工数量等概况，并与场地的加工能力（如矫正设备、起重设备等）相比较，选定放样场地。本构件为单件生产，外形尺寸小，质量轻，工厂加工能力容易适应。

（3）弄清各零件之间的位置关系和尺寸要求。本构件各肋板只与上翼板连接，与下翼板不连接，以腹板为中心成对出现；只在左端有加强板，耳环板与上翼板连接。

2. 确定放样基准

根据本构件要保证的几个主要尺寸要求，选横梁水平轴线和左端端面为主视图的两个放样基准比较合适。

3. 划出横梁的基本线型

如图2—24所示横梁结构是以水平轴线位置为依据进行设计的力学计算与分析。两翼板及腹板的截面尺寸对横梁的受力状态、承载能力影响很大。因此，横梁结构中两翼板及腹板的截面尺寸为结构的基本线型，应该首先划出。为保证横梁能有理想的受力状态，在横梁上均匀布置肋板。

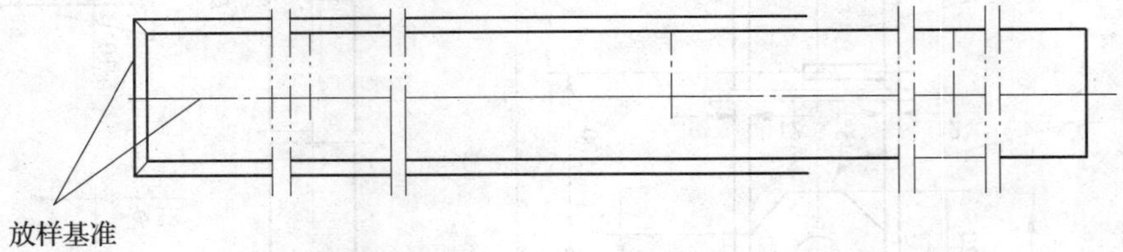

图2—24　横梁线型放样图

三、注意事项

1. 放样时，横向以左端面为基准，纵向以中心线为基准。

2. 放样时，平行线和垂线均采用较大尺寸几何图形划法。

3. 由于构件尺寸较大，在弹粉线时要将粉线拉紧。

技能要求 2

立柱（见图 2—25）线型放样

一、操作步骤

1. 识读、分析立柱图样

（1）了解构件的用途、结构及一般技术要求。本构件为一格构式立柱。该立柱结构简单，由两根槽钢组成的柱体、柱头盖板、连接板、底脚板和加强板 5 个零件构成。图面由主、侧两视图及两个断面图组成，结构清晰合理。

（2）了解构件的外形尺寸、质量、材质、加工数量等概况，并与场地的加工能力（如矫正设备、起重设备等）相比较，选定放样场地。本构件为单件生产，外形尺寸小，质量轻，工厂加工能力容易适应。

（3）弄清各零件之间的位置关系和尺寸要求。

2. 确定放样基准

根据本构件要保证的几个主要尺寸要求，选立柱垂直轴线和底脚板下端面为放样基准比较合适。

3. 划出立柱的基本线型

如图 2—26 所示立柱结构是以垂直轴线位置为依据进行设计的力学计算与分析。两槽钢柱体、底脚板的厚度及连接板的截面尺寸对立柱的受力状态、承载能力影响很大。因此，立柱结构中两槽钢柱体、底脚板的厚度为结构的基本线型，应该首先划出。为保证立柱能有理想的受力状态，在柱体和底脚板之间均匀布置加强板。

二、注意事项

1. 放样时，上下方向以底脚板下端面为基准，左右方向以中心线为基准。
2. 放样时，平行线和垂线均采用较大尺寸几何图形划法。
3. 由于构件尺寸较大，在弹粉线时要将粉线拉紧。

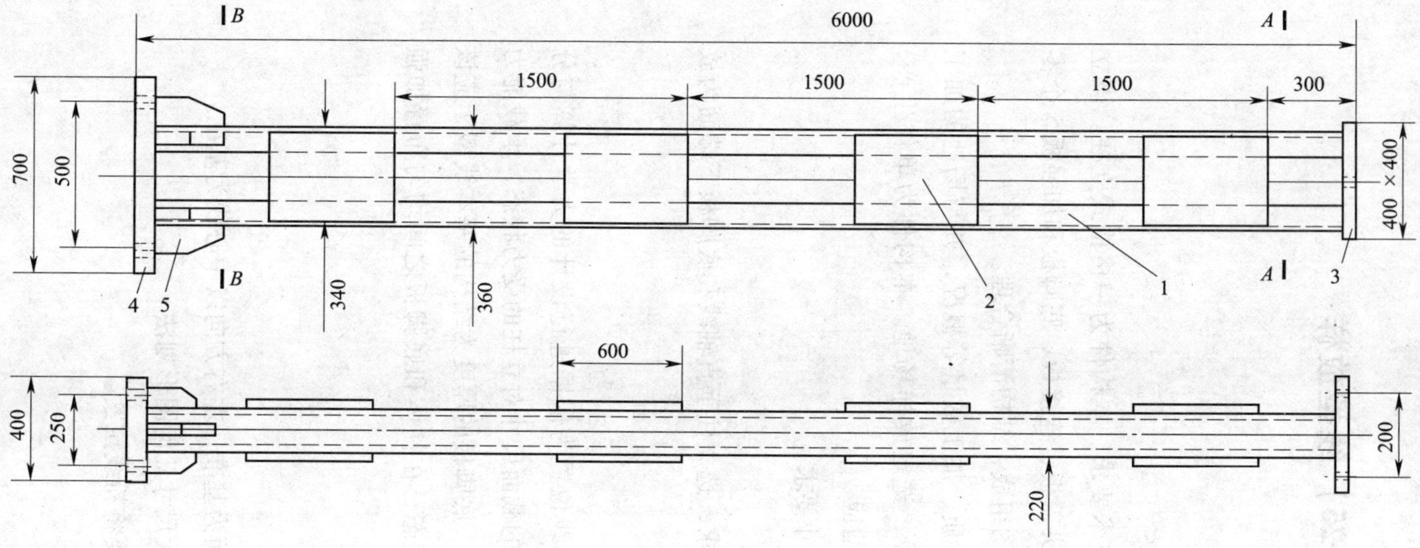

技术要求

1. 图中各部尺寸极限偏差均为±1。
2. 槽钢与底板的垂直度的角度公差为2°。

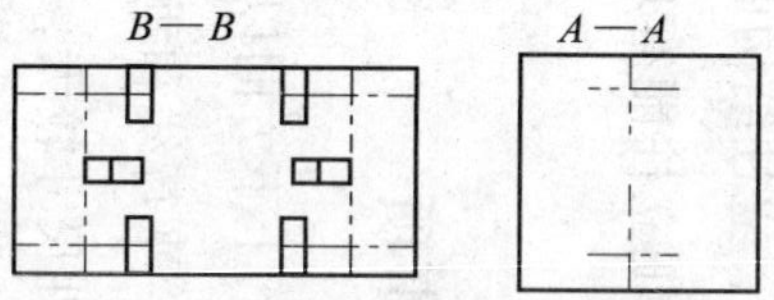

件号	名称	数量	材料
5	加强板	6	Q235钢
4	底脚板	4	Q235钢
3	柱头盖板	1	Q235钢
2	连接板	8	Q235钢
1	柱体	2	Q235钢

设计	×××	立柱		图号
制图	×××			JD03—005
审核	×××	件数	1	××× 设计院
备注		比例	1：20	

图 2—25 立柱

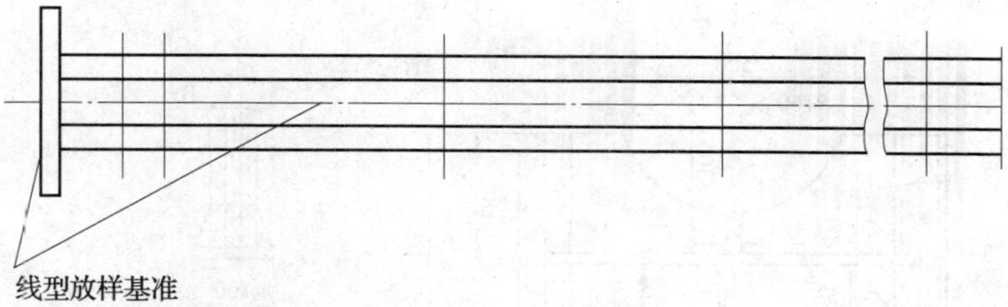

图 2—26　立柱线型放样图

技能要求 3

支架结构（见图 2—27）线型放样

一、操作准备

放样准备工作主要包括准备放样平台和放样量具、工具。放样平台通常由厚度 12 mm 以上的低碳钢板拼制而成。钢板接缝应打平、磨光，板面要平整，板下面须用枕木或型钢垫起，且调平整。放样时，为使线型清晰，常在板面上涂带胶白粉。

放样量具和工具见前面介绍。

二、操作步骤

1. 识读、分析工件图样

在识读图样的过程中，主要解决下列问题：

（1）了解工件的用途及一般技术要求，以便确定放样划线精度及结构的可变动性。本工件为一管道支架，放样精度较高。图样上中间连杆的长度需要在放样中确定。

（2）了解工件的外形尺寸、质量、材质、加工数量等概况，并根据本厂的加工能力，确定制造工艺方案。本工件为单件生产，外形尺寸小，质量轻，一般工厂加工能力均能适应。

（3）弄清各杆件之间的位置关系和尺寸要求，并确定可变动与不可变动的杆件。本工件各杆件轴线位置、地脚位置、圆弧托板的弧线位置是不可变动的。其他杆件尺寸，必要时可根据实尺放样情况做适当改动。

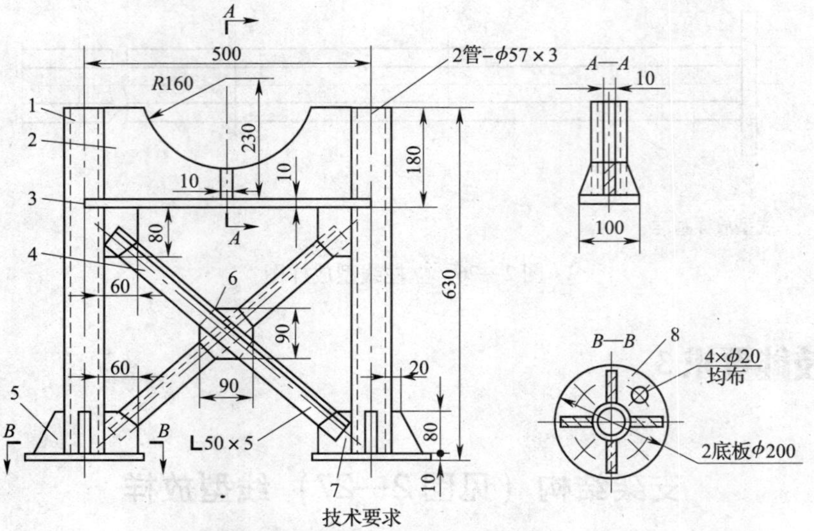

技术要求

角钢在连接板口的搭接长度不得小于40mm。

图2—27　支架工件图

1—主管　2—支撑板　3—上托板　4—斜杆　5—地脚肋板　6、7—连接板　8—地脚板

2. 确定放样划线基准

根据本工件要保证的几个主要尺寸要求，选支架底平面轮廓线和任一主管轴线为主视图的两个放样基准比较合适。

3. 划出构件基本线型

如图2—28所示构件结构以各杆件轴线位置为依据，进行设计时的力学计算和分析。各杆轴线的位置对桁架的受力状态、承载能力影响很大。因此，桁架结构中各杆件的轴线为构件的基本线型，应该首先划出。为保证桁架有理想的受力状态，在桁架的各节点处，杆件轴线应相交（图样上有特殊要求者除外）。其次，应划出主管1、地脚板8、上托板3这些不可变动件的准确位置和必要的轮廓线。

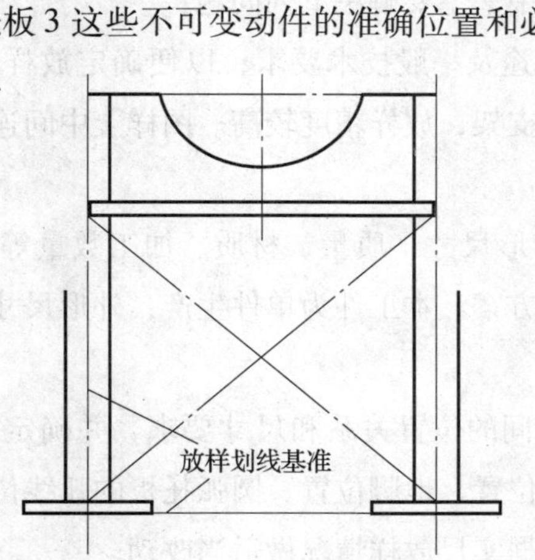

图2—28　支架线型放样

三、注意事项

1. 放样时，上下方向以底脚板下端面为基准，左右方向以中心线为基准。
2. 件4、6、7的搭接量与焊接量要符合国家规范要求。

学习单元2　划出型钢弯曲件的切口样图

学习目标

➢ 了解常见的型钢弯曲形式
➢ 掌握型钢弯曲切口处理方法
➢ 能划出型钢弯曲件的切口图样

知识要求

一、型钢弯曲形式

型钢的种类很多，图2—29所示为常见的几种型钢。根据型钢横截面形状和弯曲方向等不同，常见的弯曲形式如下。

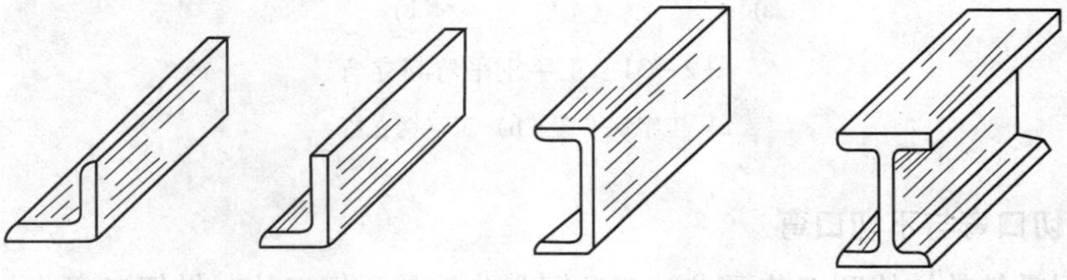

图2—29　常用型钢种类

a）等边角钢　b）不等边角钢　c）槽钢　d）工字钢

1. 内弯与外弯

如图2—30a、c所示，曲率半径在角钢（或槽钢）内侧的弯曲形式叫做内弯；如图2—30b、d所示，曲率半径在角钢（或槽钢）外侧的弯曲形式叫做外弯。

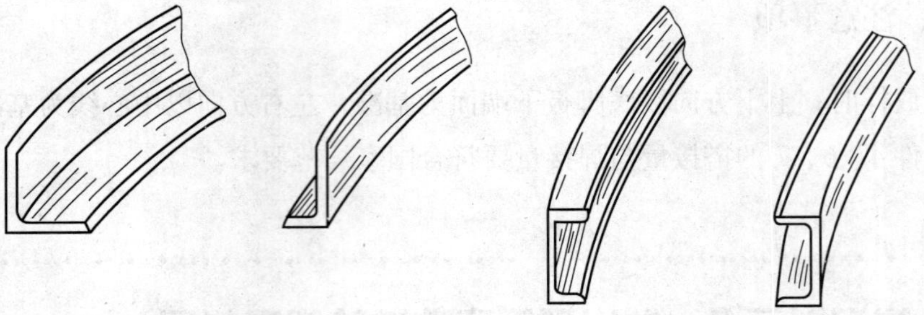

a)　　b)　　c)　　d)

图2—30　内弯与外弯

a）角钢内弯　b）角钢外弯　c）槽钢内弯　d）槽钢外弯

2. 平弯与立弯

如图2—31a所示，曲率半径与工字钢（或槽钢）的腹板处在同一平面内的弯曲形式叫做平弯；如图2—31b所示，曲率半径与工字钢（或槽钢）的腹板处在垂直位置的弯曲形式叫做立弯。

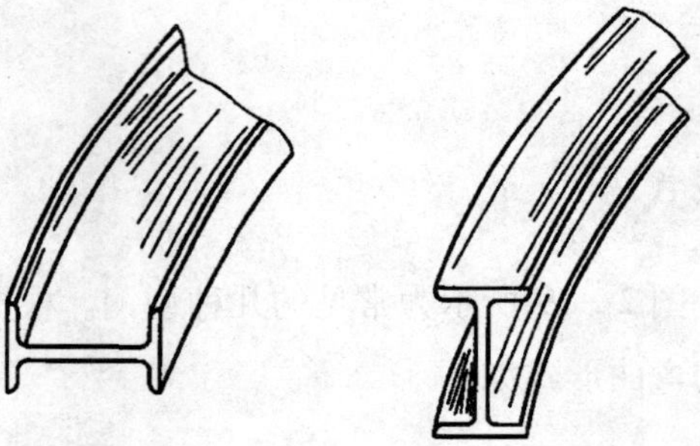

a)　　b)

图2—31　工字钢平弯与立弯

a）工字钢平弯　b）工字钢立弯

3. 切口弯与不切口弯

根据零件的结构和工艺要求，在型钢弯曲处需要切口的叫做切口弯曲；不需要切口的叫做不切口弯曲。

（1）切口内弯不需加补料，如图2—32 a、b所示，切口的内弯又分为直线切口和圆弧切口两种。

（2）切口外弯需加补料，也称为弯曲后补角，如图2—32c所示。

（3）特殊弯曲。图2—33为角钢的特殊弯曲。

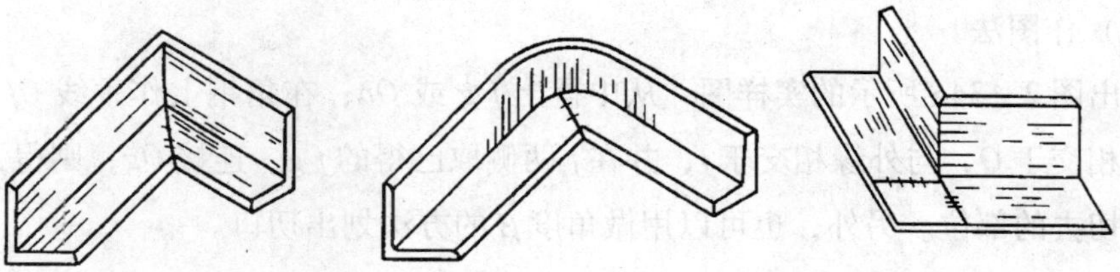

图 2—32　切口内弯与弯曲后补角

a）、b）切口内弯　c）弯曲后补角

图 2—33　角钢的特殊弯曲

二、型钢弯曲切口处理方法

型钢若要弯成折角或小圆角，必须在型钢的适当位置作出一定形状的切口，才能完成弯形。因此，对型钢进行弯形时，除需计算其料长外，还要在放样中确定其切口的位置、形状和尺寸。

1. 直线切口

如图 2—34a 所示的角钢件是由图 2—34b 所示的直线切口角钢经内弯而成的。从两图中可以看出：

切口角　　$\beta = 180° - \alpha$

切口宽　　$l = 2fg$

式中，α 为弯曲角；fg 为 1/2 切口宽。

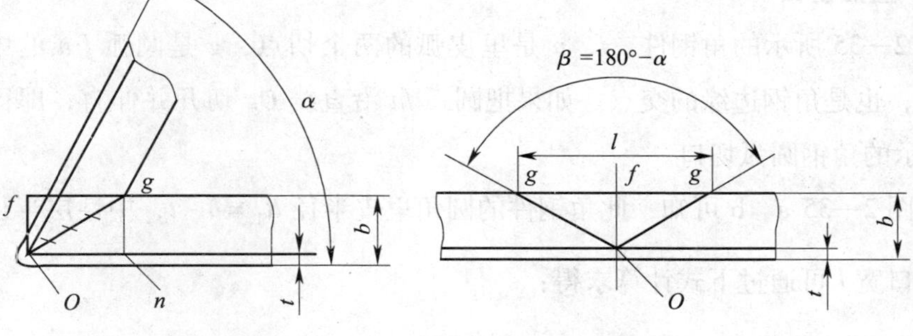

图 2—34　内弯角钢的直线切口

a）内弯角钢　b）角钢切口

（1）作图法

作出图2—34a所示的实样图，从中得出fg或On；在角钢上作垂线Of，与角钢里皮相交于O，与外缘相交于f，并在f两侧取已得的fg，连接Og，则得$\triangle gOg$，即为须切去的部位。另外，也可以用做角度β的方法划出切口。

（2）计算法

先计算出切口宽l，再划切口。其公式为：

$$l = 2(b - t)\cot\frac{\alpha}{2} \qquad (2—1)$$

式中，l为切口宽；b为角钢宽度；t为角钢厚度；α为弯曲角。

划切口的步骤同上。表2—2列出了几种内弯正多边形角钢框切口宽l的简化计算式。

表2—2　　内弯正多边形角钢框切口宽l的简化计算式

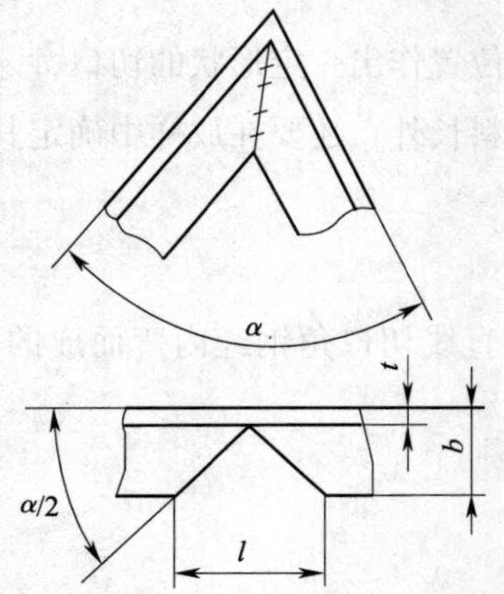

正多边形边数	α	l
3	60°	3.464（$b-t$）
4（或矩形）	90°	2（$b-t$）
5	108°	1.453（$b-t$）
6	120°	1.155（$b-t$）
7	128°	0.975（$b-t$）
8	135°	0.828（$b-t$）

2. 圆弧切口

图2—35所示的角钢件，f、n是里皮弧的两个切点，g是圆弧fn的中点，O为弧心，也是角钢边缘的交点。如果把圆弧fn沿直线Og切开并伸直，即得图2—35b所示的角钢圆弧切口。

从图2—35 a、b可知，此角钢件的圆角里皮半径$R_1 = b - t$，中性层半径为$b - \frac{t}{2}$。切口宽l可通过下式计算求得：

$$l = 0.01745\left(b - \frac{t}{2}\right)\alpha \qquad (2—2)$$

式中，l为圆弧切口宽；b为角钢宽度；t为角钢厚度；α为圆心角（°）。

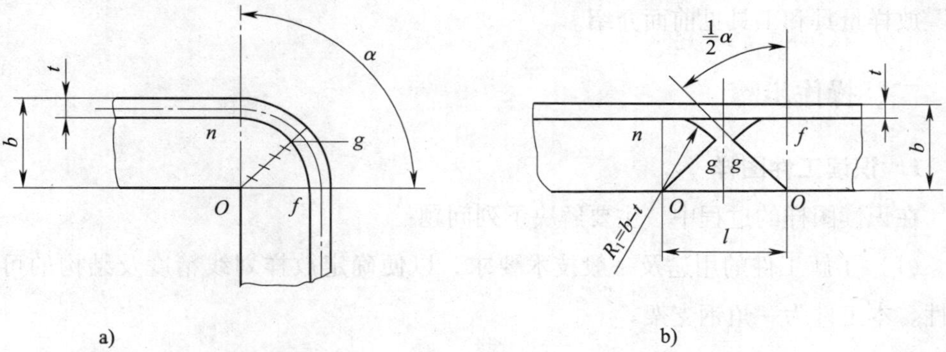

图 2—35　内弯角钢的圆弧切口

a）内弯角钢　b）角钢切口

技能要求

角钢弯曲件的切口处理

如图 2—36 所示为用∟ 45 × 45 × 5 的角钢揻成的支架工件图，$\angle A=30°$，$\angle B=60°$，$\angle C=90°$。

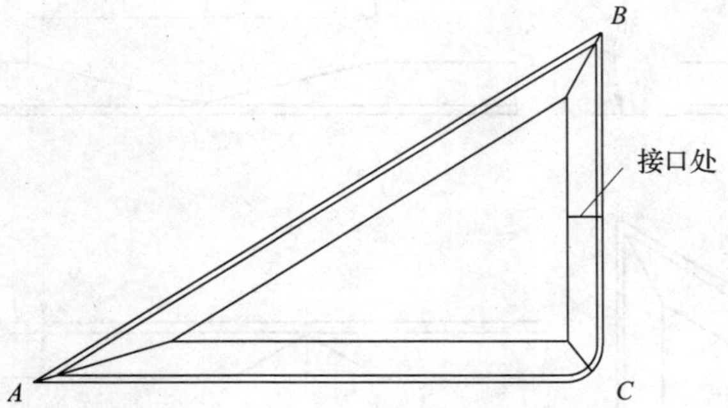

图 2—36　内弯角钢支架

一、操作准备

放样准备工作主要包括准备放样平台和放样量具、工具及制作样板所用的材料（1 mm 镀锌铁皮）。

放样平台通常由厚度 12 mm 以上的低碳钢板拼制而成。钢板接缝应打平、磨光，板面要平整，板下面须用枕木或型钢垫起，且调平整。放样时，为使线型清晰，常在板面上涂带胶白粉。

放样量具和工具见前面介绍。

二、操作步骤

1. 识读工件图样

在识读图样的过程中，主要解决下列问题：

（1）了解工件的用途及一般技术要求，以便确定放样划线精度及结构的可变动性。本工件为一角钢支架。

（2）了解工件的外形尺寸、质量、材质、加工数量等概况，并根据本厂的加工能力，确定制造工艺方案。本工件为单件生产，外形尺寸小，质量轻，一般工厂加工能力均能适应。

（3）弄清各杆件之间的位置关系和尺寸要求，并确定可变动与不可变动的杆件。本工件由水平杆、垂直杆和斜撑杆三个杆件组成，三个角度各不相同，其中 $\angle A$、$\angle B$ 为直线切口，$\angle C$ 为圆弧切口，需做三个样板。

2. 划出角钢弯曲件的结构图样

如图 2—37 所示为角钢弯曲件的结构图样。

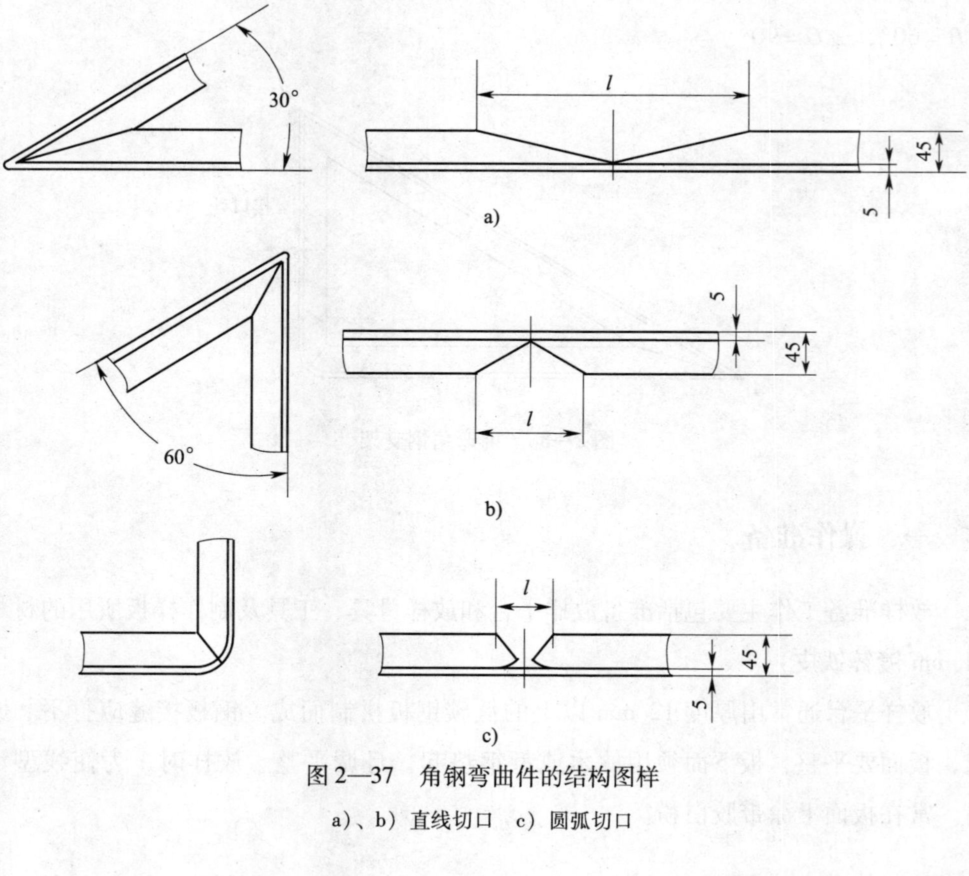

图 2—37　角钢弯曲件的结构图样

a）、b）直线切口　c）圆弧切口

3. 依据结构图样，获得切口样板

如图 2—38 所示为角钢支架各切口样板。

图 2—38　角钢弯曲件的各切口样板

a）∠A 切口样板　b）∠B 切口样板　c）∠C 切口样板

三、注意事项

1. 在弯制过程中，应事先做好各角度的角度样板，以防在弯制时出现角度误差。

2. 划线前应对型材加以矫正。

第 2 节　展 开 放 样

学习单元 1　作出圆管、棱柱管等简单件的展开图

学习目标

- 了解展开放样的基本知识
- 熟悉绘制展开图的基本方法
- 掌握基本形体的展开方法
- 能作出圆管、棱柱管等简单件的展开图

知识要求

一、展开放样基本知识

1. 形体展开概念

将构件沿着某一条素线剪开，依次摊平在一个平面上的过程称为构件表面的展

开（见图2—39），简称展开。展开在平面上的图形称为构件的展开图，作展开图的过程称为展开放样。

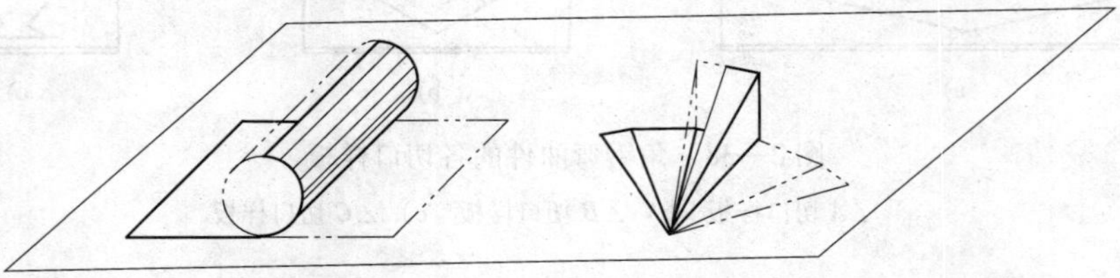

图2—39　展开示意图

作展开图的方法通常有作图法和计算法两种，目前工厂多采用作图法展开，但是随着计算技术的发展和计算机的广泛应用，计算法展开的应用也日益增多。

2．展开放样

展开放样是在结构放样的基础上，对不反映实形或需要展开的部件进行展开，以求其实形的过程。其具体过程如下：

（1）板厚处理。根据加工过程中的各种因素，合理考虑板厚对构件形状、尺寸的影响，作出欲展开构件的单线图（即理论线图），以便据此展开。

（2）展开作图。即利用作出的构件单线图，运用正投影理论和钣金展开的基本方法，作出构件的展开图。

（3）根据作出的展开图，制作号料样板或绘制号料草图。

3．基本形体构件的板厚处理

金属构件一般都具有一定的厚度，有内皮、外皮，一般当构件板厚大于1.5 mm时，作展开图必须考虑板厚对展开图尺寸的影响，否则会使构件形状、尺寸不准确，以致造成废品。展开放样中，根据构件制造工艺，按一定规律除去板厚，作出构件的单线图（所谓理论线图），这一过程称为板厚处理。板厚处理的主要内容是：确定构件的展开长度、高度及相贯构件的接口等。

（1）圆弧弯板的展开长度

如图2—40所示为圆管的板厚处理。在弯制过程中，内皮由于受压缩短，外皮受拉伸长，而在板厚中间，存在着一个长度保持不变的纤维层，称为中性层（图中$d_{中}$为中性层直径）。因中性层长度变形前后没有变化，所以在展开时以中性层的尺寸作为展开尺寸。

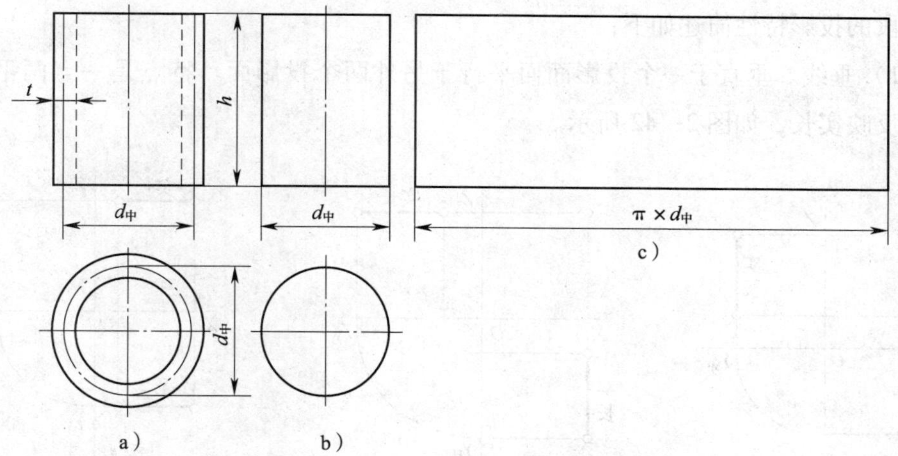

图 2—40　圆管的板厚处理

a）工件图　b）单线图　c）展开图

（2）折角弯板的展开长度

如图 2—41 所示为方管的板厚处理。在折制过程中，内皮长度不变，外皮伸长。所以在展开时以内皮的尺寸作为展开尺寸。

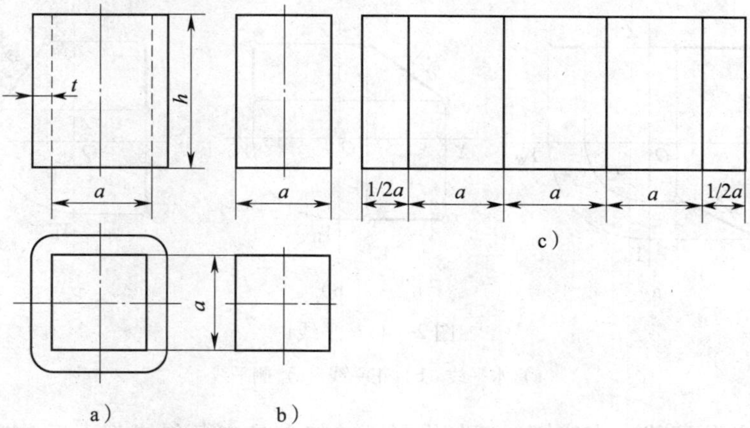

图 2—41　方管的板厚处理

a）工件图　b）单线图　c）展开图

4. 求线段实长

在构件的展开图上，所有图线（轮廓线、棱线、辅助线等）都是构件表面上对应线段的实长线。然而，并非构件上所有的线段在图样中都反映实长，因此，必须能够正确判断线段的投影是否为实长，并掌握求线段实长的一些方法。

（1）线段实长的鉴别

线段的投影是否反映实长，要根据线段的投影特性来判断。为此，空间各种位置线段的投影特性简述如下：

1）垂线。垂直于一个投影面而平行于另外两个投影面。特点是一点两平线，平线反映实长，如图2—42所示。

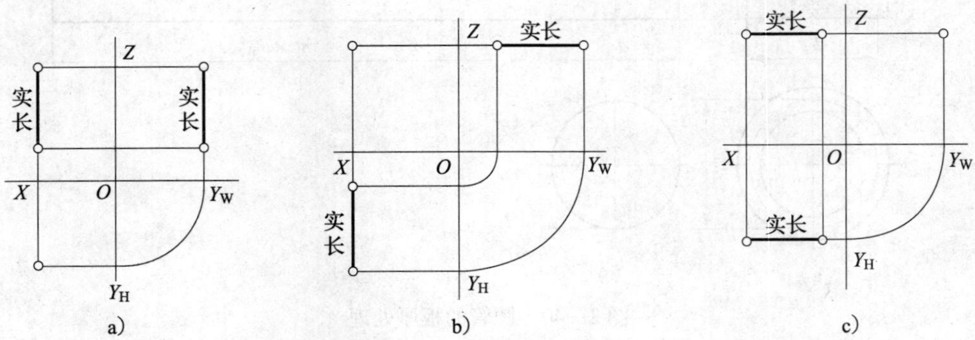

图2—42　垂线

a）铅垂线　b）正垂线　c）侧垂线

2）平线。倾斜于两个投影面而平行于另外一个投影面。特点是一斜线两平线，斜线反映实长，如图2—43所示。

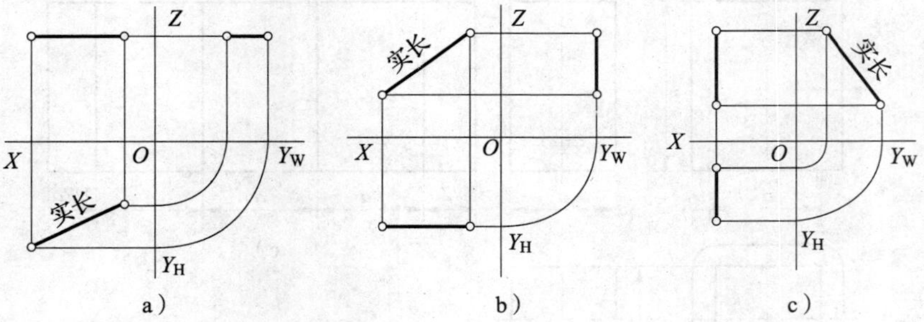

图2—43　平线

a）水平线　b）正平线　c）侧平线

3）一般位置线。直线倾斜于各投影面。特点是三条斜线都不反映实长，如图2—44所示。

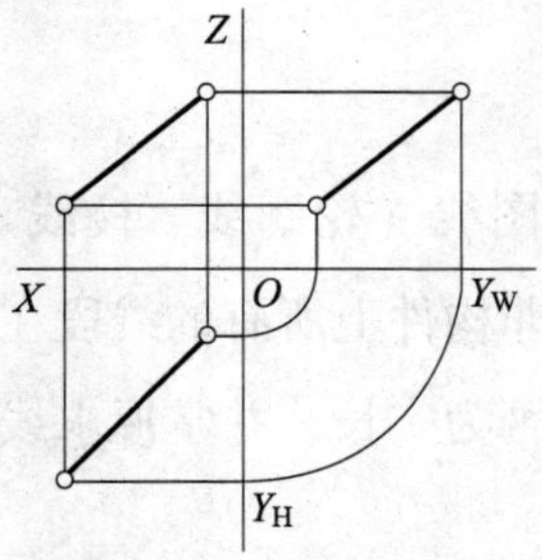

图2—44　一般位置线

注意：只有根据线段的两面或三面投影，才能对其投影是否反映实长做出正确的判断。因此，在进行构件的展开时，首先需要一一对应地找出构件上各线段的投影，以确定非实长线段。

（2）求直线段实长

由前述可知，空间一般位置直线的三面投影都不反映实长。在这种情况下，就要运用投影改造的方法求出一般位置直线的实长。

直角三角形法求实长过程如下。图 2—45a 所示为一般位置线段 AB 的原理图。现在分析线段和它的投影之间的关系，以寻找求线段实长的图解方法。过点 B 作 H 面的垂线，过点 A 作 H 面的平行线且与垂线交于点 C，构成直角三角形 ABC，其斜边 AB 是空间线段的实长。两直角边的长度可在投影图上量得：一直角边 AC 的长度等于其水平投影 ab；另一直角边 BC 的长度是线段两端点 A、B 距水平投影面的距离之差，等于正面投影图中的 $b'c'$。

作图方法如图 2—45b 所示。

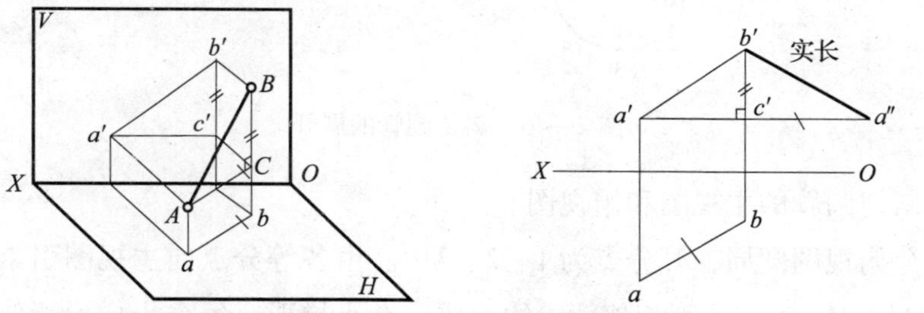

a）　　　　b）

图 2—45　直角三角形法求实长

a）原理图　b）投影图

直角三角形法的作图要领：

1）作一直角。

2）令直角的一边等于线段的某一投影面上的投影长，直角的另一边等于线段两端点相对于该投影面的距离差（此距离差可由线段的另一面投影图上量取）。

3）连接直角两边端点成一直角三角形，则其斜边即为线段的实长。

二、展开的基本方法

展开的基本方法有平行线法、放射线法和三角形法三种。这三种方法的共同特点是：先按立体表面的性质，用直素线把待展表面分割成许多小平面，用这些小平面去逼近立体表面；然后求出这些小平面的实形，并依次划在平面上，从而构成立体表面的展开图。这一过程可以形象地比喻为“化整为零”和“积零为整”两个阶段。

1. 平行线展开法

平行线展开法主要用于表面素线相互平行的立体。首先将立体表面用相互平行的素线分割为若干平面，展开时就以这些相互平行的素线为骨架，依次做出每个平面的实形，以构成展开图。下面以圆管件为例，说明作图的方法。

例 2—1 作斜切圆管的展开（见图 2—46）。

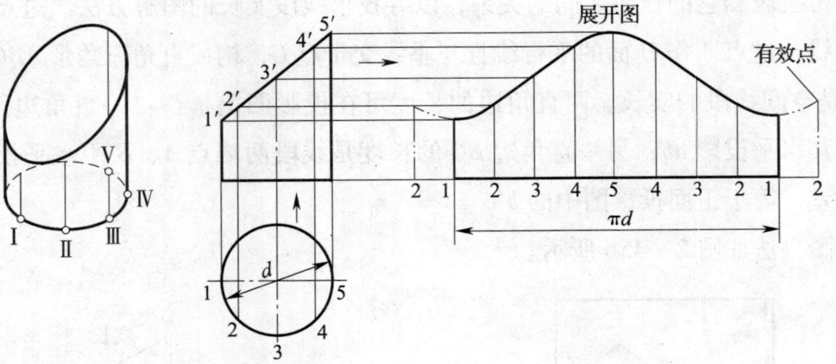

图 2—46 斜切圆管的展开

作出斜切圆管的主视图和俯视图。

八等分俯视图圆周，等分点为 1、2、3…。由各等分点向主视图引素线，得与上口交点 1′、2′、3′…。则相邻两素线组成一个小梯形，每个小梯形近似一个小平面。

延长主视图的下口线作为展开的基准线，将圆管正截面（即俯视图）的圆周展开在延长线上，得 1、2、3…1 各点。过基准线上各分点引上垂线（即为圆管素线），与主视图 1′到 5′各点向右所引水平线相交，对应交点连接成光滑曲线，即为展开图。

2. 放射线展开法

放射线展开法适用于表面素线相交于一点的锥体。展开时，将锥体表面用呈放射形的素线分割成共顶的若干小三角形平面，求出其实际大小后，以这些放射形素线为骨架，依次将它们划在同一平面上，即得所求锥体表面的展开图。现以正圆锥为例，说明其作图的方法。

例 2—2 正圆锥的展开（见图 2—47）。

正圆锥的特点是表面所有素线长度相等，圆锥母线为它们的实长线，展开图为一个扇形。

展开时，先作出圆锥的主视图和锥底断面图，并将锥底断面半圆周分为若干等份。过等分点向圆锥底口引垂线即得交点，由底口线上各交点向锥顶 S 连素线，即将圆锥面划分为 12 个三角形小平面（见图 2—47a）。

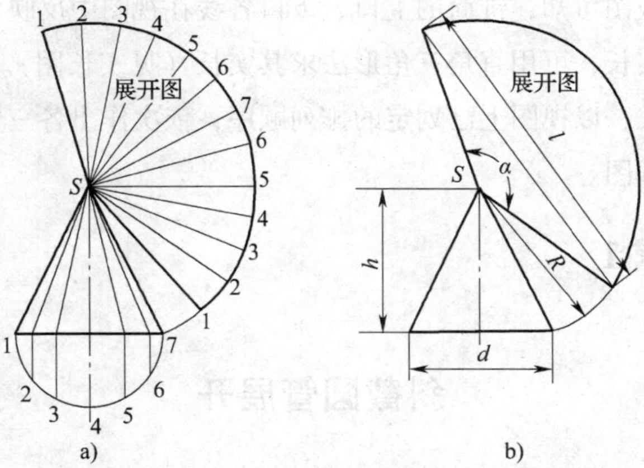

图 2—47 正圆锥的展开

a）等分作图 b）展开图

3. 三角形展开法

三角形展开法是以立体表面素线（棱线）为主，并作出必要的辅助线，将立体表面分割成一定数量的三角形平面，然后求出每个三角形的实形，并依次划在平面上，从而得到整个立体表面的展开图。

三角形展开法适用于各类形体，只是精确程度有所不同。

例 2—3 正四棱锥筒的展开（见图 2—48）。

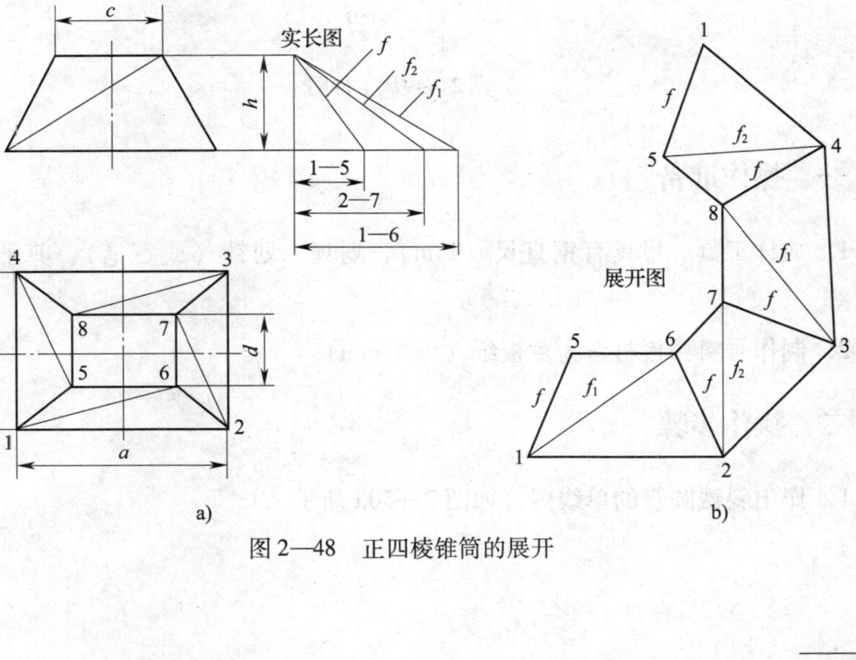

图 2—48 正四棱锥筒的展开

作出正四棱锥筒的主视图和俯视图。

在俯视图中依次连出各面的对角线 1—6、2—7、3—8、4—5，并求出它们在主视图中的对应位置，则锥筒侧面被划分为 8 个三角形。

由主、俯两视图可知，锥筒的上口、下口各线在视图中反映实长，而 4 个棱线及对角线不反映实长，可用直角三角形法求其实长（见实长图）。

利用各线实长，以视图上已划定的排列顺序，依次作出各三角形的实形，即为正四棱锥筒的展开图。

技能要求 1

斜截圆管展开

圆管斜切工件如图 2—49 所示。

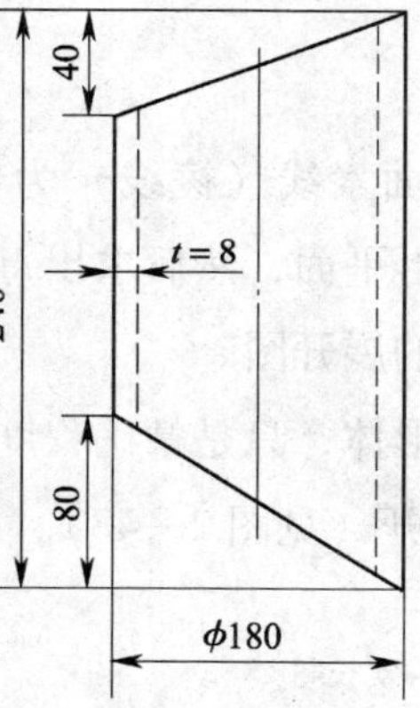

图 2—49　工件图

一、操作准备

1. 放样工具、量具有钢直尺（1 m）、划规、划针（或石笔）、剪子、样冲、锤子等。

2. 制作号料样板材料为黄板纸（$t = 1$ mm）。

二、操作步骤

1. 作出斜截圆管的单线图，如图 2—50a 所示。

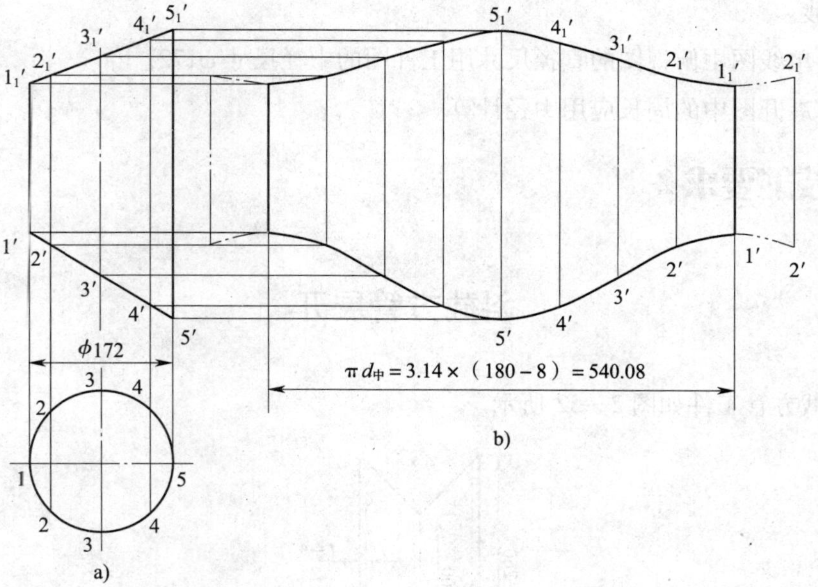

图 2—50 斜截圆管的展开

a）放样图 b）展开图

2. 用平行线法作出斜截圆管的展开图，如图 2—50b 所示。

3. 制作斜截圆管的展开号料样板，如图 2—51 所示。

展开图经检查无误后，采用 0.5 ~ 1 mm 厚黄板纸、薄钢板或油毡纸等材料制作样板。制作样板时可采用覆盖过样法或直接在黄板纸、薄钢板、油毡纸上绘制。

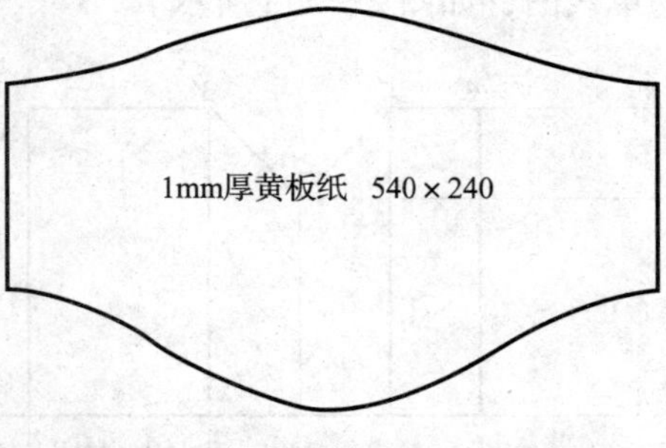

图 2—51 斜截圆管的展开号料样板

三、注意事项

1. 绘制单线图和展开图时，各条素线要保证平行。

2. 俯视图各点向主视图引的素线以及主视图各点向展开图方向所引的素线要保证与基准线垂直（基准线为主、俯视图的对称轴线）。

3. 为了保证端部曲线圆滑过渡，在 $1_1'$—$1'$的另一侧再增加一个等分线 $2_1'$—$2'$，作为过渡。

4. 单线图中俯视图的直径尺寸用工件图的中径尺寸 $\phi172$。

5. 展开图中的周长应用中径计算。

技能要求2

斜截方管展开

斜截方管工件如图2—52所示。

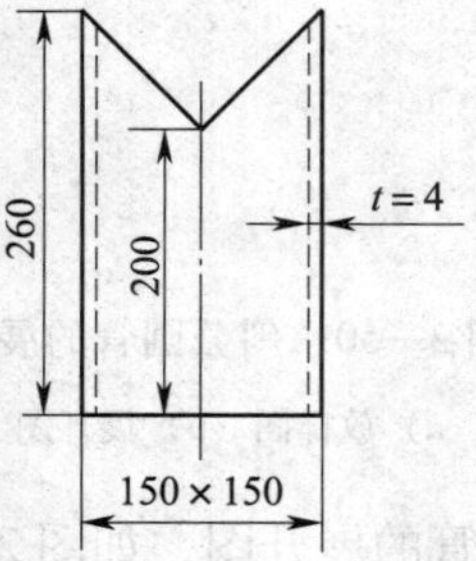

图2—52 工件图

一、操作步骤

1. 作出斜截方管的单线图，如图2—53a所示。

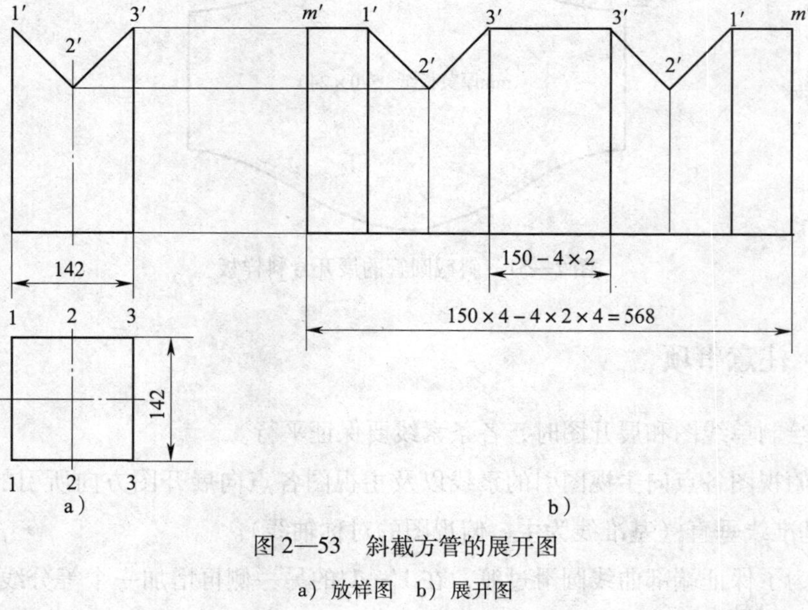

图2—53 斜截方管的展开图

a）放样图 b）展开图

2. 用平行线法作出斜截方管的展开图，如图 2—53b 所示。

3. 制作斜截方管的展开号料样板，如图 2—54 所示。

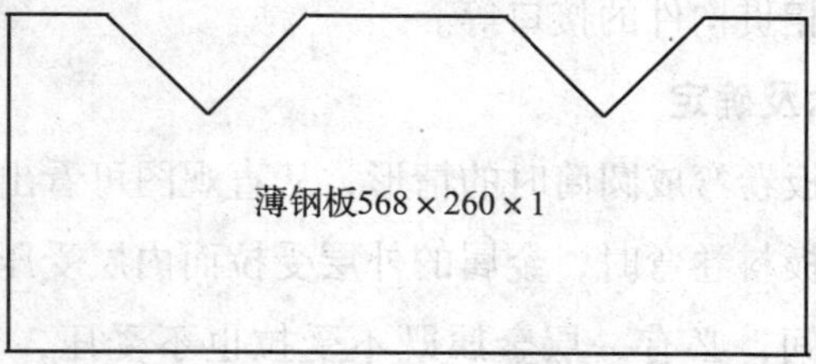

图 2—54　斜截方管的展开号料样板

二、注意事项

1. 绘制放样图和展开图时，各条棱线要保证平行。

2. 主视图各点向展开图方向所引素线要保证与基准线垂直（基准线为主视图的对称轴线）。

3. 单线图中俯视图的边长尺寸用工件图的内径尺寸 150 －4 ×2 =142。

4. 展开图中的周长应用内径计算。

学习单元 2　平面弯曲件的展开料长计算

学习目标

- 掌握料长计算基础知识
- 掌握平面弯曲件料长计算方法
- 能计算平面弯曲件展开料长

知识要求

一、料长计算基础知识

在介绍结构件展开方法中，都要考虑板厚对产品质量的影响。生产中，制造各类构件时所用的板材、管材、型材都具有一定的厚度（壁厚），当厚度大于1.5 mm时，展开放样时就必须对其进行处理，以消除其对产品尺寸和形状的影响。展开放样中，根据构件的形状、角度、接口等不同情况，按一定规律除去板厚，作出构件的单线图（放样图），这一过程称为板厚处理。板厚处理的主要内容是：确定构件的展开长度、高度及相贯构件的接口等。

1. 中性层的概念及确定

图 2—55 是将厚板卷弯成圆筒时的情形，从直观图可看出圆筒的外层尺寸比内层尺寸长，这是由于板料卷弯时，金属的外层受拉而内层受压的缘故。在断面上由拉伸向压缩的过渡中间，必有一层金属既不受拉也不受压，其长度尺寸保持不变（图中的 d 平均直径处），这一层称为中性层。因中性层长度在卷弯前和卷弯后不发生变化，所以作为展开的尺寸依据，如图 2—55b 所示。

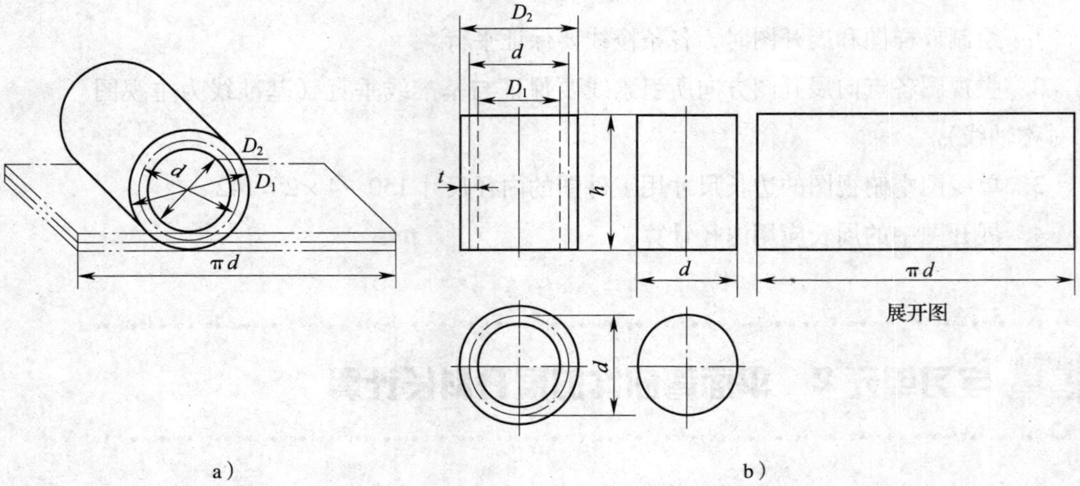

图 2—55　圆桶卷制的中性层

2. 圆弧弯曲长度计算公式

板料弯形中性层的位置与其相对弯形半径 r/t 有关。当 $r/t>5.5$ 时，中性层位于板厚的 1/2 处，即与板料的中心层相重合；当 $r/t\leq5.5$ 时，中性层位置将向弯形中心一侧移动。中性层的位置可由下式计算：

$$R_{中} = r + Kt \tag{2—3}$$

式中　$R_{中}$——中性层半径，mm；

r——弯板内弧半径，mm；

t——板料厚度，mm；

K——中性层位置系数，见表 2—3。

表 2—3　　中性层位置系数 K、K_1 的值

$\frac{r}{t}$	≤0.1	0.2	0.25	0.3	0.4	0.5	0.8	1.0	1.5	2.0	3.0	4.0	5.0	>5.5
K	0.23	0.28	0.3	0.31	0.32	0.33	0.34	0.35	0.37	0.40	0.43	0.45	0.48	0.5
K_1	0.3	0.33	0.35			0.36	0.38	0.40	0.42	0.44	0.47	0.475	0.48	0.5

注：K 适用于有压料情况的 V 形或 U 形压弯；K_1 适用于无压料情况的 V 形压弯。其他弯形情况下，通常取 K 值。

二、平面弯曲件料长计算方法

在加工各种板材、型材弯形件时，需要准确计算出弯形件用料长度并确定弯曲线位置。这里举例介绍常见的各种类型弯形件的料长计算方法。

1. 板料弯曲的料长计算方法

板材弯形时中性层位置按式（2—3）确定。

例　图 2—56 所示为一板材弯形件，已知 $l_1 = 200$ mm，$l_2 = 300$ mm，$r = 60$ mm，$\alpha = 150°$，$t = 15$ mm，求展开料长 L。

解：由于相对弯形半径 $r/t = \frac{60}{15} = 4 < 5$，从表 2—3 中得 $K = 0.45$。根据式（2—3）得中性层弯形半径为：

$$R_中 = r + Kt = 60 + 0.45 \times 15 = 66.75\text{(mm)}$$

$$L = l_1 + l_2 + \frac{\pi\alpha R_中}{180°} = 200 + 300 + \frac{3.14 \times 150° \times 66.75}{180°} \approx 674.66\text{(mm)}$$

2. 型材弯曲的料长计算方法

（1）圆钢弯形料长计算

圆钢弯形时中性层位置按式（2—3）确定。

例　图 2—57 所示为一圆钢双弯 90°件。已知 $l_1 = l_2 = 100$ mm，$R_1 = 100$ mm，$R_2 = 120$ mm，$d = 12$ mm，求料长 L。

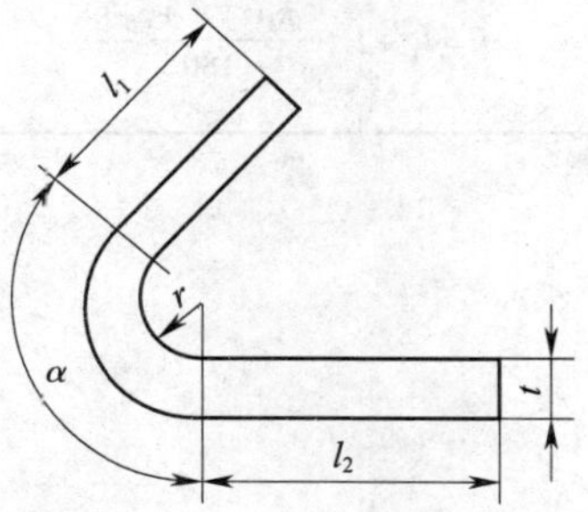

图 2—56　板材的弯形件

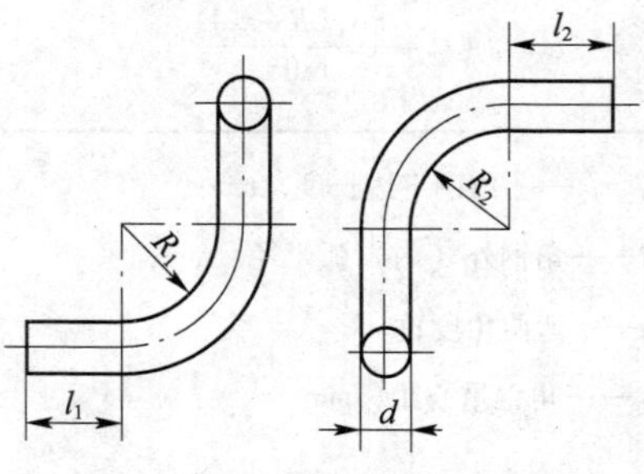

图 2—57　圆钢的弯形件

解：由于此件两个弯曲弧段的相对弯形半径均大于5.5，所以中性层与弯形中心线重合。

$$L = l_1 + l_2 + \frac{\pi\alpha R_{1中}}{180°} + \frac{\pi\alpha R_{2中}}{180°}$$

$$= 100 + 100 + \frac{3.14 \times 90° \times \left(100 + \frac{12}{2}\right)}{180°} + \frac{3.14 \times 90° \times \left(120 + \frac{12}{2}\right)}{180°}$$

$$= 564.24(\text{mm})$$

（2）角钢展开料长的计算

因为角钢的断面是不对称的，所以中性层的位置不在断面的中心，而位于偏向角钢根部的重心处，且与重心重合。各种角钢的重心距可从有关资料或手册中查得，角钢弯曲时展开料长的计算按重心距为准。

角钢弯曲按角钢的种类不同可分为等边角钢弯曲和不等边角钢弯曲。不等边角钢弯曲又分长边弯曲和短边弯曲两种，按弯曲形式又可分为内弯和外弯两种。

1）等边角钢弯曲料长的计算方法见表2—4。

表2—4　　等边角钢弯曲料长的计算方法

内　弯	外　弯
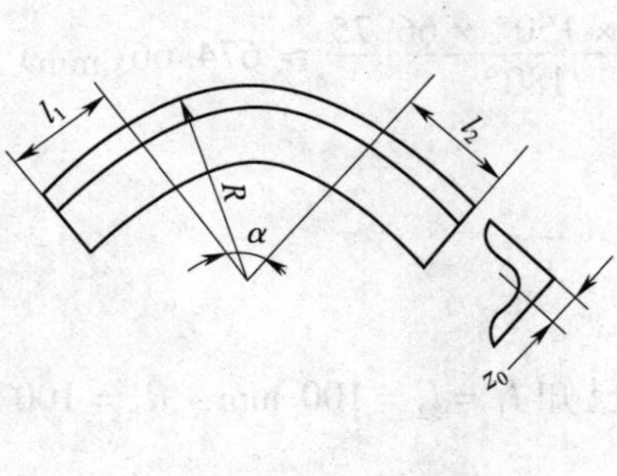	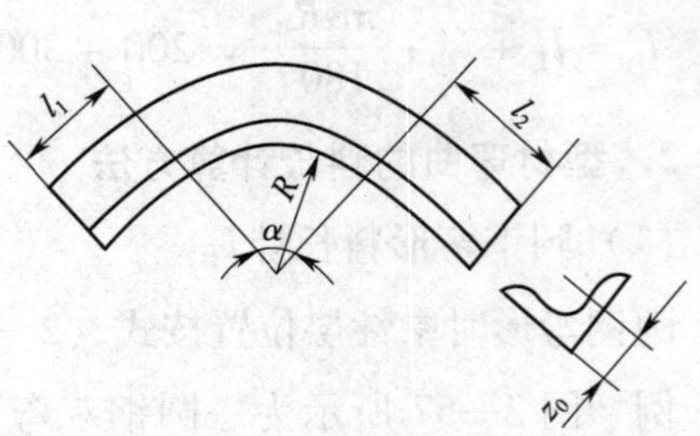
$L = l_1 + l_2 + \frac{\pi\alpha\ (R - z_0)}{180°}$	$L = l_1 + l_2 + \frac{\pi\alpha\ (R + z_0)}{180°}$

注：l_1、l_2——角钢直边长度，mm；

R——角钢外（内）弧半径，mm；

α——弯曲角度；

z_0——角钢重心距，mm。

2）不等边角钢弯曲料长的计算方法见表2—5。

表 2—5　　　　　　　　　　**不等边角钢弯曲料长的计算方法**

内弯		外弯	
以长边内弯	以短边内弯	以长边内弯	以短边内弯
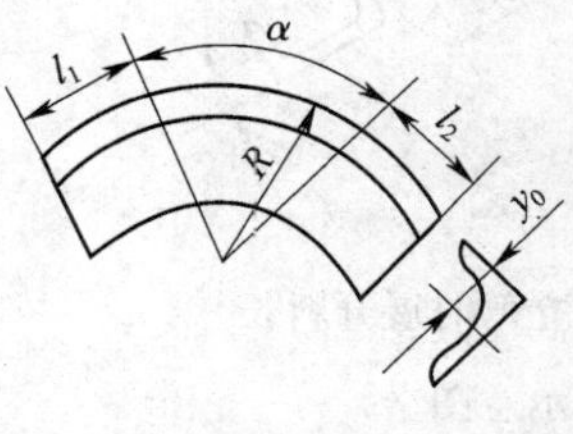	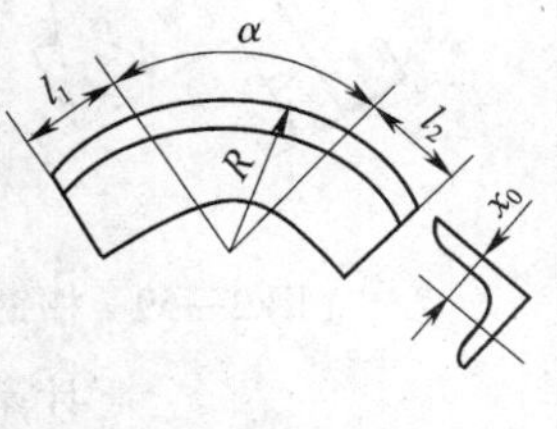	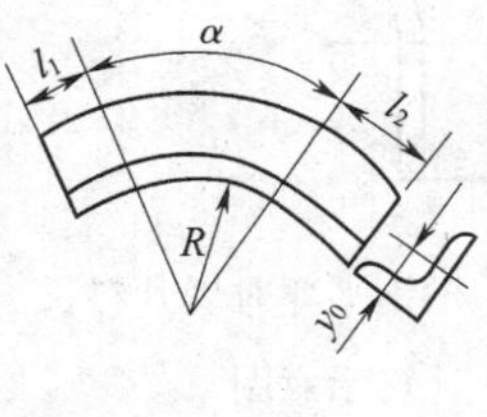	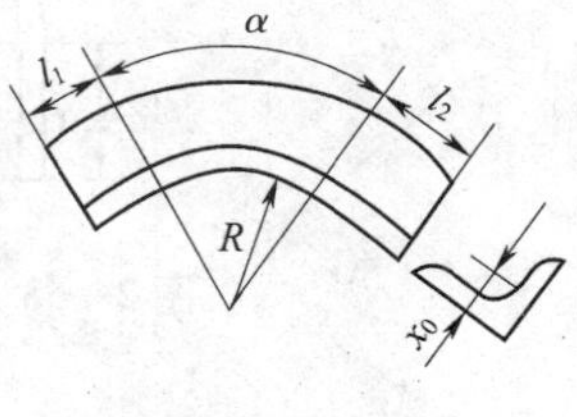
$L=l_1+l_2+\frac{\pi\alpha(R-y_0)}{180°}$	$L=l_1+l_2+\frac{\pi\alpha(R-x_0)}{180°}$	$L=l_1+l_2+\frac{\pi\alpha(R+y_0)}{180°}$	$L=l_1+l_2+\frac{\pi\alpha(R+x_0)}{180°}$

注：l_1、l_2——角钢直边长度，mm；

R——角钢外（内）弧半径，mm；

α——弯曲角度；

x_0——角钢长边重心距，mm；

y_0——角钢短边重心距，mm。

（3）槽钢展开料长的计算

槽钢弯曲分两种形式：一种是平弯，另一种是立弯（旁弯）。

1）槽钢平弯展开料长的计算。槽钢平弯时，其中性层与槽钢断面中心层重合，所以展开料长应以中心层计算，如图 2—58 所示。

已知槽钢平弯 90°，两直边 $l_1=l_2=600$ mm，$R=400$ mm，槽钢型号为 14a，试求其展开长度 L。

解：经查资料得 $h=140$ mm

中性层的弯曲半径 $R_{中}=R+\frac{h}{2}$

$$L=l_1+l_2+\frac{\pi\alpha R_{中}}{180°}$$

$$=600+600+\frac{3.14\times 90°\times\left(400+\frac{140}{2}\right)}{180°}$$

$$=1\ 937.9(\text{mm})$$

2）槽钢立弯展开料长的计算。槽钢立弯时，计算中性层要以重心距为准，其展开料长计算示意图如图 2—59 所示。

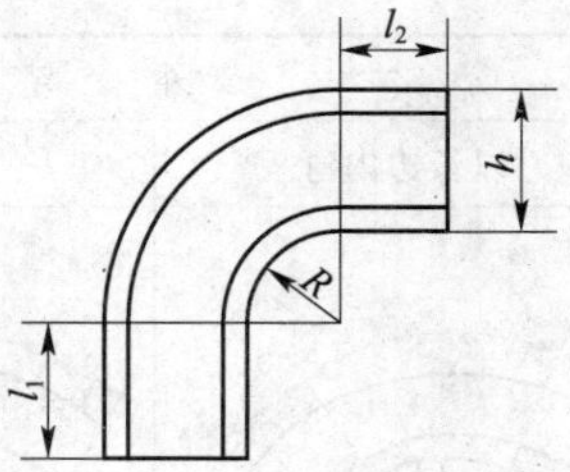

图 2—58　槽钢平弯时展开料长计算示意图

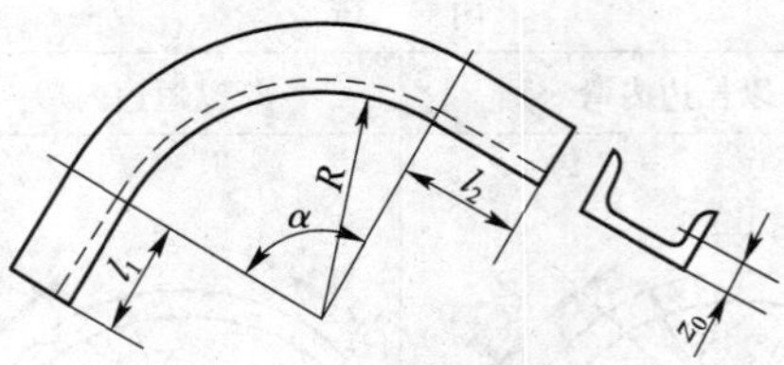

图 2—59　槽钢立弯时展开料长计算示意图

已知槽钢立弯件的两直边 $l_1 = l_2 = 200$ mm，$\alpha = 120°$，$R = 500$ mm，槽钢型号为 14a，试求其展开长度 L。

解：经查资料得 $z_0 = 16.7$ mm

中性层的弯曲半径 $R_{中} = R + z_0$

$$L = l_1 + l_2 + \frac{\pi\alpha R_{中}}{180°}$$

$$= 200 + 200 + \frac{3.14 \times 120° \times (500 + 16.7)}{180°}$$

$$\approx 1\ 481.6(\text{mm})$$

在用各类型钢弯曲成圆筒及圆环时，其展开料长的计算方法和以上所介绍的相应弯曲变形形式的计算方法相同，只不过是要计算整个中性层圆周的长度。

3. 管材弯曲的料长计算方法

（1）弯管弯曲半径

弯制钢管时，弯曲半径 R 应符合以下规定：

1）热弯。应不小于管子外径的 3.5 倍。

2）冷弯。应不小于管子外径的 4 倍。

3）焊接完弯头。应不小于管子外径的 1.5 倍。

4）冲压弯头。应不小于管子外径。

（2）管材展开料长的计算

1）弯曲部分展开长度的计算。任意角度弯管弯曲部分的展开长度 L，如图 2—60 所示，可按下式计算：

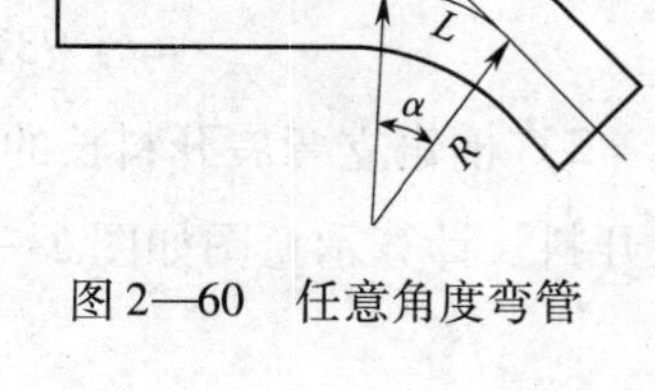

图 2—60　任意角度弯管

$$L = \frac{2\pi R}{360°}\alpha = 0.017\ 45\alpha R$$

式中　L——弯曲部分的展开长度，mm；

R——弯管的弯曲半径，mm；

α——弯管角度，(°)。

2）起弯点和终弯点位置的确定。首先根据弯曲半径 R 及弯管角度计算切线长，确定管端距起弯点的尺寸。然后计算出弯曲部分的展开长度，最后在制作弯管的管道上划线，确定起弯点和终弯点。

例如，用一根 $D57\times3.5$ 的无缝钢管冷弯成如图 2—61 所示的 50°弯管，弯管一端尺寸 $a=1\ 000$ mm，试计算和确定起弯点和终弯点的位置（已知 $R=4D$）。

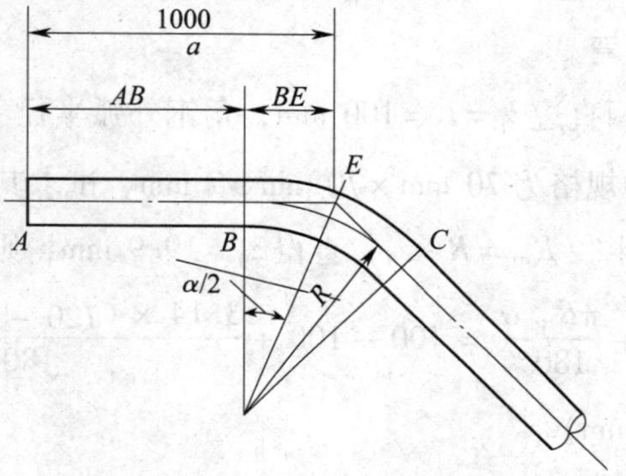

图 2—61　50°弯管

解：$R=4D=4\times57=228$（mm）

半弯管中点到起弯点的切线长度为 BE：

$$BE = R\tan\frac{\alpha}{2} = 228\times0.466\ 3 = 106(\text{mm})$$

起弯点至管端距离为 AB：

$$AB = 1\ 000 - 106 = 894(\text{mm})$$

弯曲部分展开长度为 L：

$$L = 0.01745\times50\times228 = 199(\text{mm})$$

最后，在制作弯管的直管上划线，确定起弯点和终弯点，如图 2—62 所示。

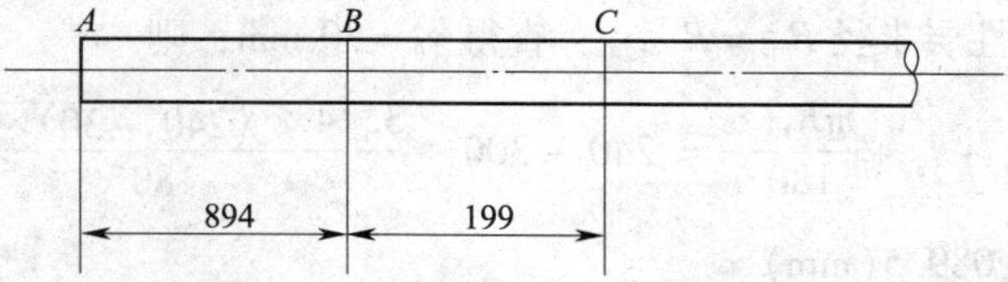

图 2—62　弯管的起弯点和终弯点

技能要求

角钢弯曲件料长计算

一、操作步骤

角钢的中性层位于角钢的重心位置，各种角钢的重心距可从有关资料或手册中查得，角钢弯曲时展开料长的计算以重心距为准。

1. 等边角钢的内弯

已知等边角钢的两直边 $l_1=l_2=100$ mm，角钢外弧半径 $R=120$ mm，弯曲角度 $\alpha=120°$，等边角钢的规格为 70 mm×70 mm×7 mm，试求其展开长度 L。

解：弯曲中性层半径 $R_{中}=R-z_0$，查得 $z_0=19.9$ mm，则

$$L=l_1+l_2+\frac{\pi R_{中}\alpha}{180°}=100+100+\frac{3.14\times(120-19.9)\times120°}{180°}$$

$$\approx409.5(\mathrm{mm})$$

2. 等边角钢的外弯

已知等边角钢的两直边 $l_1=l_2=200$ mm，角钢内弧半径 $R=80$ mm，弯曲角度 $\alpha=120°$，等边角钢的规格为 63 mm×63 mm×6 mm，试求其展开长度 L。

解：弯曲中性层半径 $R_{中}=R+z_0$，查得 $z_0=17.8$ mm，则

$$L=l_1+l_2+\frac{\pi R_{中}\alpha}{180°}=200+200+\frac{3.14\times(80+17.8)\times120°}{180°}$$

$$\approx604.7(\mathrm{mm})$$

3. 不等边角钢长边内弯

已知不等边角钢的两直边 $l_1=240$ mm，$l_2=300$ mm，角钢外弧半径 $R=240$ mm，弯曲角度 $\alpha=150°$，不等边角钢的规格为 90 mm×56 mm×7 mm，试求其展开长度 L。

解：弯曲中性层半径 $R_{中}=R-y_0$，查得 $y_0=30$ mm，则

$$L=l_1+l_2+\frac{\pi R_{中}\alpha}{180°}=240+300+\frac{3.14\times(240-30)\times150°}{180°}$$

$$=1\,089.5(\mathrm{mm})$$

4. 不等边角钢短边内弯

已知不等边角钢的两直边 $l_1=200$ mm，$l_2=180$ mm，角钢外弧半径 $R=$

300 mm，弯曲角度 $\alpha = 120°$，不等边角钢的规格为 70 mm × 45 mm × 5 mm，试求其展开长度 L。

解：弯曲中性层半径 $R_{中} = R - x_0$，查得 $x_0 = 10.6$ mm，则

$$L = l_1 + l_2 + \frac{\pi R_{中}\ \alpha}{180°} = 200 + 180 + \frac{3.14 \times (300 - 10.6) \times 150°}{180°}$$

$$\approx 1\ 137.3(\mathrm{mm})$$

5．不等边角钢长边外弯

已知不等边角钢的两直边 $l_1 = l_2 = 200$ mm，角钢内弧半径 $R = 250$ mm，弯曲角度 $\alpha = 60°$，等边角钢的规格为 75 mm × 45 mm × 5 mm，试求其展开长度 L。

解：弯曲中性层半径 $R_{中} = R + y_0$，查得 $y_0 = 22.8$ mm，则

$$L = l_1 + l_2 + \frac{\pi R_{中}\ \alpha}{180°} = 200 + 200 + \frac{3.14 \times (250 + 22.8) \times 60°}{180°}$$

$$\approx 685.5(\mathrm{mm})$$

6．不等边角钢短边外弯

已知不等边角钢的两直边 $l_1 = l_2 = 200$ mm，角钢内弧半径 $R = 200$ mm，弯曲角度 $\alpha = 60°$，等边角钢的规格为 70 mm × 45 mm × 6 mm，试求其展开长度 L。

解：弯曲中性层半径 $R_{中} = R + x_0$，查得 $x_0 = 10.9$ mm，则

$$L = l_1 + l_2 + \frac{\pi R_{中}\ \alpha}{180°} = 200 + 200 + \frac{3.14 \times (200 + 10.9) \times 60°}{180°}$$

$$\approx 620.7(\mathrm{mm})$$

二、注意事项

1．角钢的中性层特殊，位于重心位置。

2．中性层的半径是内减外加（内弯时减去重心距，外弯时加上重心距）。

3．总长度等于直线段（可没有）加曲线段。

学习单元 3　零件号料

学习目标

➤ 了解号料的概念

➢ 熟悉号料的基本原则和方法

➢ 能进行合理号料

➢ 能完成零件号料任务

知识要求

一、号料的概念

利用样板、样杆、号料草图及放样得出的数据，在板料或型钢上划出零件真实的轮廓和孔口的真实形状，与之连接构件的位置线、加工线等，并注出加工符号，这一工作过程称为号料。号料（见图 2—63）通常由手工操作完成，目前光学投影号料、数据号料等一些先进的号料方法也正在被逐步采用，以代替手工号料。

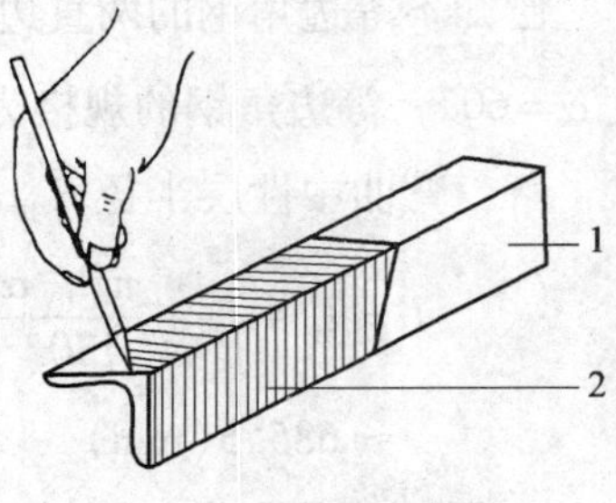

图 2—63　号料

1—角钢　2—样板

号料是一项细致而重要的工作，必须按有关的技术要求进行。同时，还要着眼于产品的整个制造工艺，充分考虑合理用料问题，灵活而准确地在各种板料、型钢及成形零件上进行号料划线。

二、号料的基本原则和方法

1. 号料的基本原则

为了做到合理使用和节约原材料，必须最大限度地提高原材料的利用率。

2. 号料的基本方法

（1）集中号料法

由于钢材的规格多种多样，为了提高生产效率，减少材料的浪费，把同厚度的钢板零件和相同规格的型钢零件集中在一起号料。

（2）套料法

如图 2—64 所示，为了使每张钢板得到充分的利用，同时又能方便下道工序的剪切，在号料时就要精心安排板料零件的形状位置，把同厚度的各种不同形状的零件和同一形状的零件进行套料。

（3）统计计算法

统计计算法是在型钢下料时采用的一种方法。由于原材料有一定的长度，而零件的长度不一，为了节约用料，应将所有同规格型钢零件的长度归纳在一起，先把

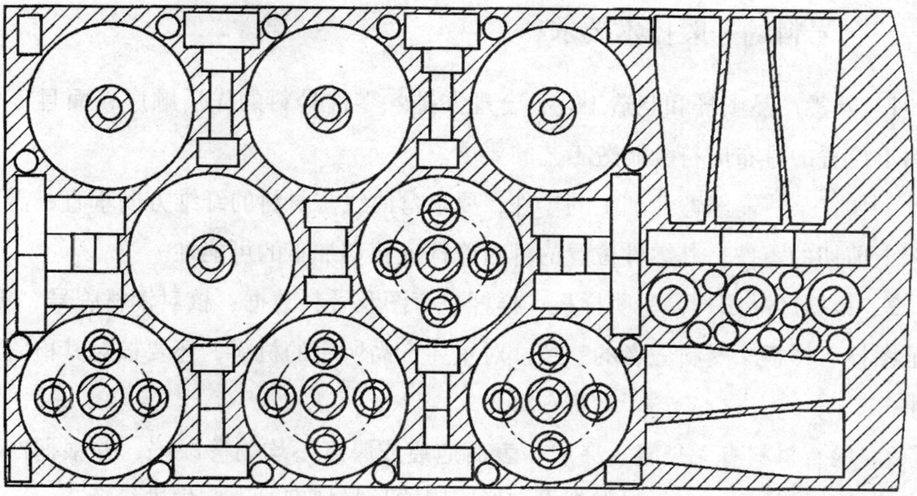

图 2—64 套料法

较长的排出来，算出余料的长度，再把和余料长度相同或略短的零件排上，直至整根料被充分利用为止。

（4）余料统一号料法

由于每一张钢板或每一根型钢号料后，经常会出现一定形状和长度大小不同的余料，将这些余料按厚度、规格与形状基本相同的集中在一起，把较小的零件放在余料上进行号料。

3. 号料的允许误差

号料的允许误差见表 2—6。

表 2—6 **号料的允许误差** mm

序 号	名 称	允许误差
1	直线	±0.5
2	曲线	±（0.5~1）
3	结构线	±1
4	钻孔	±0.5
5	减轻孔	±（2~5）
6	料宽和长	±1
7	两孔（钻孔）距离	±（0.5~1）
8	铆接孔距	±0.5
9	样冲眼和线间	±0.5
10	扁錾（主印）	±0.5

三、号料的一般技术要求

1．熟悉产品图样和制造工艺，合理安排各零件号料的先后顺序，而且零件在材料上位置的排布应符合制造工艺的要求。

例如，某些需经弯曲加工的零件，要求弯曲线与材料的纤维方向垂直；需要在剪床上剪切的零件，其零件位置的排布应保证剪切加工的可能性。

2．根据产品图样，验明样板、样杆、草图及号料数据；核对钢材牌号、规格，保证图样、样板、材料三者的一致。对重要产品所用的材料，还要核对其检验合格证书。

3．检查材料有无裂缝、夹层、表面疤痕或厚度不均匀等缺陷，并根据产品的技术要求酌情处理。当材料有较大变形，影响号料精度时，应先进行矫正。

4．号料前应将材料垫放平整、稳妥，既要有利于号料划线并保证划线精度，又要保证安全且不影响他人工作。

5．正确使用号料工具、量具、样板和样杆，尽量减小操作引起的号料偏差。例如弹划粉线时，拽起的粉线应在欲划线的垂直平面内，不得偏斜；用石笔划出的线不应过粗。

6．号料划线后，在零件的加工线、接缝线及孔的中心位置等处，应根据加工需要打上錾印或样冲眼。同时，按样板上的技术说明，应用涂料标注清楚，为下道工序提供方便。文字、符号、线条应端正、清晰。

技能要求

钢板剪切件号料

一、操作准备

号料工具有划针（或石笔）、样冲、锤子、划规、弯尺、卷尺、样板、样杆等。

二、操作步骤

1．清理钢板表面

检查钢板，如发现钢板有裂纹、夹层、锈蚀严重及厚度超差等缺陷，应事先告知有关技术人员处理。钢板变形严重的，应事先进行矫正。新钢板表面有油污或脱落的氧化皮，旧钢板表面有焊点或油漆，为了保证号料的精确，在号料前要清理（清扫或打磨）钢板表面。

2. 统计零件的数量和各零件尺寸

检查样板并核对工作任务单，核对材料的牌号、规格及工件数量等。每个结构都是由无数个不同尺寸规格的零件构成的，在对零件进行号料前，对每一种规格零件的数量、尺寸做到心中有数，必要时可列出材料单。

3. 合理排料

为了做到合理使用材料，最大限度地提高原材料的利用率，在工艺许可的前提下，应用合理的号料方法，精打细算地安排工件在材料上的位置，使材料得到充分利用。

（1）板材的集中套料法

将相同厚度、形状大小不同的工件集中在一起套号套裁，称为集中套料法。

集中套料的做法是：将同种规格材料的工件样板全部铺放在钢板上，按由大至小、由多至少的原则来排料。统筹安排，大小、多少搭配，以充分利用原材料。

图 2—65 所示为集中套料法的应用示例。

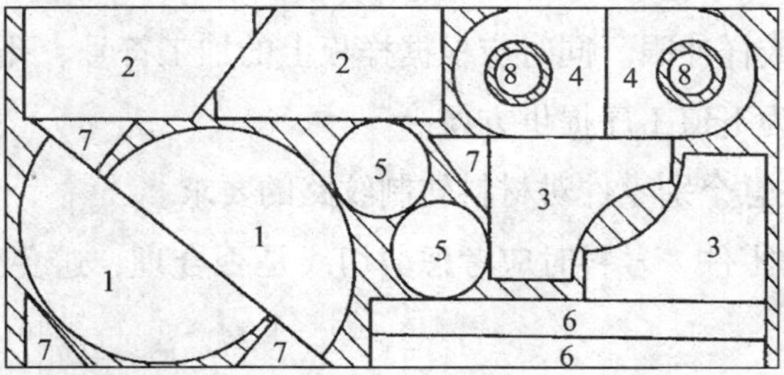

图 2—65　集中套料法

（2）板材的排样套料法

当工件的号料数量较多时，为使号料合理，要精心安排工件的图形位置。可以用一种形状的工件进行排样，也可以用几种不同形状的工件进行排样。图 2—66所示为用两种工件进行排样套料的示例，如单独用其中一种工件进行排样，材料的利用率都不高，而用两种工件在一起进行排样套料，就能最大限度地利用原材料。

4. 作出必要标注和印记

号完料后，要视具体情况，如分离手段、工件的进一步加工方法等，在工件的轮廓线、折弯线、中心线上打上样冲眼。并将相关的内容移标到坯料上。

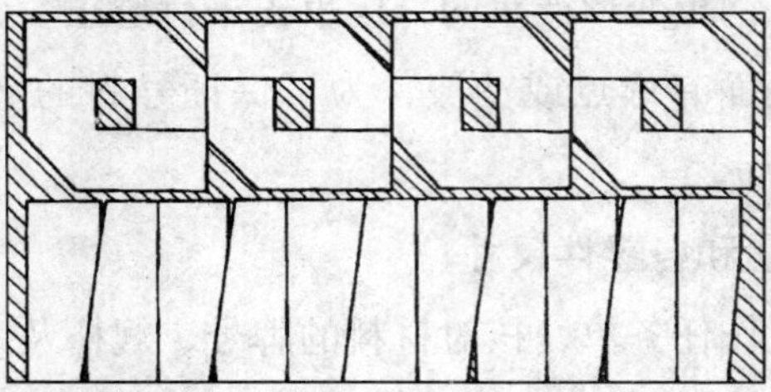

图2—66　排样套料法

三、注意事项

1. 准备好下料时所使用的各种工具，如锤子、样冲、划规、划针和錾子等。

2. 熟悉图样，检查样板是否符合图样要求。根据图样直接在板料和型钢上号料时，应检查号料尺寸是否正确，以防产生错误，造成废品。

3. 如材料上有裂缝、夹层及厚度不足等现象，应及时研究处理。

4. 钢材如有较大弯曲、凸凹不平，应先进行矫正。

5. 号料时，不要把材料放在人行道和运输道上。对于较大型钢，划线多的面应平放，以防止发生事故。

6. 号料工作完成后，在零件的加工线和接缝线上，以及孔的中心位置，应视具体情况打上錾印或样冲眼。同时应根据样板上的加工符号、孔位等，在零件上用白铅油标注清楚，为下道工序提供方便。

7. 号料时应注意个别零件对材料轧制纹路的要求。

8. 需要剪切的零件，号料时应考虑剪切线是否合理，避免发生不适于剪切操作的情况。

9. 号料后应标明产品编号、图号、件号、钢号等，以免产生混淆。

10. 对于单件或小批量生产的产品，可直接在钢材上按图样划线、放样，并留出加工余量。

第 3 章 下　料

在生产中通过钻削、剪切、克切、冲裁、气割等手段，将原材料加工成所需大小的零件，这种工艺过程称为下料。

第 1 节　钻　孔

学习目标

- 熟悉手电钻、台式钻床、立式钻床、摇臂钻床的结构、使用及保养
- 掌握钻孔工艺方法
- 能利用手电钻、台式钻床、立式钻床、摇臂钻床进行钻削加工

知识要求

用钻头在实体材料（工件）上加工孔的机械加工方法称为钻孔。钻孔所用设备主要有手电钻、台式钻床、立式钻床、摇臂钻床。

一、手电钻、台式钻床、立式钻床、摇臂钻床的结构、使用及保养

1. 手电钻的结构、使用及保养

手电钻是一种手提式电动钻孔工具，如图 3—1 所示。在受工件形状或加工部位的限制不能用钻床钻孔时，则可使用手电钻加工。手电钻主要由电动机、减速

箱、开关、卡头、钻头等组成。

手电钻的电源电压分单相 220 V 和三相 380 V 两种。采用单相电压的电钻规格有 6 mm、10 mm、13 mm、19 mm、23 mm 五种；采用三相电压的电钻规格有 13 mm、19 mm、23 mm 三种。在使用时可根据不同情况进行选择。

手电钻使用时必须注意以下两点：

（1）使用前，须开机空转 1 min，检查转动部分是否正常，如有异常，应排除故障后再使用。

（2）钻头必须锋利，钻孔时不宜用力过猛。当孔将要钻穿时，应相应减轻压力，以防事故发生。

2. 台式钻床的结构、使用及保养

台式钻床（见图 3—2）是一种安放在作业台上、主轴垂直布置的小型钻床，简称台钻，一般最大钻孔直径为 13 mm。

图 3—1　手电钻

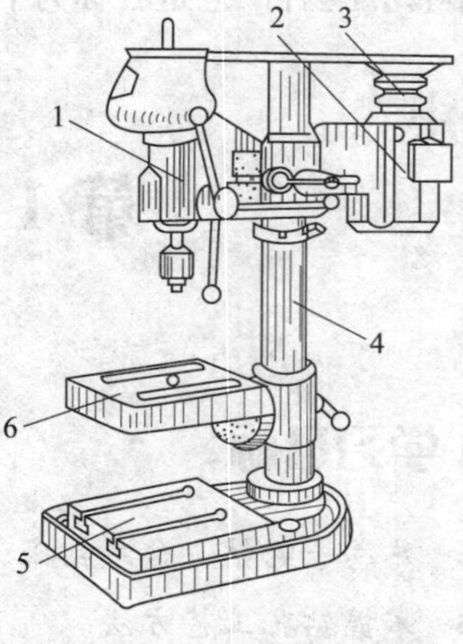

图 3—2　台式钻床

1—机头　2—电动机　3—塔式带轮

4—立柱　5—底座　6—回转工作台

（1）台式钻床结构

台式钻床由机头、电动机、塔式带轮、立柱、底座和回转工作台等部分组成。

电动机通过一对塔式带轮传动，使主轴获得五种转速。机头与电动机连为一体，可使立柱上、下移动，根据钻孔工件的高度，将机头调整到适当位置后，通过手柄锁紧方能进行工作。在小型工件上钻孔时，可采用回转工作台。回转工作台可上、下移动，或绕立柱轴线做水平转动，也可以绕水平轴线做一定角度的转动，以便钻斜孔时使用。在较重的工件上钻孔时，可将回转工作台转到一侧，将工件放置在底座上进行。底座上有两条T形槽，用来装夹工件或固定夹具。在底座的四个角上有安装孔，用螺栓将其固定。一般台钻的切削力较小，可以不加螺栓固定。

（2）台式钻床的使用及保养

1）钻孔时首先检查台式钻床是否运转正常，工件装夹是否牢固。

2）在装夹工件的时候，必须将台面上的切屑及污垢清除干净，否则易使工件装夹松动，造成危险。

3）钻孔时，严禁戴手套操作。

4）钻孔时工件下面应衬垫铁，防止损坏工作台。

5）钻床换速、掉换钻头和装拆工件必须在停车后进行。

6）清除切屑时应用铁钩或刷子，不可用手抹或用嘴吹，且必须在停车后进行，完工后切断电源。

3. 立式钻床的结构、使用及保养

立式钻床是主轴箱和工作台安置在立柱上，主轴垂直布置的钻床，简称立钻。其结构组成如图3—3所示，一般用来加工中型工件的孔，其最大钻孔直径为50 mm。

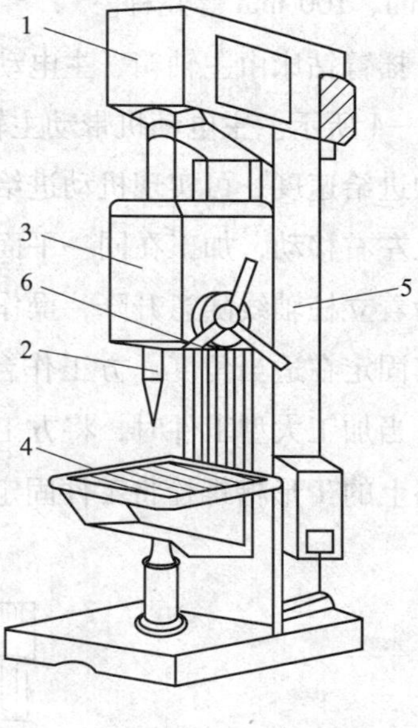

图3—3　立式钻床结构
1—主轴变速箱　2—主轴　3—进给变速箱
4—工作台　5—立柱　6—手柄

（1）立式钻床的结构

主轴变速箱位于机床的顶部，主电动机安装在它的后面，变速箱左侧有两个变速手柄，参照机床的变速标牌，调整两个手柄的位置，可使主轴获得不同的转速。

进给变速箱位于主轴变速箱和工作台之间，安装在立柱的导轨上。进给变速箱的高度，可按被加工件的要求进行调整。调整前须首先松开锁紧螺钉，待调整到所需位置，再将锁紧螺钉紧固。进给变速箱左侧的手柄为主轴正、反转启动或停止控制手柄。正面有两个进给变速手柄，按标牌指示的进给速度与对应的手柄位置扳动手柄，可获得所需的机动进给速度。

在进给变速箱的右侧有三星式进给手柄，这个手柄连同箱内的进给装置统称进给机构。用它可选择机动进给、手动进给、超越进给或攻螺纹等不同的操作方式。

工作台安装在立柱导轨上，可通过安装在工作台下面的升降机构进行操纵，转动升降手柄即可调整工作台的高低位置。

在立柱左边底座凸台上装有冷却泵和冷却电动机。启动冷却电动机即可输送切削液对钻头进行冷却润滑。

（2）立式钻床的使用及保养

1）立式钻床使用前必须空运转试车，在机床各机构均能正常工作时方可操作。

2）工作中不采用机动进给时，必须将三星式进给手柄端盖向里推，断开机动进给传动机构。

3）变换主轴转速或机动进给量必须在停车后进行。

4）经常检查润滑系统供油情况，定期更换润滑油。

4. 摇臂钻床的结构、使用及保养

摇臂钻床用来对大中型工件在同一平面内不同位置的多孔系进行钻孔、扩孔、镗孔、锪孔、铰孔、刮端面和攻螺纹、套螺纹等。其最大钻孔直径有 63 mm、80 mm、100 mm 等几种。

摇臂钻床由主轴箱、主电动机、摇臂、立柱、方工作台和底座等部分组成，如图 3—4 所示。主电动机带动主轴变速箱中的齿轮系，使主轴获得十几种转速和十几种进给速度，可实现机动进给、微量进给、定程切削和手动进给。主轴箱能在摇臂上左右移动，加工在同一平面上相互平行的孔系。摇臂在升降电动机驱动下，能够沿着立柱轴线随意升降，操作者可手拉摇臂绕立柱转 360°，根据工作台的位置，将其固定在适当角度。方工作台上有多条 T 形槽，用来安装中小型工件或钻床夹具。当加工大型工件时，将方工作台移开，工件放在底座上加工，必要时可以通过底座上的 T 形槽螺栓将工件固定，然后再进行孔系的加工。

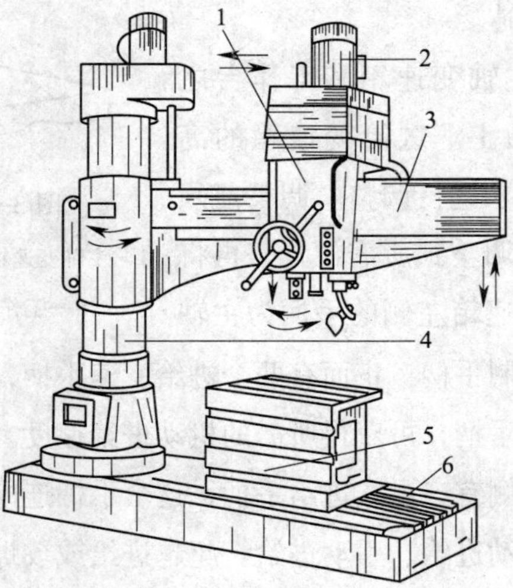

图 3—4　摇臂钻床

1—主轴箱　2—主电动机　3—摇臂　4—立柱　5—方工作台　6—底座

使用摇臂钻床要注意：主轴箱或摇臂移位时，必须先松开锁紧装置再移位，然后夹紧方可使用。操作者可用手拉动摇臂回转，但不宜总沿一个方向连续回转。摇臂钻床工作结束后，必须将主轴箱移至摇臂的最内端（靠近立柱一端），以保证摇臂的精度。

摇臂钻床的使用及保养：

（1）工作前应按润滑标牌上的位置检查导轨，清除导轨污物，并在各润滑点加润滑油，低速运转；检查主轴箱的油窗，看油量是否充足；观察各传动部位有无异常现象。

（2）操作钻床时，严禁戴手套或垫棉纱工作；工件、夹具、刀具必须装夹牢固、可靠。

（3）钻深孔或在铸铁件上钻孔时，要经常退刀，排除切屑，不可超规范钻削；钻通孔时，要在工件的底部垫垫板，以免钻伤工作台。

二、钻孔工艺与方法

1. 钻孔基础知识

钻孔是钻头与工件做相对运动来完成钻削加工的。在钻床上钻孔时，工件固定在工作台上，钻头安装在钻床的主轴孔中，主轴带动钻头做旋转运动并做轴向移动进行钻削。这时主轴的旋转运动为主运动（v_c），主轴的轴向移动为进给运动（v_f），如图 3—5a 所示。在车床上也可以钻孔，此时，工件装夹在车床的主轴卡盘上，主轴带动工件旋转，为主运动（v_c）；钻头装夹在车床尾座的套筒中，做轴向移动，为进给运动（v_f），如图 3—5b 所示。

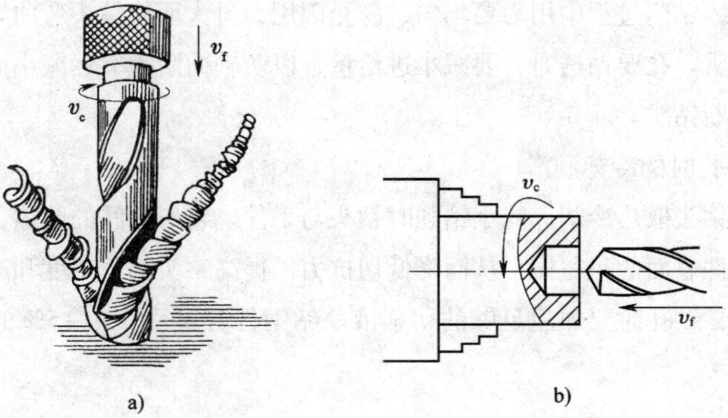

图 3—5　钻孔

a）在钻床上钻孔　b）在车床上钻孔

2. 钻孔方法

钻孔前，应先用样冲在十字中心线上打好中心标记，这样便于钻头定位，使钻头不易偏离中心，保证孔位的精准。

（1）起钻

起钻时，先使钻头对准孔中心钻出一浅坑，观察孔位是否正确，若有偏移要不断找正，使起钻浅坑与划线圆同轴。找正方法：如偏位较少，可在起钻的同时用力将工件向偏位的反方向推移，达到逐步找正；若偏位较多，可在偏移位置的相反方向上打几个样冲眼或用油槽錾錾出几条槽，以减小此处的钻削阻力，以便钻削时自动找正孔位，如图 3—6 所示。

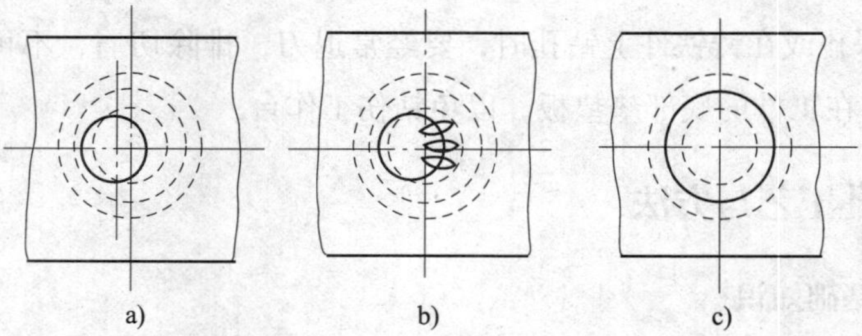

图 3—6　找正钻孔偏位

a）钻孔偏位　b）在偏位的反方向錾槽　c）孔位找正

无论采用何种方法，都必须在锥坑外圆小于钻头直径之前完成，否则难以保证钻孔位置精度。

（2）进给

当起钻达到孔的位置要求后，即可夹紧工件，开始进给。手动进给时，进给用力不应过大，钻削过程中用力要均匀，防止因用力过大而使钻头弯曲导致孔轴线歪斜或折断钻头。孔要钻透时，要减小进给量，以防轴向阻力突然减小而使进给量自动增大，折断钻头。

（3）钻孔时的冷却润滑

为了使钻头散热冷却，减小钻削时钻头与工件、切屑之间的摩擦，及清除黏附在钻头和工件表面的积屑瘤，从而降低切抗力，提高钻头的耐用度和改善所加工孔的表面质量，钻孔时要加注足够的切削液。钻钢件时可用 3% ~5% 的乳化液作为切削液。

技能要求 1

方法兰钻孔

一、操作准备

1. 设备的准备

12 mm 台式钻床。

2. 钻孔用工具、夹具的准备

（1）工具的准备

1）钻头。按图样要求准备好钻头及配套工具，并将钻头刃磨好。

2）样冲。必须经淬火后方可使用。

3）锤子。0.5 kg。

（2）夹具的准备

包括台式钻床钻夹头、钥匙、台虎钳等。

二、操作步骤

1. 根据图样划出孔位线

首先按图样给出的尺寸要求，划出孔位的十字中心线，并打上中心样冲眼，要求位置准确，再按孔的直径划出圆周线，如图 3—7 所示。

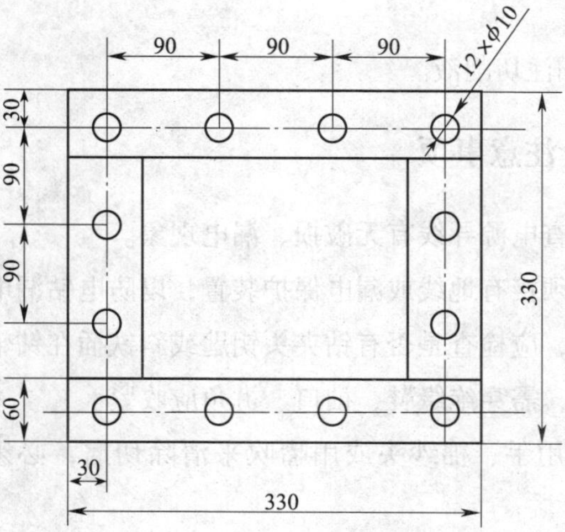

图 3—7　钻孔工件

2．钻头的装夹

直柄钻头装卸如图3—8所示。直柄钻头用钻夹头夹持，先将钻头柄部塞入钻夹头的三爪内，其夹持长度不能小于15 mm，然后将钻夹头夹紧。

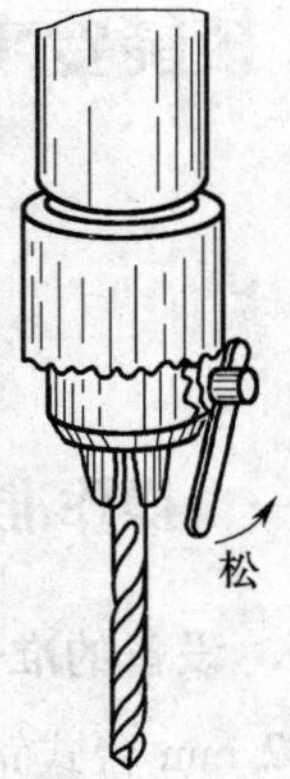

图3—8　直柄钻头装卸

3．钻速选择

先将电钻与电源接通，然后启动电钻开关试转，试转正常后方可调整钻速。当材料的强度、硬度较高或钻头直径较大时，宜用较低的切削速度，即钻速要低些；当材料的强度、硬度较低或钻头直径较小时，则可选用较高的钻速。当钻头直径小于5 mm时，应选用高钻速，一般用手动进给，不要用力过猛，否则容易折断钻头。对于本工件钻床主轴钻速可取6～12 m/s。

4．工件夹持

用平口钳装夹工件，钻直径小于12 mm的孔时，平口钳本身不必固定；钻直径大于12 mm的孔时，必须将平口钳固定在钻床工作台上。

5．钻削

（1）起钻

起钻时，先使钻头对准孔中心的样冲标记，钻出一个浅坑，观察孔位是否正确，若有偏移要找正，使起钻浅坑与划线圆同轴后方可继续进行操作。

（2）进给

手动进给时，用力要均匀。孔要钻透时，减小进给力，避免危险发生。

（3）冷却润滑

钻孔时应正确加注切削液。

三、钻孔安全注意事项

1．钻孔前要检查电源导线有无破损、漏电现象。

2．电钻壳体必须接有地线或漏电保护装置，以防电钻漏电伤人。

3．开动钻床前，应检查是否有钻夹头钥匙或斜铁插在钻轴上。

4．操作电钻时，需穿绝缘鞋，袖口、裤角应收紧。

5．钻孔时严禁用手、棉纱头或用嘴吹来清除切屑，必须用毛刷或铁钩等工具清除。

6．作业中必须精神集中，严禁说笑打闹。

7. 操作钻床时严禁戴手套。女学生必须戴工作帽，留长发者要戴工作帽，长发不得外露。

8. 工件必须夹紧，特别是在小工件上钻孔时，装夹必须牢固。待孔将要钻透时，要尽量减小进给力，以防孔钻透时电钻突然下落或倾斜而折断钻头。

9. 头部不准与旋转的主轴靠得太近，停车时应让主轴自然停止，不能用手去刹住主轴，也不能用反转制动。

10. 严禁在开车状态下装卸钻头、检验工件和变换主轴转速，必须在停车状态下进行。

11. 清洁钻床或加注润滑油时，必须把电源开关关闭。

四、钻孔质量检查

1. 按图样给定的尺寸划出孔位线，检查孔位是否准确。

2. 尺测与目测结合检查孔的圆度及孔的轴线是否歪斜。

3. 及时清除孔壁毛刺，保证钻孔质量。

技能要求 2

圆法兰钻孔

一、操作准备

1. 设备的准备

40 mm 立式钻床。

2. 钻孔用工具、夹具的准备

（1）工具的准备

1）钻头。10 mm 钻头及配套工具，并将钻头刃磨好。

2）样冲。必须经淬火后方可使用。

3）锤子。0.5 kg。

（2）夹具的准备

包括立式钻床钻夹头、扁铁、台虎钳等。

二、操作步骤

1. 根据图样划出孔位线

首先按图样给出的尺寸要求，划出孔位的十字中心线，并打上中心样冲眼，要求位置准确，再按孔的直径划出圆周线，如图3—9所示。

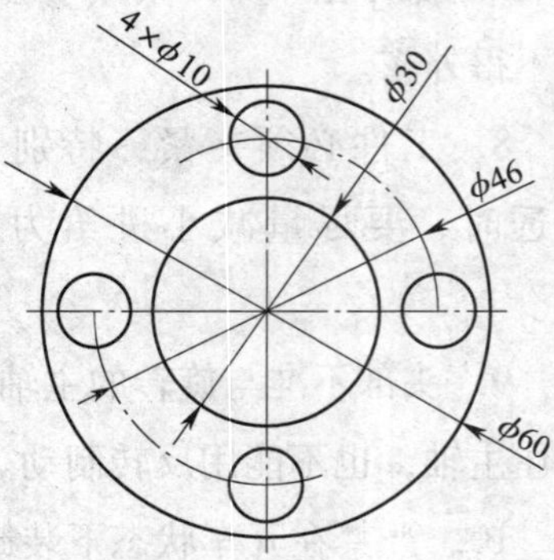

图3—9 钻孔工件

2. 钻头的装夹

直柄钻头用钻夹头夹持，先将钻头柄部塞入钻夹头的三爪内，其夹持长度不能小于15 mm，然后将钻夹头夹紧。

3. 钻速选择

先将电钻与电源接通，然后启动电钻开关试转，试转正常后方可调整钻速。当材料的强度、硬度较高或钻头直径较大时，宜用较低的切削速度，即钻速要低些；当材料的强度、硬度较低或钻头直径较小时，则可选用较高的钻速。当钻头直径小于5 mm时，应选用高钻速，一般用手动进给，不要用力过猛，否则容易折断钻头。对于本工件钻床主轴钻速可取2～5 m/s。

4. 工件夹持

钻孔前必须将工件夹紧固定，以防钻孔时工件移动而折断钻头，或使孔位置偏移。夹持工件的方法主要根据工件的大小和形状而定。

小而厚的工件可用台虎钳夹持。本工件可使用台虎钳夹持。

5. 钻削

（1）起钻

起钻时，先使钻头对准孔中心的样冲标记，钻出一个浅坑，观察孔位是否正确，若有偏移要找正，使起钻浅坑与划线圆同轴后方可继续进行操作。

（2）进给

手动进给时，用力要均匀。孔要钻透时，减小进给力，避免危险发生。

（3）冷却润滑

钻孔时应正确加注切削液。

三、钻孔安全注意事项

1．钻孔前，工作台面上不准放置刀具、量具及其他物品，钻孔时一定要把工件夹紧，钻通孔时要垫上垫块或使钻头对准工作台的槽，以免损坏工作台。

2. 工作前穿戴好规定的劳动保护用品。钻孔时，禁止戴手套、围头巾和露发辫，以免发生事故。

3. 要经常用器械清理铁屑，禁止用手清理，要防止长屑随钻头旋转。

技能要求 3

底脚板钻孔

一、操作准备

1. 设备的准备

100 mm 摇臂钻床。

2. 钻孔用工具、夹具的准备

（1）工具的准备

1）钻头。按图样要求准备好钻头及配套工具，并将钻头刃磨好。

2）样冲。必须经淬火后方可使用。

3）锤子。0.5 kg。

（2）夹具的准备

包括过渡钻套、扁铁、台虎钳等。

二、操作步骤

1. 根据图样划出孔位线

首先按图样给出的尺寸要求，划出孔位的十字中心线，并打上中心样冲眼，要求位置准确，再按孔的直径划出圆周线，如图 3—10 所示。

2. 钻头的装夹

锥柄钻头利用柄部的莫氏锥体，直接与钻床主轴连接。连接前必须将钻头锥柄及主轴孔擦干净，且使矩形舌部的长向与主轴上的腰孔方向一致，利用加速冲力一次装接，如图 3—11a 所示。当钻头锥柄小于主轴孔时，可加过渡锥套（见图 3—11b）来连接。拆卸钻头时，将扁斜铁敲入套筒或钻床主轴腰形孔内，利用扁斜铁的向下分力，使钻头与套筒或主轴分离，如图 3—11c 所示。

3. 钻速选择

先将电钻与电源接通，然后启动电钻开关试转，试转正常后方可调整钻速。当

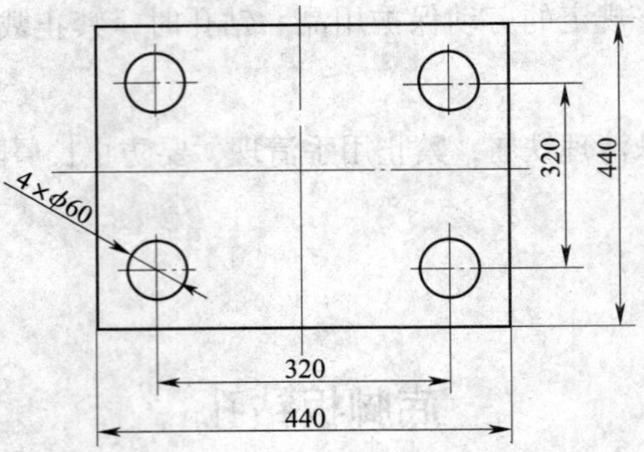

图3—10　钻孔工件

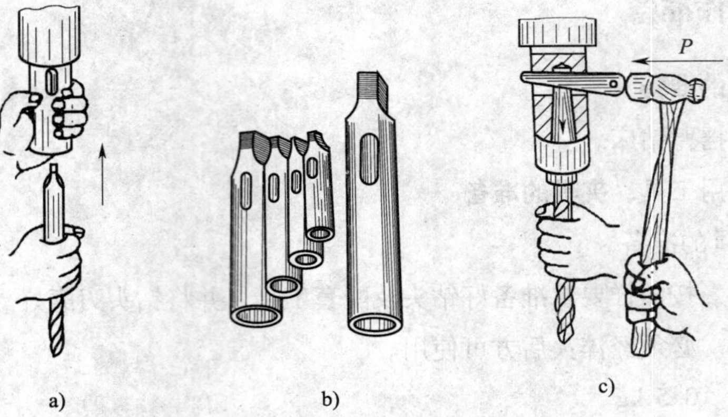

图3—11　锥柄钻头装卸

材料的强度、硬度较高或钻头直径较大时，宜用较低的切削速度，即钻速要低些；当材料的强度、硬度较低或钻头直径较小时，则可选用较高的钻速。当钻头直径小于5 mm时，应选用高钻速，一般用手动进给，不要用力过猛，否则容易折断钻头。对于本工件钻床主轴钻速可取0.2～0.5 m/s。

4. 工件夹持

钻大的孔或不适合用台虎钳夹紧时，为安全起见，可直接用压板、螺栓和垫铁把工件固定在钻床的工作台上。螺栓应尽量靠近工件，使压紧力增大，垫铁的高度应略大于或等于工件的压紧面。

5. 钻削

（1）起钻

起钻时，先使钻头对准孔中心的样冲标记，钻出一个浅坑，观察孔位是否正确，若有偏移要找正，使起钻浅坑与划线圆同轴后方可继续进行操作。

（2）进给

手动进给时，用力要均匀。孔要钻透时，减小进给力，避免危险发生。

（3）冷却润滑

钻孔时应正确加注切削液。

三、钻孔安全注意事项

1．开动钻床前，应检查是否有钻夹头斜铁插在钻轴上。

2．操作电钻时，需穿绝缘鞋，袖口、裤角应收紧。

3．孔要钻透时，要减小进给量，以免发生事故。

4．在停车后，才能松紧钻夹头，松紧钻夹头时必须用钥匙，不可以用敲打的办法。要使钻头从钻头套中退出，应使用斜铁敲击。

5．凡离开工作岗位、停电、设备有异声、装卸钻头、变速、润滑设备、修理设备、清理铁屑时，都要停车进行处理。

第2节　手工切割

学习单元1　锯割

学习目标

- 掌握锯割工艺与锯割方法
- 能锯割小规格的板材、型材与管材

知识要求

用手锯把材料（或工件）锯出狭槽或进行分割的加工方法称为锯割。

一、手锯及其使用

1．手锯

手锯由锯弓和锯条两部分组成。锯弓是用来夹持和张紧锯条的工具。锯弓有固定式和可调式两种。图3—12所示为可调式锯弓。

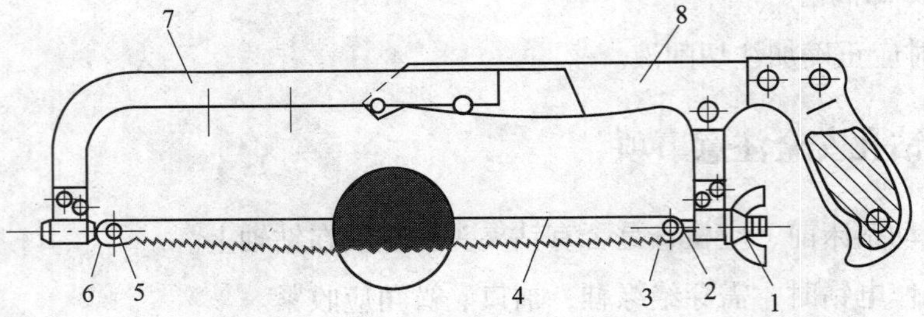

图 3—12　可调式锯弓

1—翼形拉紧螺母　2—活动拉杆　3、5—销子　4—锯条

6—固定拉杆　7—可调部分锯弓　8—固定部分锯弓

锯条用碳素钢制成，常用的锯条长约 300 mm，宽度 12 mm，厚度 0. 8 mm。锯齿的形状如图 3—13 所示。

锯条按锯齿齿距分为粗齿、中齿和细齿三种。粗齿锯条适用于锯削铜、铝等软金属及厚工件。细齿锯条适用于锯削硬钢、板料及薄壁管子等。锯削普通钢、铸铁及中等厚度的工件多用中齿锯条。

2. 手锯的使用

进行手工锯削时，手锯的使用方法如图 3—14 所示。

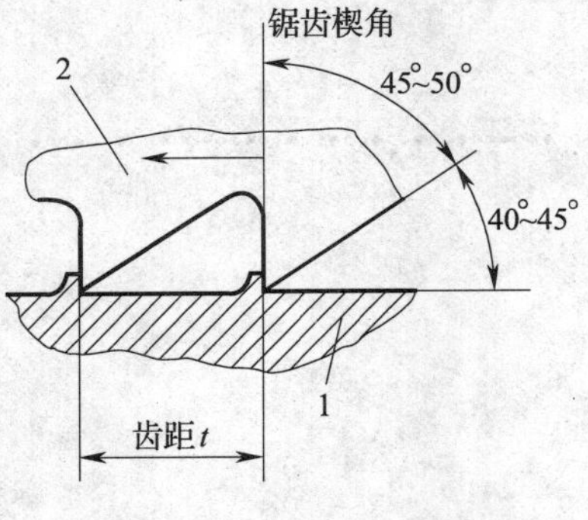

图 3—13　锯齿的形状

1—工件　2—锯齿

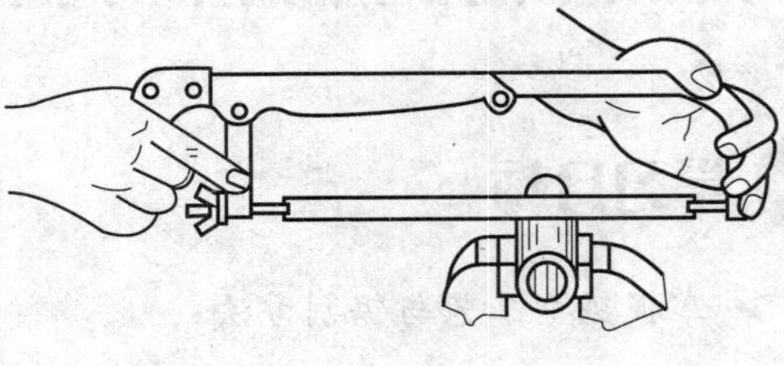

图 3—14　手锯的使用

（1）锯条的安装

锯削时，手锯向前推进为切削运动，所以安装锯条时，要注意锯齿应向前倾斜，如图 3—15 所示。锯条一侧面应紧贴在安装销轴的端面上，保证锯条平面与锯弓中心平面平行，然后由翼形螺母调节锯条的松紧。用手拨动锯条时手感硬实，并略带

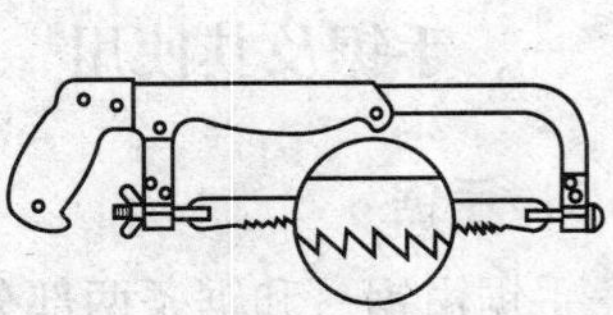

图 3—15　锯条的安装

弹性，则锯条松紧适宜。若翼形螺母的拧紧力过大，会将锯条崩得太紧，锯削时，切削阻力略有增加，锯条就会崩断；拧紧力过小，锯条太松，锯削时，锯条容易扭曲而折断，同时，锯缝也容易歪斜。

（2）锯削姿势

1）握锯方法。如图 3—16 所示，右手满握锯柄，左手轻扶在锯弓前端，双手将手锯扶正，放在工件上准备锯削。

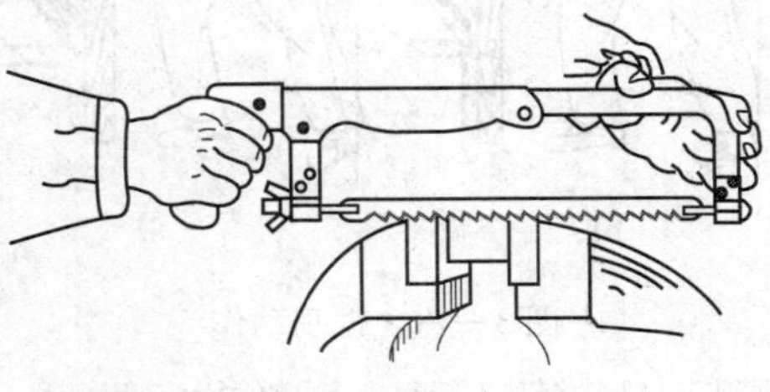

图 3—16　握锯方法

2）站立位置和姿势。锯削时，操作者的站立位置和姿势如图 3—17 所示。

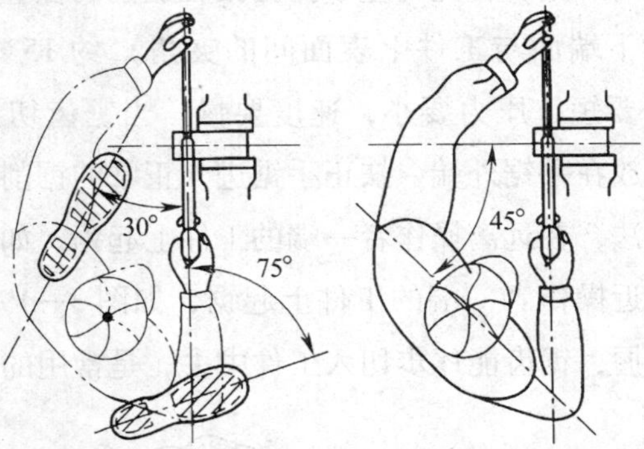

图 3—17　锯削时的站立位置和姿势

3）锯割动作。锯割前，左脚跨前半步，左膝盖处略有弯曲，右腿站稳伸直，不要太用力，整个身体保持自然。双手握正手锯放在工件上，左臂略弯曲，右臂要与锯割方向基本保持平行，顺其自然，如图 3—18a 所示。

向前锯割时，身体与手锯一起向前运动，此时，右腿伸直向前倾，身体也随之前倾，重心移至左腿上，左膝盖弯曲，如图 3—18b 所示。

随着手锯行程的增大，身体倾斜角度也随之增大，如图 3—18c 所示。

手锯推至锯条长度的 3/4 时，身体停止运动，手锯准备回程，如图 3—18d 所示，此时，由于锯割的反作用力，使身体向后倾，带动左腿略伸直，身体重心后移，手锯顺势退回，身体恢复到锯割的起始姿势。当手锯退回，身体又开始前倾运动，进行第二次锯割。

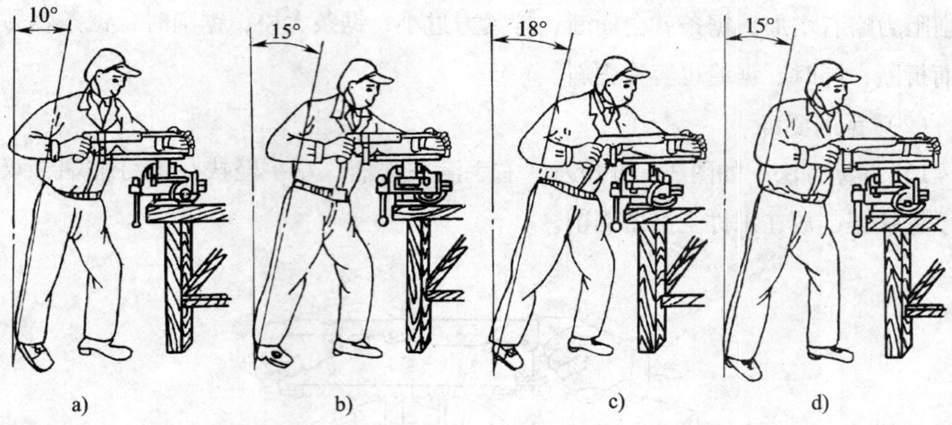

图 3—18　锯割动作

a）锯割前　b）锯割小行程　c）锯割大行程　d）回锯

（3）起锯方法

起锯是锯削运动的开始，首先将左手拇指按在锯削的位置上，使锯条侧面靠住拇指，起锯角（锯齿下端面与工件上表面间的夹角）约 15°，如图 3—19a 所示。推动手锯，此时行程要短，压力要小，速度要慢。当锯齿切入工件 2 ~ 3 mm 时，左手拇指离开工件，放在手锯外端，扶正手锯进入正常的锯削状态。起锯的方法有两种：一种是远起锯法，在远离操作者一端的工件上起锯，如图3—19b所示；另一种是近起锯法，在靠近操作者一端的工件上起锯，如图 3—19c 所示。前者起锯方便，起锯角度容易掌握，锯齿能逐步切入工件中去，是常用的一种起锯方法。

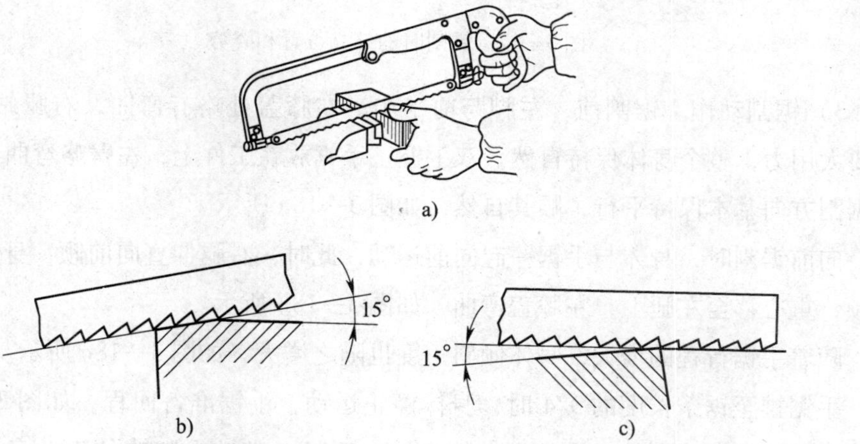

图 3—19　起锯方法

a）起锯开始　b）远起锯　c）近起锯

起锯时要注意：锯条侧面必须靠紧拇指，或手持一物代替拇指靠紧锯条侧面，保证锯条在某一固定的位置起锯，并平稳地逐步切入工件，不会跳出锯缝。起锯角的大小要适当，起锯角太大时，工件棱边会卡住锯齿，将锯齿崩裂，并会造成手锯跳动不稳；起锯角太小时，锯条与工件接触的齿数太多，不易切入工件，还可能偏移锯削位置，而需多次起锯，出现多条锯痕，影响工件表面质量。

（4）锯割动作要领

1）锯割用力方法。锯割时，对锯弓施加的压力要均匀，大小要适宜，右手控制锯割时的推力和压力，左手辅助右手将锯弓扶正，并配合右手调节对锯弓的压力。锯割时，对锯弓施加的压力不能太大，推力也不能太猛，推进速度要均匀，快慢要适中。手锯退回时，锯条不进行切削，不能对锯弓施加压力，应跟随身体的摆动，使手锯自然拉回。工件将要锯断时，要目视锯割处，左手扶住将要锯断部分，右手推锯，压力要小，推进要慢，速度要低，行程要短。

2）手锯的运动方式。锯割时，手锯的运动方式有两种。一种是锯割时，手锯作小幅度的上下摆动，即右手向前推进时，身体也随之向前倾，在左右手对锯弓施加压力的同时，右手向下压，左手向上翘，使手锯做弧形的摆动。手锯返回时，右手上抬，左手自然跟随，并携同手锯离开工件并退回。这种运动方式可以减小锯削时的阻力，锯割省力，提高锯割效率，适用于深缝锯割或大尺寸材料的锯断。另一种是手锯做直线运动，这种运动方式，参加锯削的齿数较多，锯割费力，适用于锯割底平面平直的槽、管和薄板材料等。

3）锯割运动的速度。锯割运动的速度要均匀、平稳、有节奏、快慢适度，否则操作者很易疲劳，或造成锯条过热，很快损坏。一般锯削速度为每分钟 40 次左右，硬度高的材料锯割速度低一些；软的材料锯割速度可稍快一些。锯条返回时要比工进时快一些。

二、板材、型材与管材的锯割方法

1. 板材的锯割

锯削薄板材时，板材容易产生颤动、变形或将锯齿钩住等现象，因此，一般采用图 3—20a 中的方法，将板材夹在台虎钳中，手锯靠近钳口，用斜推锯法进行锯削，使锯条与薄板接触的齿数多一些，避免钩齿现象产生。也可将薄板夹在两木板中间，再夹入台虎钳中，同时锯削木板和薄板，这样增加了薄板的刚度，不易产生颤动或钩齿，如图 3—20b 所示。

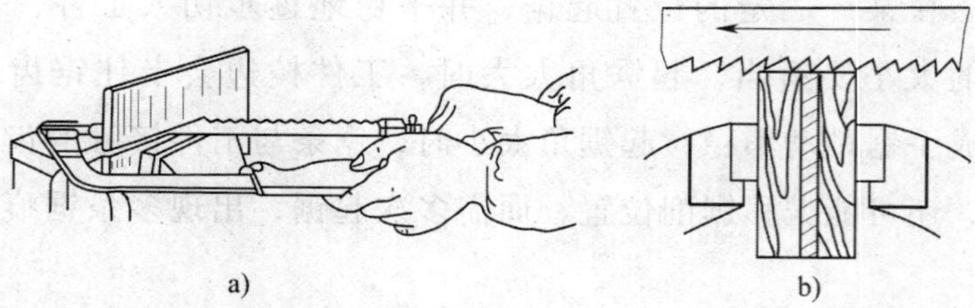

图3—20　板材锯割

a）斜推锯法　b）板材夹在木板中

2. 型材的锯割

在实际生产中，会遇到各种型钢材料需要切断的情况，手工锯割一般适用于尺寸规格较小的型钢。总的锯割原则是锯割时注意让锯条与型钢翼板或腹板保持10°～15°的夹角，这样在锯割时会避免钩齿或锯条的突然折断。

3. 管材的锯割

锯割管材前，首先在管材的表面上画出锯割位置线。可用一矩形长纸条紧紧地裹在管材的表面上，纸边对齐，然后用铅笔沿纸边画线，该线即为垂直管材轴线的锯割线。再用两块V形木块将管材夹起来，同时放在台虎钳中夹牢，如图3—21a所示。锯削时，应先在画线处起锯，锯至管内壁后，退出手锯，将管材沿推锯的方向转过一定角度，然后再沿原锯缝继续锯割至管内壁，如图3—21b所示，按上述操作过程依次锯割，直至将管材锯断。

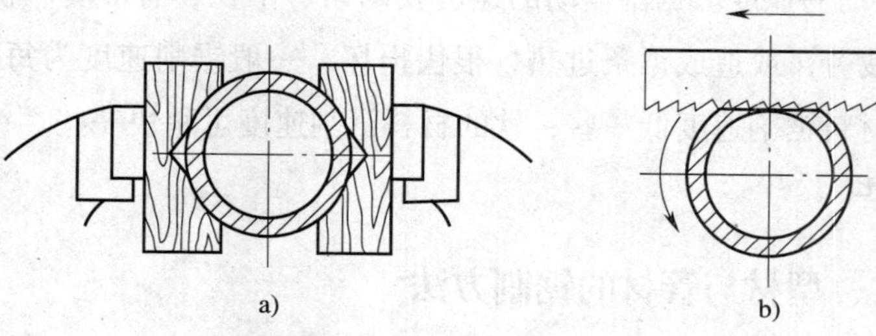

图3—21　管材锯割

a）管材夹持方法　b）管材转位锯割

技能要求 1

板料锯割

一、操作准备

1. 板料的准备

普通碳素钢 Q235 钢板一块，86 mm × 66 mm × 34 mm。

2. 锯割工具的准备

（1）可调式锯弓一把。

（2）L = 300 mm 锯条若干。

（3）B = 150 mm 的台虎钳一副，检查有无损坏情况。

（4）90°角尺一把，划针一根。

二、操作步骤

1. 安装锯条

安装锯条时应注意以下几个问题：

（1）由于手锯是向前推动进行锯削，所以安装锯条时锯齿应向前。

（2）锯条松紧要适当，否则锯削时易将锯条折断。

（3）当锯缝过深并超过锯弓高度时，应将锯条相对锯弓转 90°，如图 3—22 所示。

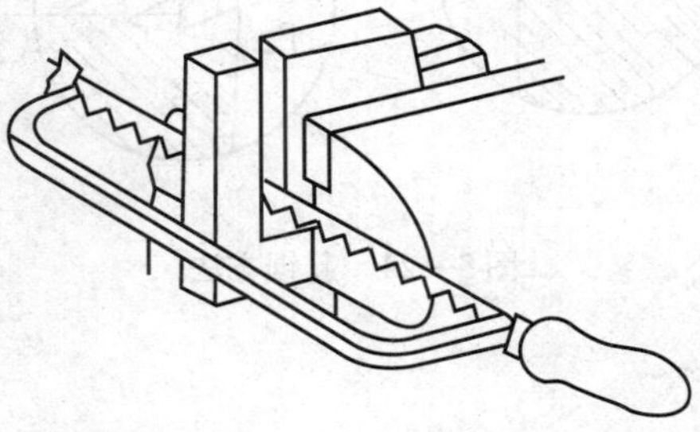

图 3—22　锯缝过深时锯条的安装

2. 根据图样划出锯割线

如图 3—23 所示为板料工件图。

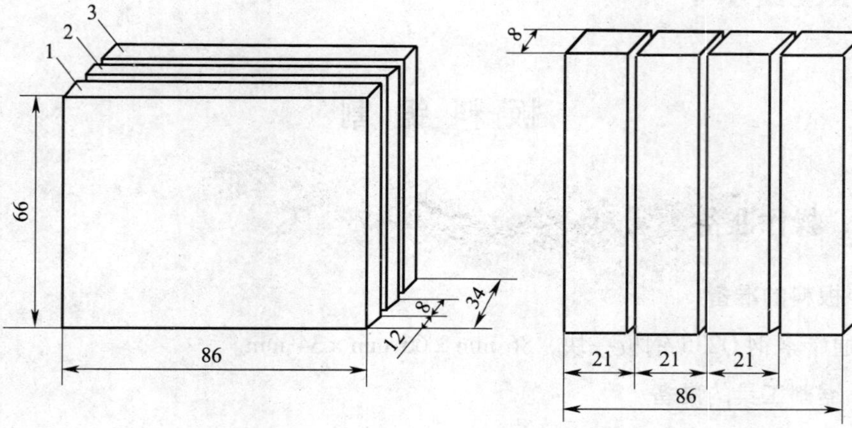

图3—23 板料工件图

3. 夹持工件

工件要牢固地夹持在台虎钳上，锯割位置不应离钳口过远，以免锯割时颤动而折断锯条。

4. 起锯

起锯时，锯条应按一定角度倾斜，倾斜的角度 α 应小于15°（见图3—24），且锯弓往复行程要短，压力要轻，锯条与工件表面垂直。锯成锯口后，再逐渐将锯弓改至前后水平方向。

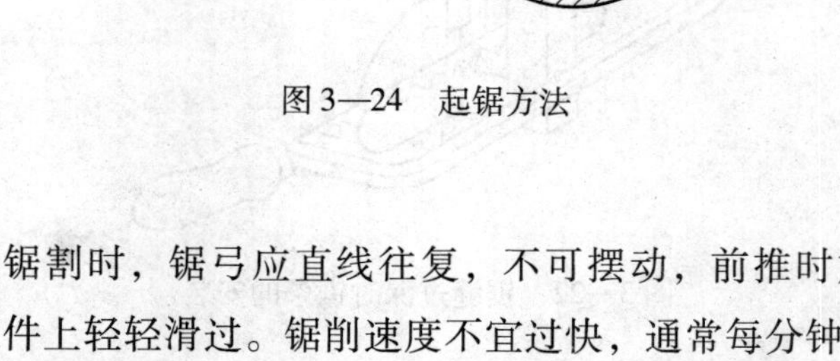

图3—24 起锯方法

5. 锯切

起锯后继续锯割时，锯弓应直线往复，不可摆动，前推时加压，用力要均匀，返回时从工件上轻轻滑过。锯削速度不宜过快，通常每分钟往复30～60次。锯割时，尽量使用锯条全长工作，以免锯条中间部分迅速磨钝。锯割钢材时应加润滑剂。

6. 锯割收尾

工件将要锯断时，速度要放慢，压力要减轻，行程要缩短，并尽量用手扶住工件，以免损坏工件或砸伤手、脚。

三、锯割注意事项

1. 根据不同的材质，正确选择锯条。
2. 锯条安装时，应注意使锯齿朝前，不能反装。
3. 锯条的安装松紧应适度，避免锯条折断或伤人。
4. 注意起锯方法，灵活运用。
5. 锯割时双手用力均匀，动作协调自如。
6. 工件需夹持牢固，不应伸出钳口过长。
7. 工件与钳口要平行，避免锯缝歪斜，影响工件质量。

技能要求 2

角 钢 锯 割

一、操作准备

1. 角钢的准备

普通碳素钢 Q235 角钢，规格 50 mm × 50 mm × 5 mm，$L = 200$ mm。

2. 锯割工具的准备

（1）可调式锯弓一把。

（2）$L = 300$ mm 的锯条若干。

（3）$B = 150$ mm 的台虎钳一副，检查有无损坏情况。

（4）90°角尺一把，划针一根。

二、操作步骤

1. 根据要求划出锯割线

角钢划线要求：每间隔 10 mm 划一条锯割线。

2. 夹持工件

角钢要牢固地夹持在台虎钳上，锯割线放在钳口的左侧较为合理，便于操作。

锯割位置不应离钳口过远，以免锯割时颤动而折断锯条。锯割线通常距离钳口 15～20 mm。

3．起锯

起锯时，锯条应按一定角度倾斜，倾斜的角度 α 应小于 15°，且锯弓往复行程要短，压力要轻。锯成锯口后，再逐渐将锯弓改至前后水平方向。

4．锯切

起锯后继续锯割时，锯弓应直线往复，不可摆动，前推时加压，用力要均匀，返回时从角钢上轻轻滑过。锯割速度不宜过快，通常每分钟往复 30～60 次。锯割时，尽量使用锯条全长工作，以免锯条中间部分迅速磨钝。当角钢一侧锯断后，合理做法是将角钢卸下，换另一侧平面继续锯割。

5．锯割收尾

角钢将要锯断时，速度要放慢，压力要减轻，行程要缩短，并尽量用手扶住角钢，以免损坏工件或砸伤手、脚。

三、锯割注意事项

1．锯割练习前，要注意检查工件是否夹紧，锯条安装和起锯方法是否正确，以免一开始锯割就损坏锯条或造成废品。

2．锯割完毕，应将锯弓上的翼形螺母适当松开，但不要拆下锯条，防止锯弓上的零件遗失，并妥善放好。

技能要求 3

管材锯割

一、操作准备

1．管材的准备

普通碳素钢 Q235 钢管，规格 50 mm×5 mm，$L=150$ mm。

2．锯割工具的准备

（1）可调式锯弓一把。

（2）$L=300$ mm 的锯条若干。

（3）$B=150$ mm 的台虎钳一副，检查有无损坏情况。

（4）90°角尺一把，铅笔一根，划针一根。

二、操作步骤

1. 根据要求划出锯割线

锯割管件如图 3—25 所示。

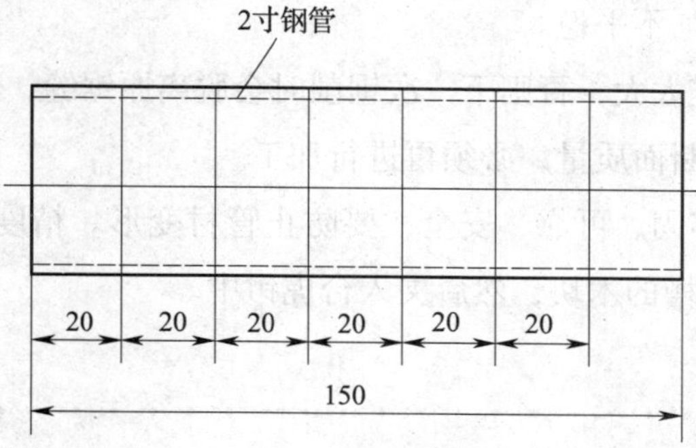

图 3—25　锯割管件图

2. 夹持工件

管材要牢固地夹持在台虎钳上，如要求严格，应选用 V 形垫木夹持。锯割位置不应离钳口过远，以免锯割时颤动而折断锯条。锯割线通常距离钳口 15 ~ 20 mm，且位置在钳口的左侧。

3. 起锯

因为管壁较薄，为保证顺利锯割不损坏锯条，应使锯条沿管壁转换角度锯削（见图 3—26）。

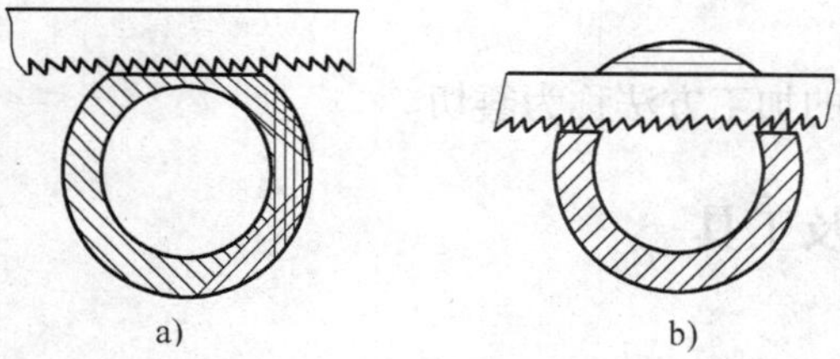

图 3—26　锯割管材

a）正确　b）不正确

4. 锯切

起锯后继续锯割时，锯弓应直线往复，不可摆动，前推时加压，用力要均匀，返回时从管材上轻轻滑过。锯割速度不宜过快，通常每分钟往复 30 ~ 60 次。

5. 锯割收尾

工件将要锯断时，速度要放慢，压力要减轻，行程要缩短，并尽量用手扶住工件，以免损坏工件或砸伤手、脚。

三、锯割注意事项

1. 当第一次锯削结束后，管材要沿手锯的推进方向旋转，再沿原锯缝进行下一次锯削。若管材背离推进方向旋转，锯削时，管内壁会卡住锯齿，使锯齿崩裂或使手锯猛烈跳动，锯削不平稳。

2. 管材转角不宜太大，否则下一次锯削时会脱离原锯缝，经几次转动锯断后，锯削表面不平，影响断面质量，必须再进行加工。

3. 管材要夹持牢固、可靠、安全，要防止管材变形。精度要求较高或大直径的管材，应垫带V形槽的木块，然后夹入台虎钳中。

学习单元2　錾切

学习目标

➢ 掌握錾切工艺与錾切方法

➢ 能使用錾切工具錾切板料

知识要求

用錾子分离材料的加工方法称为錾切。

一、錾切设备及工具

1. 台虎钳

台虎钳是用来夹持工件的通用设备，其规格用钳口的宽度表示。常用的台虎钳规格有100 mm、125 mm和150 mm等。

台虎钳有固定式和回转式两种。图3—27为固定式台虎钳。它在钳台上安装时，必须使固定钳身的工作面处于钳台边缘以外，以保证夹持长条形工件时工件的下端不受钳台的阻碍。

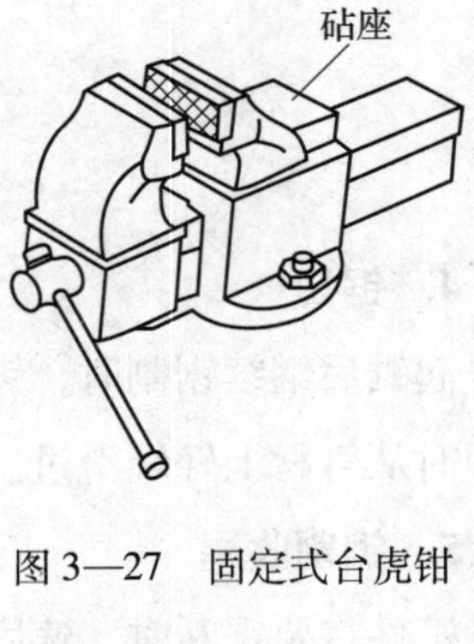

图3—27　固定式台虎钳

2．錾子

錾子是錾削用的工具，一般用碳素工具钢（T7A）或65 Mn钢锻制，并经刃磨与热处理后方能使用。

錾子的种类很多，常用的有扁錾和窄錾两种。扁錾（见图3—28a）的切削部分扁平，主要用于錾切平面和分割薄板料，有时也用于去除工件的废边毛刺。窄錾（见图3—28b）用于开槽、挑焊根等。

錾子刀刃两面的夹角称为楔角 β，楔角越小，錾子的刃口越锋利，但强度越差；楔角越大，强度虽好，但錾削阻力大。因此，选择錾子的楔角应在保证强度的前提下尽量取最小值。

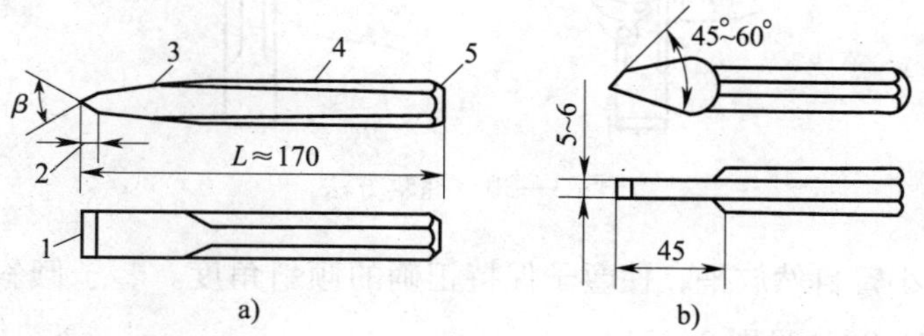

图3—28　錾子

a）扁錾　b）窄錾

1—切削刃　2—切削部分　3—斜面　4—柄　5—尾端

一般情况下，錾削高碳钢和铸铁时，楔角取60°~70°；錾削中碳钢和其他中等硬度的材料时，楔角取50°~60°；錾削铜、铝等软材料时，楔角取30°~50°。

3．锤子

锤子由锤头、木柄和楔铁组成，如图3—29所示。锤子的规格以锤头的质量来表示，有0. 25 kg、0. 5 kg和1 kg等多种规格。锤头一般用T7钢制成，并经热处理。木柄应选择较坚韧的木材，装入锤孔后用楔钉楔紧，以防锤头脱落。

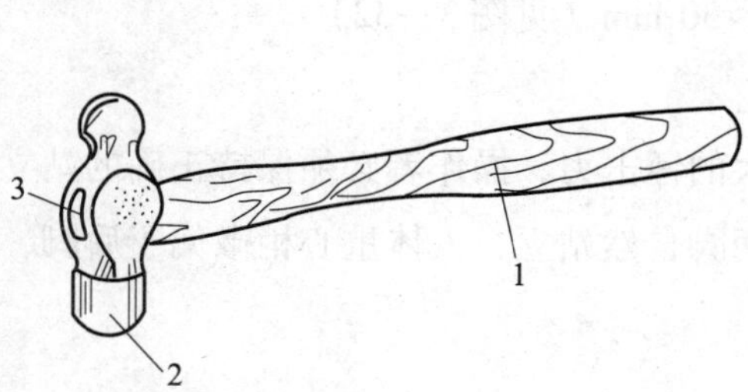

图3—29　锤子

1—木柄　2—锤头　3—楔铁

二、錾切工艺与錾切方法

1. 握錾方法

錾子要用左手的中指、无名指和小指握住，拇指和食指自然接触。錾子的尾端从手中露出 20 mm（见图 3—30）。錾子握得不要太紧，以减轻錾切时錾子对手的振动。

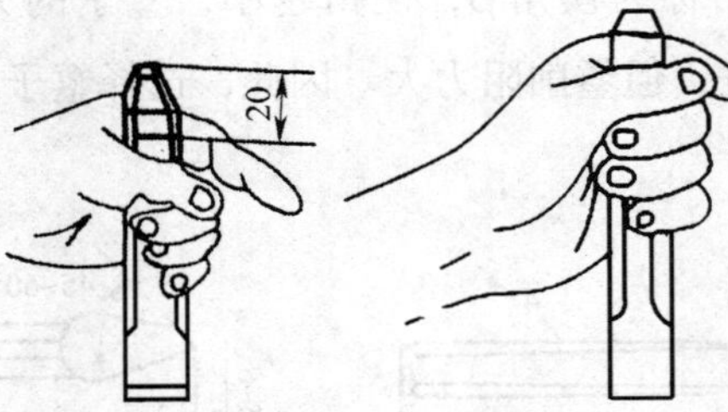

图 3—30　握錾方法

錾切时，小臂自然放平，使錾子保持正确的倾斜角度。錾子倾斜角度正确时，切削后角为 5°~8°（见图 3—31）。

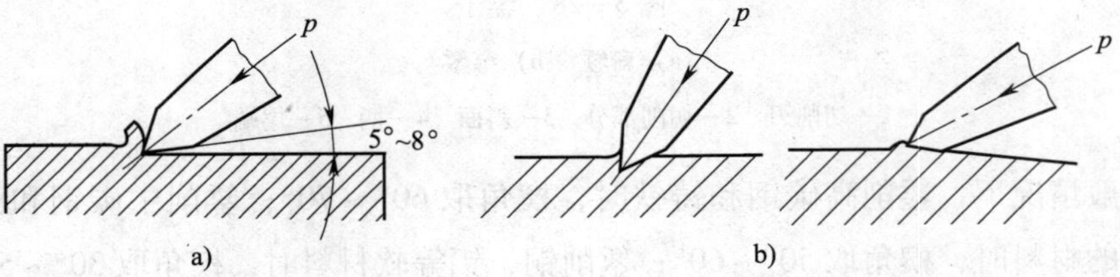

图 3—31　錾子的倾斜角度

a）正确　b）不正确

2. 握锤方法

用右手握住锤子，采用五指满握法。拇指轻轻压在食指上，虎口对准锤头方向，木柄尾部露出 15 ~ 30 mm（见图 3—32）。

3. 站立姿势

为了充分发挥较大的锤击力，操作者必须保持正确的站立姿势。如图 3—33 所示，左脚超前半步，两脚自然站立，人体重心稍微偏于后脚，视线落在工件的錾削部位上。

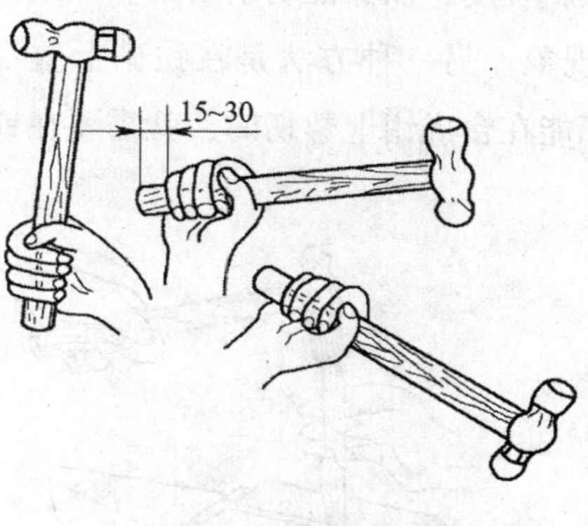

图 3—32　握锤方法

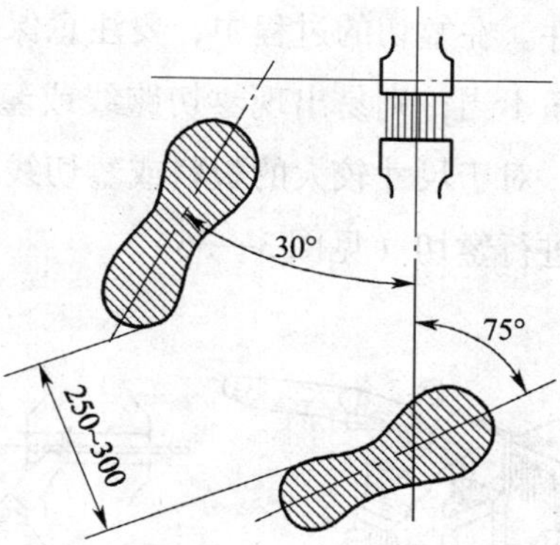

图 3—33　錾切时的站立姿势

4. 挥锤方法

挥锤有腕挥、肘挥和臂挥三种方法。锤击力量以腕挥时最小，肘挥时较大，臂挥时最大。肘挥运用最广泛，肘挥和臂挥如图 3—34 所示。

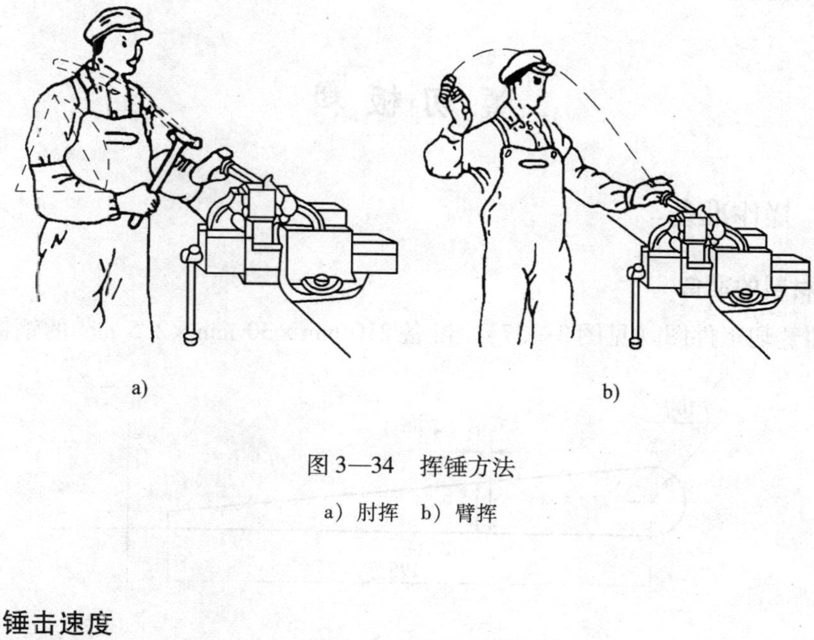

a)　　b)

图 3—34　挥锤方法

a）肘挥　b）臂挥

5. 锤击速度

一般锤击速度为每分钟 40 ~ 50 次。锤子敲下去时应做加速运动，这样可以增加锤击时的锤击力量。

6. 錾切方法

錾切的方法有两种。一种是将板料夹在台虎钳上的錾切（见图 3—35）。錾切时，板料按划线夹成与钳口平齐，用錾子沿钳口并斜对着板料（约成 45°角）自右向左錾切。錾切时的锤击力量要根据錾切板料的厚度来决定，不能过大，以免撕裂工件。在錾切的过程中，要注意保持錾子的倾斜程度，以保证切削后角。如果切削后角不当，则易出现錾切跑线或錾伤钳口等现象。另一种方法是在铁砧上錾切板料。对于尺寸较大的板料或錾切线有曲线而不能在台虎钳上錾切时，就需要在铁砧上进行錾切（见图3—36）。

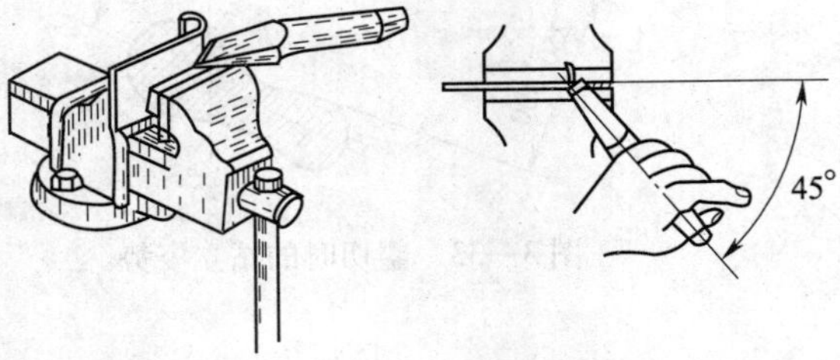

图3—35　在台虎钳上錾切板料

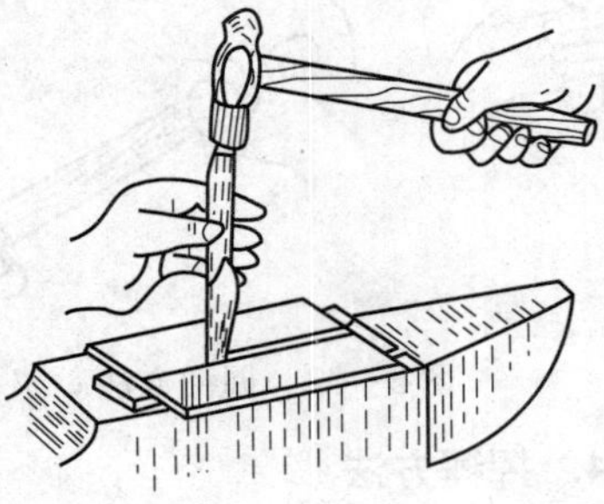

图3—36　在铁砧上錾切板料

技能要求1

錾切板料

一、操作准备

1. 材料的准备

按照錾切工件图（见图3—37），准备210 mm×30 mm×2.5 mm的钢板一块。

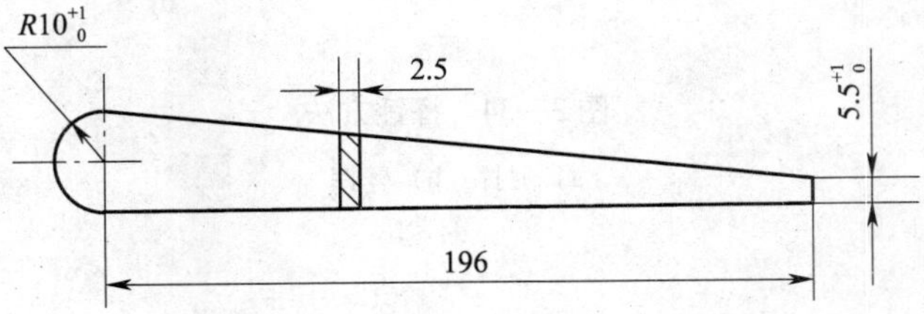

图3—37　錾切工件图

2. 錾切工具的准备

（1）$G=0.5$ kg的锤子一把，检查锤柄有无松动情况。

（2）$B=150$ mm的台虎钳一副，检查有无损坏情况。

（3）$L=180$ mm的扁錾一支，检查刃口是否锋利。

（4）普通碳素钢铁砧一个。

二、操作步骤

1. 清理钢板表面，按尺寸划线

（1）将符合规格要求的钢板表面清理干净。

（2）按錾切工件图尺寸要求划线。

2. 确定錾切顺序

（1）先曲后直。錾切曲线时，錾刃应磨成弧形（见图 3—38a）；錾切直线时，开始时錾刃可磨成直线（见图 3—38b）。开始錾切时，錾子应放斜似剪切状（见图 3—38c），然后逐步放垂直（见图 3—38d），依次錾切。

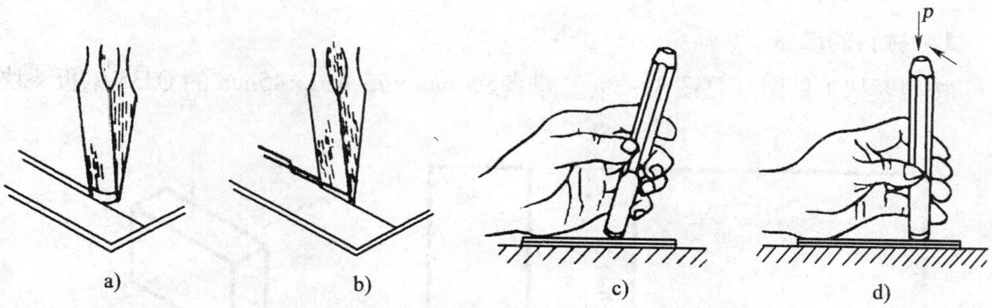

图 3—38　錾切板料方法

（2）錾切曲线时，錾子的切削刃应磨成适当的弧形，使前后排錾时的錾痕连接光滑。

（3）当錾切直线段时，錾子切削刃的宽度可宽些。

（4）曲线部分采用在铁砧上錾切，直线部分采用在台虎钳上錾切。

3. 錾切工件的矫正

錾切后的工件因受力会产生一定的弯曲、扭曲变形，需矫正后再进行尺寸检验。

三、錾切安全注意事项

1. 在台虎钳上錾切板料，錾切线要与钳口平齐，板料应夹持牢固。

2. 在台虎钳上錾切时，錾切的后面部分要与钳口平面贴平，刃口略向上翘，以防錾坏钳口表面。

3. 在铁砧上錾切时，錾子刃口必须先对齐錾切线并成一定斜度按线錾切，要防止后一錾与前一錾错开，造成錾切下来的边缘弯弯曲曲。

4. 发现锤子木柄有松动或损坏时，要立即装牢或更换。木柄上不应粘有油，严禁戴手套操作以免使用时滑出。

5. 錾子头部有明显毛刺时，应及时磨去。

6. 清点工具，工件按指定位置摆放，打扫工作现场卫生。

技能要求2

錾切平面

一、操作准备

1. 材料的准备

按照錾切工件图（见图3—39），准备95 mm×75 mm×45mm的Q235钢板一块。

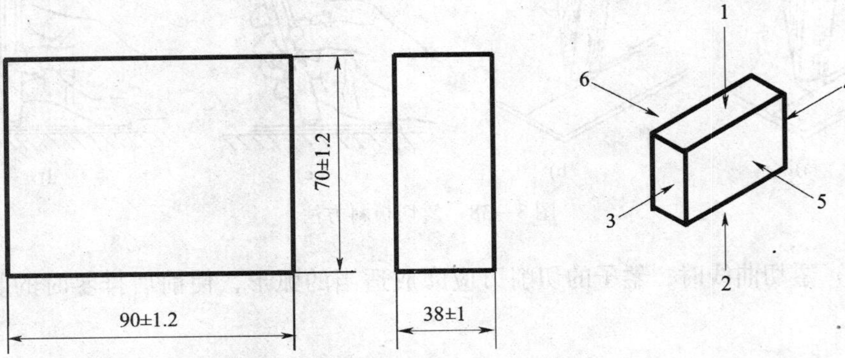

图3—39 錾切工件图

2. 錾切工具的准备

（1）$m=0.5$ kg的锤子一把，检查锤柄有无松动情况。

（2）$B=150$ mm的台虎钳一副，检查有无损坏情况。

（3）$L=180$ mm的扁錾一支，检查刃口是否锋利。

二、操作步骤

1. 按图样尺寸划出90 mm×70 mm尺寸的平面加工图，并打好样冲眼。

2. 按图样各侧面的序号顺序（1、2、3、4、5、6）依次錾削，达到图样要求。相邻两平面基本垂直，相对两平面基本平行，且錾痕整齐。

錾切方法如下：

（1）起錾。用扁錾錾切平面时，应用斜角起錾法，即先在工件边缘尖角处将錾子放成负角（见图3—40），錾出一个斜面，然后按正常的錾切角度向中间錾切。

（2）錾切动作。錾切时，一般应使切削后角保持在 5°～8°，每次錾削量为 0.5～2 mm。在錾削过程中，一般每錾削两三次后，可将錾子后退一些，做一次短暂停顿，然后再将刃口顶住錾削处继续錾切。这样既可随时观察錾切表面的平整情况，又可以使手臂肌肉有节奏地得到放松。

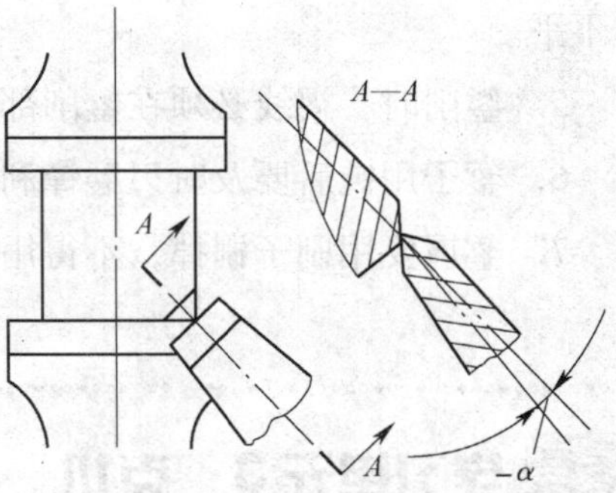

图 3—40　起錾方法

（3）尽头处的錾法。当錾削接近尽头处约 15 mm 时，应掉头錾去余下部分（见图 3—41a）；否则，錾到尽头处时可能会崩裂（见图 3—41b）。

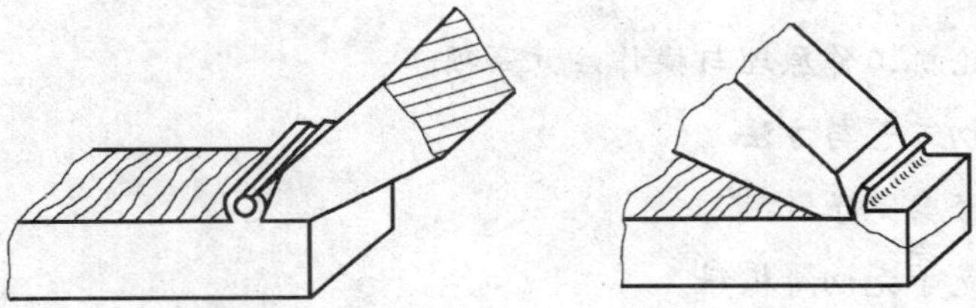

a)　　b)

图 3—41　尽头处的錾法

a）正确　b）不正确

（4）以錾削完的表面为基准，将工件放在平台或平板上划线，工件厚度取 38 mm，并在工件四周所划的线上打上样冲眼。

（5）以划线线条为基准，分别錾削前后两大平面，使工件厚度达到尺寸要求，并使前后两大平面平行。

其他平面錾削方法相同。

三、錾切安全注意事项

1．工件必须夹紧，伸出钳口的高度一般以 10～15 mm 为宜，下面要加木衬垫。

2．錾削时，应戴好防护眼镜。工位前后要有防护网，防止碎屑飞出伤人。

3．錾削时，应掌握正确的姿势、合适的速度（以每分钟 30～40 次为宜）和一定的锤击力量。

4．錾削时，錾子的轴线和工件之间的夹角应保持一致，否则錾削的平面会凹凸不平。

5. 錾削时，视线必须在錾削部位，当錾削接近尽头时，应掉头錾削。

6. 錾子用钝后要及时刃磨锋利；若錾子头部有明显的毛刺，要及时磨去。

7. 錾屑要用刷子刷掉，不得用手擦或用嘴吹。

学习单元 3 克切

学习目标

- 熟悉砂轮机工作原理与操作注意事项
- 掌握克切工艺与方法
- 能正确修磨克子
- 能使用克子克切薄板料

知识要求

用克子分离材料的加工方法称为克切。

一、砂轮机的基本结构与操作注意事项

砂轮机用来刃磨錾子、克子、钻头、刀具及其他工具，也可用来磨去工件或材料上的毛刺、锐边等。

如图 3—42 所示砂轮机主要由砂轮、电动机、防护罩、托架和砂轮机座等组成。

砂轮由磨料与黏结剂等黏结而成，质地硬而脆，工作时转速较高，因此使用砂轮机时应遵守安全操作规程，严防发生砂轮碎裂和人身事故。操作时应注意以下几点：

1. 砂轮的旋转方向应正确，要与砂轮罩上的箭头方向一致，使磨屑向下方飞离砂轮与工件。

2. 砂轮起动后，要稍等片刻，待砂轮转速进入正常状态再进行磨削。

3. 操作者应站在砂轮的侧面或斜侧面进行磨削，严禁站立在砂轮的正面操作，以防砂轮片飞出伤人。

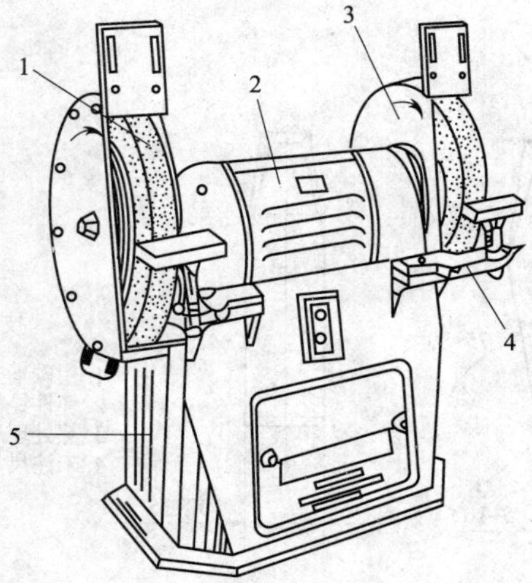

图 3—42　砂轮机结构

1—砂轮　2—电动机　3—防护罩　4—托架　5—砂轮机座

4. 磨削刀具或工件时，不能对砂轮施加过大的压力，并严禁刀具或工件对砂轮产生猛烈的冲击，以免砂轮破碎。

5. 砂轮机的托架与砂轮之间的距离一般应保持在 3 mm 以内，间距过大容易将刀具或工件挤入砂轮与托架之间，造成事故。

6. 砂轮正常旋转时较平稳，无振动。砂轮外缘跳动较大致使砂轮机产生振动时，应停止使用，修整砂轮。

二、克切工具

克切工具主要为上克子、下克子。下克子可根据实际情况利用废剪刃片或用钢轨加工而成（见图 3—43）。

图 3—43　下克子

上克子多经锻制而成，材质一般选取碳素工具钢，如图 3—44 所示。上克子在使用前，应按图 3—44 所示的标准几何形状和尺寸修磨好。

在使用过程中，若上克子刃部变钝、破损及顶部产生卷边，都必须在砂轮机上修磨，使刃部及顶部符合使用要求。

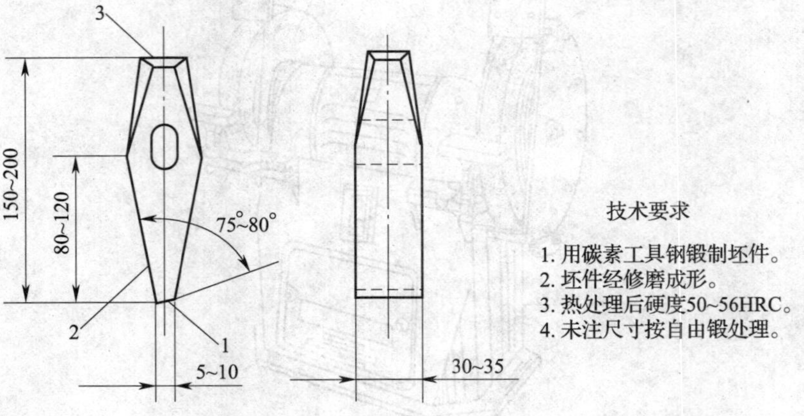

图 3—44　上克子

1—前面　2—后面　3—锤击端

三、克切工艺分析

用克子进行克切，克切原理与斜口剪床的剪切原理（后面章节详细说明）基本相同。它最大的特点是不受工作位置和零件形状的限制，并且操作简单、灵活。对于较复杂的克切件，合理安排工艺步骤能够大大提高克切质量，一般采取先外后内、先直后弧、先短后长的克切顺序。

若克切件尺寸较大或克切件转动后不利于扶持，为保持工件平稳，可在上克子旁边放置垫板支撑，但要保证板料与下克子上平面贴合。

克切作业主要由掌克者及打锤者配合完成，其站位及姿势如图 3—45 所示。掌克者自然下蹲，左手将板料平扶在下克子上，右手持上克子，眼睛注意观察保证克刃对准克切线；打锤者站在下克刃一侧，两人互成 90°为宜。

图 3—45　克切操作示范

技能要求 1

克子修磨

一、操作准备

1. 设备的准备

普通立式砂轮机一台。

2. 修磨克子的用品准备

克子、钢直尺、楔角样板、冷却水槽。

二、操作步骤

1. 修磨克子的后面

修磨时，双手握住克子，在砂轮机正面上磨削，如图 3—46a 所示。为使克子后面磨得平整，磨削时应将克子贴着砂轮面作上下、左右平稳移动。

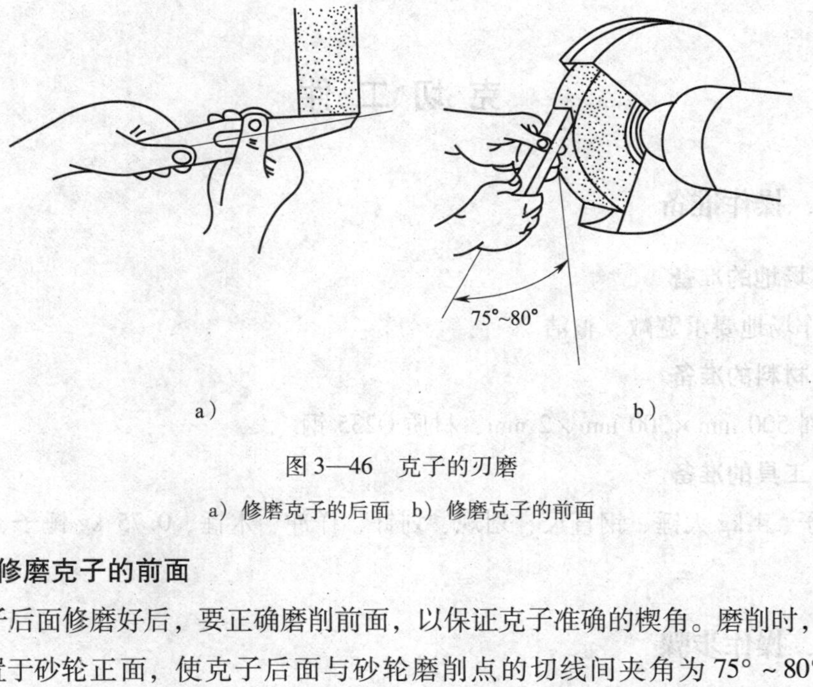

图 3—46　克子的刃磨

a）修磨克子的后面　b）修磨克子的前面

2. 修磨克子的前面

克子后面修磨好后，要正确磨削前面，以保证克子准确的楔角。磨削时，双手握住克子置于砂轮正面，使克子后面与砂轮磨削点的切线间夹角为 75°～80°，如图 3—46b所示。同时，注意使克子平稳地上下、左右略作移动，而且克子对砂轮的压力不要过大。为避免克子刃部在磨削中过热而退火，可经常将克子浸入水中冷却。

3. 克子的整体修磨

锻制而成的上克子，整体形状未必很规则，要按照标准形状修磨。

4. 克子修磨后质量检查

（1）检查克子后面的平直度时，将钢直尺立放在克子后面上，如图3—47所示，并举至与眼睛平行的位置，对着光亮处观察，看钢直尺与克子后面是否严实贴合，以此来判断克子后面的平直程度。

（2）目测刃口及前面是否平直，并检查有无粗糙磨削痕迹及退火现象。

（3）用样板检查克子的楔角，如图3—48所示。

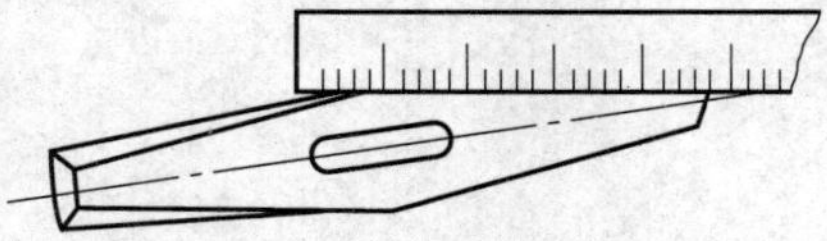

图3—47　检查克子后面的平直度

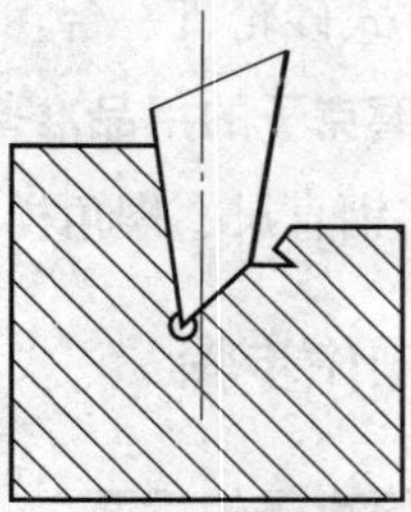

图3—48　用样板检查克子楔角

技能要求2

克 切 工 件

一、操作准备

1. 场地的准备

工作场地要求宽敞、整洁。

2. 材料的准备

板料500 mm×300 mm×2 mm，材质Q235钢。

3. 工具的准备

克子、4 kg大锤、钢直尺、划规、划针、样冲、木锤、0.75 kg锤子、工作平台。

二、操作步骤

1. 根据图样划线

根据图样划线如图3—49所示。

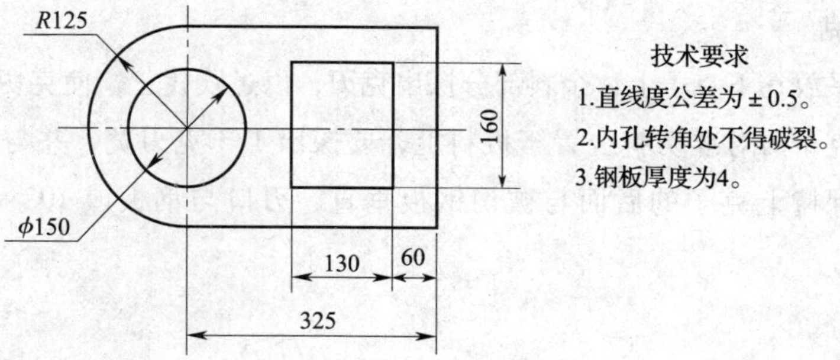

图 3—49　克切工件图

板料准备好后，把图样按 1∶1 的比例（或按样板）在板料上划线。为了便于起克时对线准确，应先确定起克点，再把起克线划至板料边缘处，以便与下克子刃口对正（见图 3—50）。

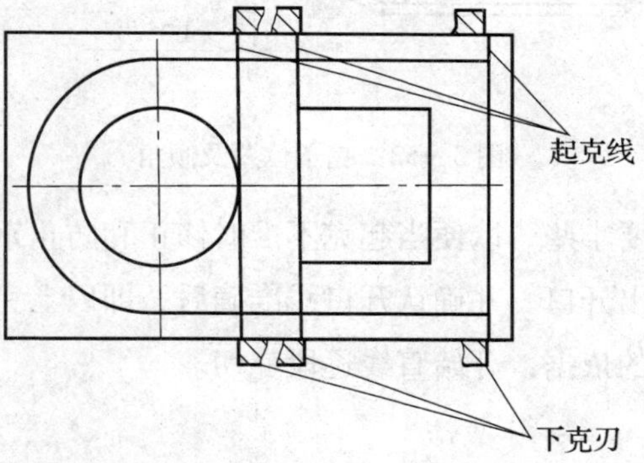

图 3—50　起克线对正下克子刃口

2．确定克切顺序

分析克切工件图，其克切顺序安排如图 3—51 所示。

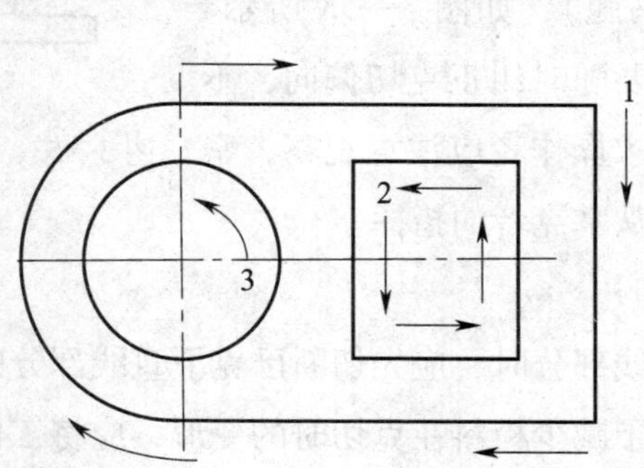

图 3—51　克切顺序

3. 直线段的克切

（1）起克

把板料平放在下克子上，余料部分探出克刃，以过线找正，使克切线与下克子刃重合。上克子刃对准切料线置于板料上，要探出 1/3 克刃宽，并与下克子刃相靠。同时，保持上克子的后面与被切钢板垂直，刃口与钢板成 10°～15°的倾角（见图 3—52）。

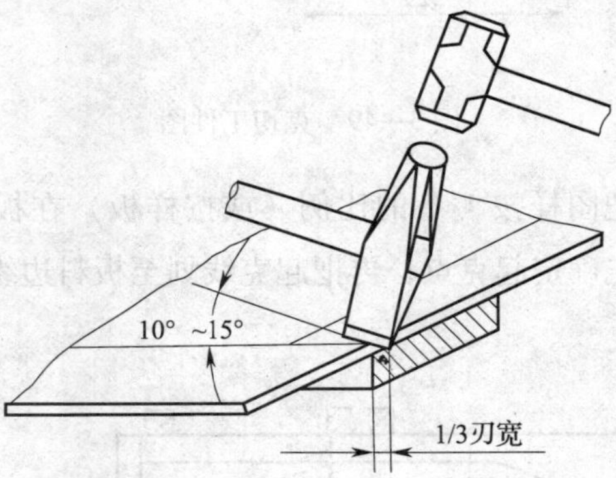

图 3—52 克子位置及倾角

起克时，锤击力要小些，以便当起克不准时修正和防止钢板克断后上、下克子刃相撞损坏刃具。克出开口，并确认开口线准确后，即以上克子下部分侧边靠在下克子侧面，作为找正的依据，开始直线逐段克切。

（2）克切

在克切过程中，钢板的克切线应始终与下克子刃对齐，保持上克子合适的倾角，并使上、下两克刃靠紧。否则，不但不能克断板料，还会产生折曲变形（俗称压马腿），如图 3—53 所示。克切时，为提高质量，要随时纠正克切偏向，不断变换锤击力。这就要求操作者应注意观察，密切配合，锤击者必须听从掌克者的指挥。

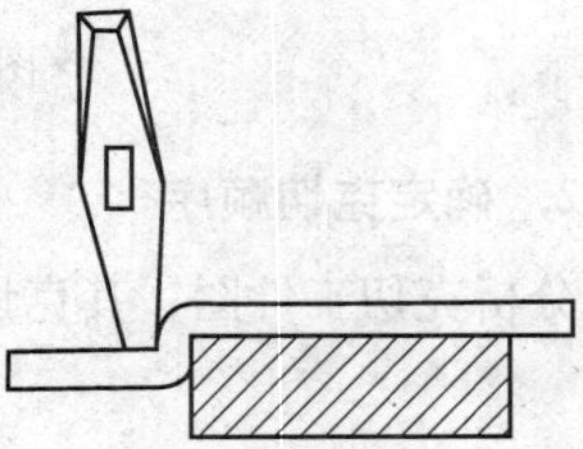

图 3—53 克切中板料的折曲变形

4. 曲线部分的克切

当克切至工件的曲线部分时，应先切断已克下直线部分的余料，使之不致妨碍曲线克切时的找正。为了减少板料在克切时的变形，应将工件圆形部分放在下克子上，且不断转动工件。为了防止克下的余料抵住下克子，影响工件转动，要始终利用下克子的端部进行克切（见图 3—54）。

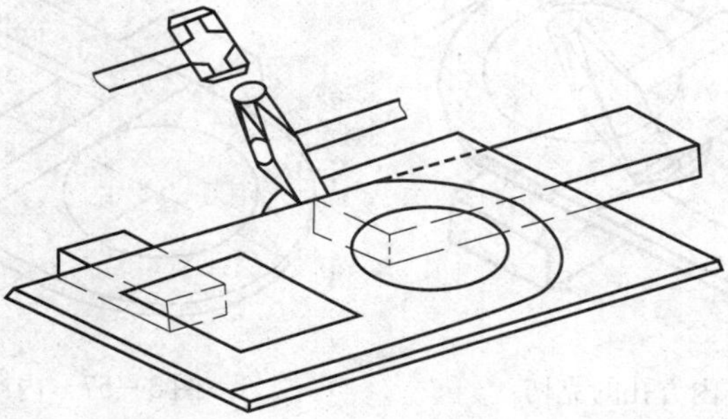

图 3—54　曲线部分的克切

在板料上克切曲线时，因上、下克刃均为直线，每一次克切也只能克切出一段直线。因此，克切曲线的实质是沿曲线的切线位置，克切出直线段，围绕曲线形成一个外切多边形，克切出的直线段越短，就越接近曲线。这就要求每次的克切量尽量小，并不断转动板料；锤击要短促，力量适当。

5. 内方孔的克切

为使内方孔克切的开口准确，可按图 3—55 所示方法对线。起克时，以上克刃尖角与板料接触（倾角为 10°～15°），轻轻锤击开口处。此时，工件起克处并未切透，待克切出 2～3 倍刃宽的长度时，再把上克刃平放于起克处沿根切透即可（见图 3—56）。开好口后的克切方法与前述直线的克切方法完全相同。

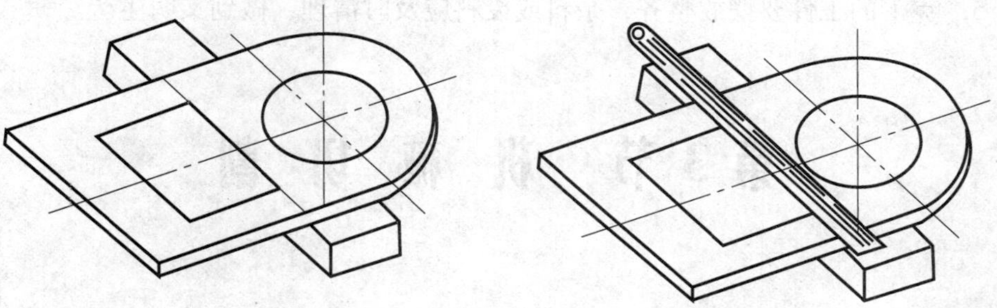

a）　　　　b）

图 3—55　内方孔起克对线

a）划线对正　b）直尺过线对正

6. 内圆孔的克切

内圆孔的克切首先应选好起克点。为了便于起克，一般应把起克点选在便于扶持板料的位置，对起克点作内圆的切线，使起克点对正下克刃（见图 3—57）。内圆孔的克切方法与前述曲线部分的克切方法相同。

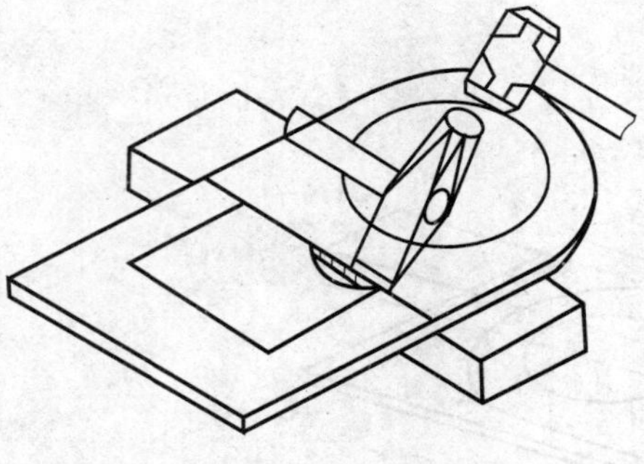

图3—56　内方孔的克切

图3—57　内圆孔的克切

7．克切件的质量检查

（1）检查克切件的各部尺寸是否符合图样要求。

（2）检查克切件的边缘是否整齐，有无较大的飞边、毛刺及撕裂现象。

（3）检查克切件直线段的直线度、曲线部分的圆度以及克切件的平面度是否符合要求。

三、克切操作安全注意事项

1．打锤前应检查锤柄的安装是否牢固，打锤者不能戴手套，以防脱锤伤人。

2．克刃变钝或顶部产生卷边应及时修磨。

3．克切过程中，应始终保持板料放置平稳，准确对线。

4．掌克者与扶钢板者要戴好手套，以防钢板毛刺划伤手。

5．克下的工件要摆放整齐，余料或废料应及时清理，做到文明生产。

第3节　机械切割

学习单元1　剪切

学习目标

➢ 熟悉剪切原理与剪切工艺

➢ 能使用剪床剪切方形板料

知识要求

一、剪切原理

剪切是利用上下两剪刃的相对运动来切断材料的加工方法。剪切的生产效率高，切口较光洁，能切割各种型钢和中等厚度的钢板，所以是应用很广的一种切割方法。

剪切是依靠剪床来完成的。剪床的结构形式很多，按传动方式分手动、机械传动和液压传动；按其工作性质又可分为剪直线和剪曲线两大类。

1. 直线剪床

剪切直线的剪床，按两剪刃（上、下剪刀片）的相对位置分为平口剪床、斜口剪床和圆盘剪床三种，其剪刃形式如图3—58所示。

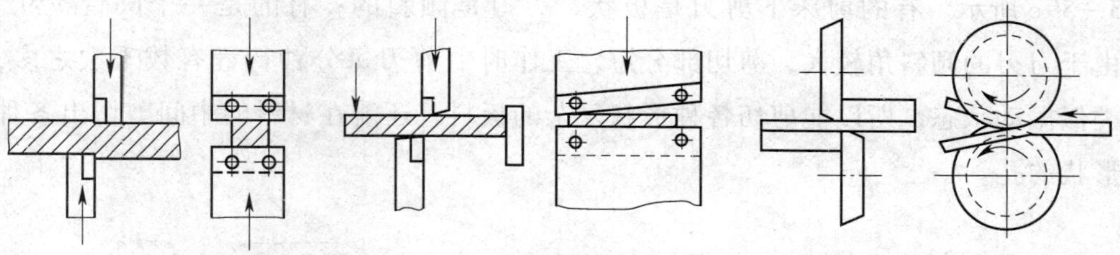

a)　　b)　　c)

图3—58　直线剪床刃口形式

a）平口剪床　b）斜口剪床　c）圆盘剪床

（1）平口剪床

上下剪刃的刃口是平行的，剪切时下剪刃固定，上剪刃做上下运动。这种剪床剪切时剪刃同时与材料接触，受力较大，但剪切时间较短，适宜于剪切窄而厚的条钢。

（2）斜口剪床

斜口剪床的下剪刃在水平位置固定不动，上剪刃倾斜一定的角度做上下运动。剪切时由于刃口逐步与材料接触而发生剪切作用，所以剪切时间较长，但所需要的剪切力比平口剪床小得多，这种剪床适用于剪切长度较长的钢板，因而应用广泛。

（3）圆盘剪床

圆盘剪床的剪切部分是由一对圆形滚刀所组成。剪切时上下滚刀做相反方向转动，材料在滚刀之间，一面剪切，一面在摩擦力作用下送进。如果剪床上只有一对圆滚刀称为单滚刀剪床；由多对滚刀组成的剪床称为多滚刀剪床。圆盘剪床适用于剪切长度很长的条料。它操作方便，生产效率较高，所以应用较广泛。

2. 曲线剪床

曲线剪床按剪刀片形式及结构分为斜置式圆盘剪床和振动式斜口剪床两种。斜置式圆盘剪床又分单斜滚刀和双斜滚刀两种。

（1）斜置式圆盘剪床

斜置式圆盘剪床中单斜滚刀圆盘剪床的下滚刀是倾斜放置的，如图3—59a所示，适用于剪切直线、圆弧线；双斜滚刀圆盘剪床的上下滚刀都是倾斜的，如图3—59b所示，适用于剪切圆、圆环和任意曲线。

（2）振动式斜口剪床

振动式斜口剪床的上剪刃是倾斜的，做上下运动，下剪刃是固定的，如图3—59c所示。有的剪床下剪刃是板状，刃口是倾斜的；有的是一个圆台盘状。由于刀刃的倾斜角较大，剪切部分短，工作时上剪刃每分钟行程有数千次之多，类似振动状态，所以能剪切各种形状复杂的板料，还能在材料的中间剪切出各种形状的孔。

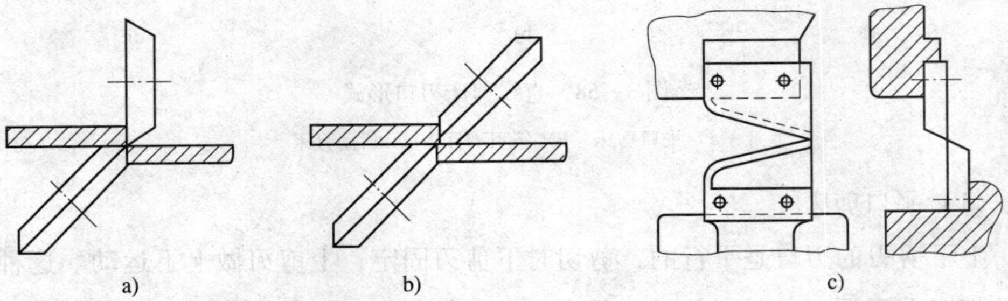

图3—59　曲线剪床剪刃形式

a）单斜滚刀圆盘剪床　b）双斜滚刀圆盘剪床　c）振动式剪床

二、常用剪床及剪切工艺

1. 龙门剪床

龙门剪床是应用最广的一种剪切设备，其刀刃较长，能剪切较宽的板料，剪切厚度由剪床的功率确定。龙门剪床主要用于剪切直线。如图3—60所示为Q11－13×2500型剪切机，型号中Q表示剪切机，11表示剪板机，13表示可剪厚度为 13 mm，2500 表示可剪板宽为 2 500 mm。该剪板机的上刀架是由电动机经两级齿轮减速，带动曲柄轴，通过连杆带动上刀架做上下运动，以完成剪切。

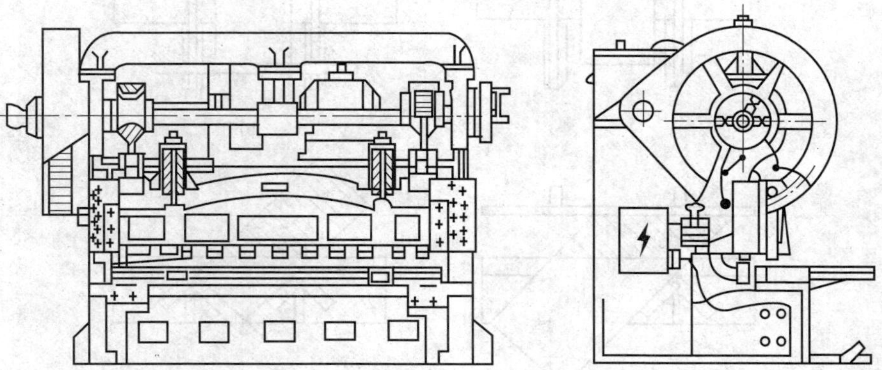

图 3—60　Q11 - 13 × 2500 型剪切机

板料在剪切前必须先压紧，以防剪切过程中板料的移动或翘起，因此剪床上都有压料装置。在剪切短料时，为了获得较大的压紧力，可将板料向右边靠，这样压得较紧。

在剪床的工作台前有两个伸出的悬臂支架，上面开有 T 形槽。如果剪切较多同规格的板料或剪切圆等，可利用该支架安装挡板。在剪刀架的后面也有可调的挡板装置，当剪切的数量较多时，可调节此架定好尺寸，以免重复划线操作，提高生产效率。

2. 龙门剪床的剪切工艺

剪切前要将钢板表面清理干净，划出剪切线，调整钢板使剪切线的两端对准下刃口，控制操纵机构启动剪床，剪刀板向下运动，压料装置压紧钢板进行剪切。

当剪切尺寸相同而数量又较多的钢板时，可利用挡板定位，这样可免去划线工序，剪切时不必对线，只要将钢板靠紧挡板进行剪切，剪切的效率可大大提高。挡板有前挡板、后挡板和角挡板三种，如图 3—61 所示，具体可根据不同的加工情况进行选择。例如坯料是很长的条料，而剪切后零件的长度不长，可选择后挡板，如图 3—61a 所示。坯料从剪床前面送进，操作方便，生产效率高。挡板形式选定后，要调节挡板的位置，使它与下刀刃口的距离等于所需的剪切尺寸，而后试剪切，再根据剪下板料尺寸的误差，调整挡板修正，最后锁定挡板进行大量的剪切。在剪切中要抽样检验，适时调整，以保证质量。

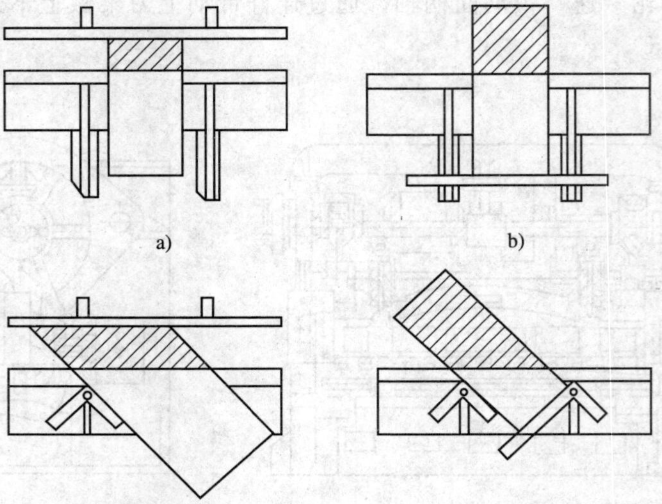

图3—61　挡板形式

a）后挡板　b）前挡板　c）角挡板

当剪切狭长料时，如果压料架压不住板料，可用垫板和压板压紧，如图3—62所示。但必须保证垫块和板料的厚度相等，否则会因压不紧而使板料产生移动，影响剪切的质量。

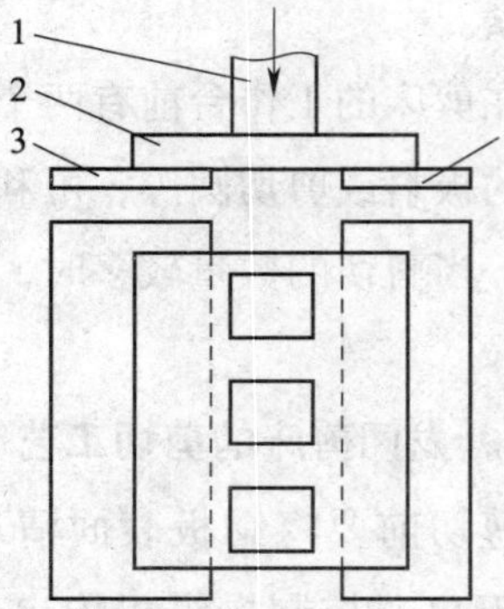

图3—62　利用垫板压紧剪切

1—压柱　2—压脚　3—剪料　4—垫板

3．联合冲剪机

如图3—63所示为QA34—25型联合冲剪机，型号中Q表示剪切机，A表示第一次改进，34表示联合冲剪机，25表示可剪板厚为25 mm。该冲剪机的传动部分在机架的上部，剪切机的一头装有纵向布置的剪刀板，剪刀板长度为350 mm，可进行剪切加工；另一头可装模具进行冲裁加工，中部还能剪切型钢，一机多用，由同一电动机作为动力。该机能剪切圆钢65 mm，角钢150 mm×150 mm×8 mm，方钢55 mm，工字钢300 mm×126 mm×9 mm，T字钢150 mm×150 mm×18 mm，槽钢300 mm×85 mm×7.5 mm；能冲制直径为35 mm的孔。

4．联合冲剪机的剪切工艺

联合冲剪机的剪刀板较短，且没有随刀板而动的压料装置，所以在剪切时板料会发生翻翘、内拉等现象。

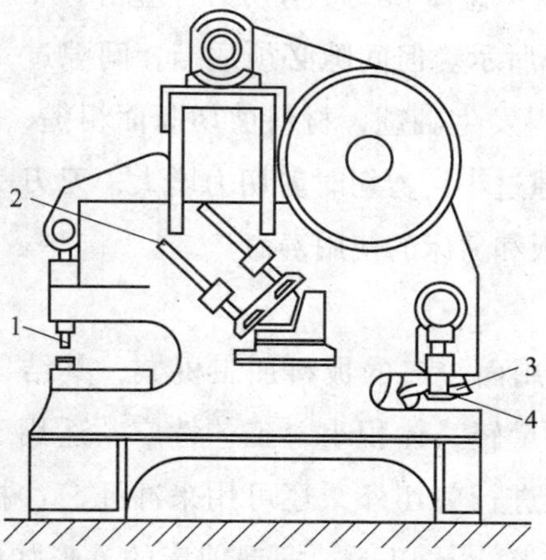

图 3—63　QA34—25 型联合冲剪机

1—冲头　2—型材压柱　3—剪刃　4—压柱

翻翘是指剪切时板料在剪刀板力矩的作用下，发生翻转、翘起的现象，如图 3—64a 所示。翻翘量与板厚有关，板料越厚，翻翘量越大，翻翘不仅影响剪刀板的使用寿命，而且影响剪切质量以及操作者的安全，因此操作时要压住板料，防止翻翘。

内拉是指剪切较长板料时，在剪切力和剪切力矩作用下，板料发生向刀刃内旋转，使实际的剪切切口偏离事先对准的剪切线，如图 3—64b 所示。严重内拉可能造成零件报废，一次剪切的长度越长，力矩越大，则内拉量越多。因此剪切长度较长的板料时，可采用放余量法和逐步剪切法来解决。放余量法是在剪切前根据经验事先放出内拉余量，以抵消剪切时内拉造成的偏差，缺点是剪切口边缘中部有凸起的现象。逐步剪切法是在剪切时缩短剪切长度（减小力矩），每次剪切长度为 10 ~ 30 mm，待被剪下的料卡住下刀板形成一定的反力矩时，再加大剪切长度完成剪切。

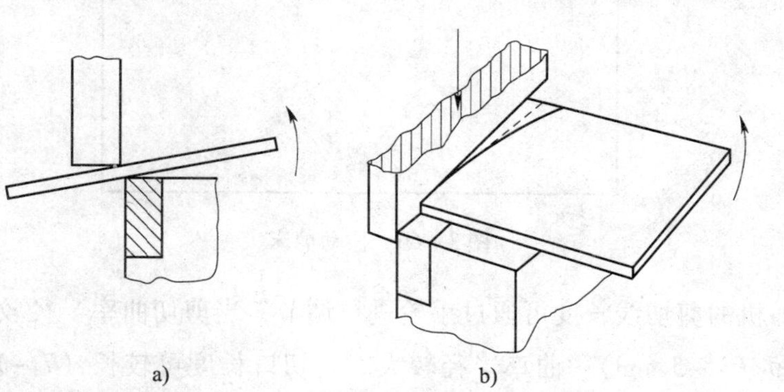

图 3—64　翻翘和内拉现象

a）翻翘　b）内拉

剪床的上下刀刃为避免碰撞和减小剪切力，应留有一定的间隙 s，如图 3—65 所示。但间隙必须适当，间隙过大，在剪切时容易使材料发生翻翘，材料剪切断面粗糙，以致断口形成毛刺；间隙过小，剪切时剪切力增大，刀刃的磨损加快，影响剪刀板和剪床的使用寿命。

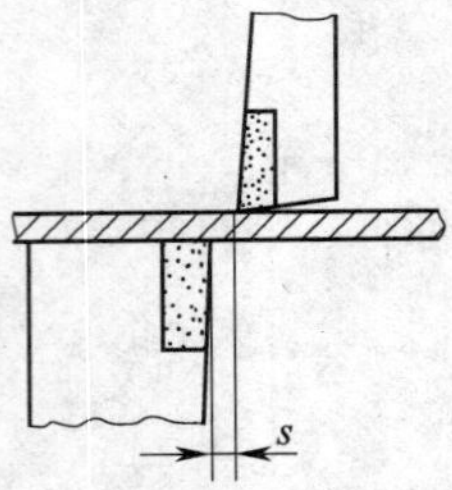

图 3—65　剪刃间隙

5. 振动剪床

振动剪床是一种应用面较广的板料加工机械，其结构简单，容易制造，质量轻，体积小，工艺性广，适用于板料的中小批量和单件生产。该剪床除了能进行剪切外，还可用来冲孔、冲槽、切口、翻边等。被加工的板料厚度一般在 10 mm 以下。振动剪床的外形如图 3—66 所示，它是通过曲柄连杆机构带动刀杆做高速往复运动进行剪切的，行程数由每分钟数百次到数千次不等，刀杆上可装剪刀片或冲头，能沿线或靠模对板料进行逐步剪切或冲压成形。

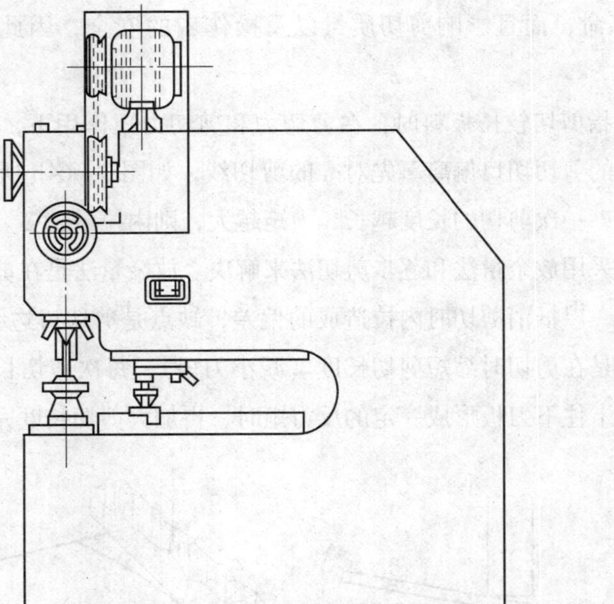
图 3—66　振动剪床

该冲剪机的剪切线长度可通过手轮进行调节，当剪切曲率半径较小时，切口长度应较短（3 ~ 5 mm）；曲率半径较大时，切口长度可较长（7 ~ 10 mm）。如果板料中间需要开孔，只要调节手轮抬高刀板，待板料放入后放下刀板即可进行开孔剪切。

技能要求

方形工件剪切下料

一、操作准备

1. 材料的准备

板料 950 mm × 620 mm × 6 mm，材质 Q235 钢。

2. 设备的准备

本工件确定采用 Q11 - 13 × 2500 型龙门式斜口剪床剪切。其基本构造如图 3—67 所示。

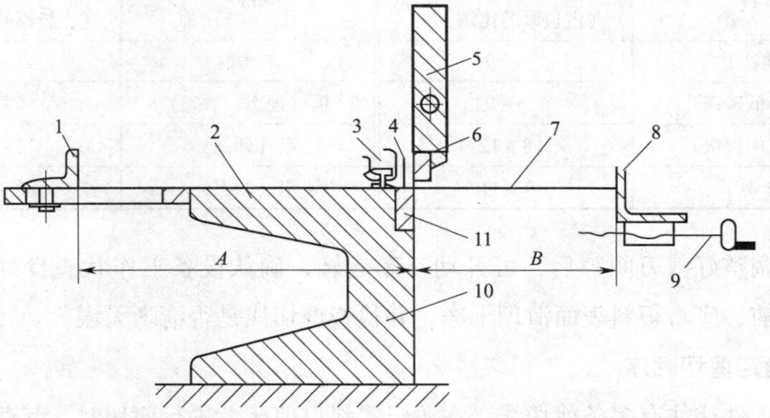

图 3—67　龙门式斜口剪床基本构造

1—前挡板　2—床面　3—压柱　4—栅板　5—剪床滑块

6—上剪刃　7—板料　8—后挡板　9—螺杆　10—床身　11—下剪刃

3. 工具的准备

钢直尺、石笔、90°角尺、划规、样冲、0.75 kg 锤子。

二、操作步骤

1. 根据图样划线

根据图样划线如图 3—68 所示。

2. 调整剪刃间隙

根据剪切材料的性质、厚度，检查并调整剪刃的间隙。若剪床附有剪刃间隙调整数据表，应依据其调整剪刃间隙，否则可参照表 3—1 确定剪刃间隙。

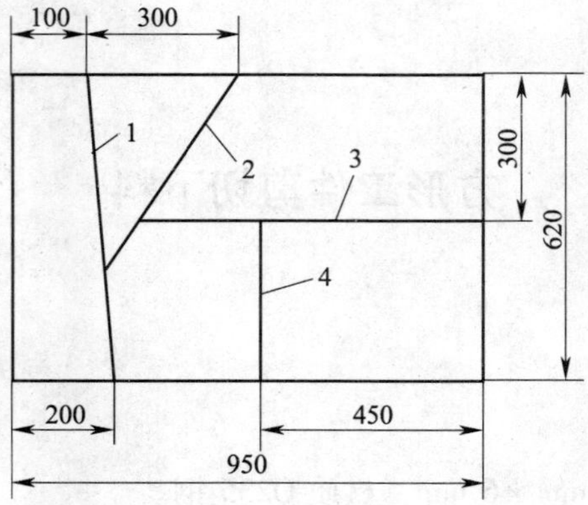

图3—68　剪切工件图

表3—1　剪刃间隙

材料	间隙（占板厚的比例，%）	材料	间隙（占板厚的比例，%）
纯铁	6～9	不锈钢	7～11
软钢（低碳钢）	6～9	铜（硬态、软态）	6～10
硬钢（中碳钢）	8～12	铝（硬态）	6～10
硅钢	7～11	铝（软态）	6～10

检查调整好剪刃间隙后，可开动空车运转，确认设备工作状态良好，方可上料。上料前，应将板料表面清理干净，并检查剪切线是否清晰无误。

3. 确定剪切顺序

剪切工件往往有多条剪切线，在龙门式斜口剪床上进行剪切时，其剪切顺序必须符合“每次剪切都能把板料分成两块”的原则。如图3—68所示为工件的剪切顺序，可按剪切线序号进行剪切。

在龙门式斜口剪床上剪切工件，有多种工件对线定位方法，可灵活运用。为掌握多种对线定位的方法，本工件对线采取以下几种方法：

（1）第一条剪切线，以直接目测对正法或灯影对正法剪切。

（2）第二条剪切线，以角挡板对正法剪切。

（3）第三条剪切线，以后挡板对正法剪切。

（4）第四条剪切线，以前挡板对正法剪切。

4. 按顺序依次剪切

剪切线1：将板料置于剪床床面上，推入剪口，目测剪切线两端，使其对正下剪刃刃口，如图3—69所示。然后，操作者双手撤离剪口至压料板之外，按下或用脚踩下开关，剪断板料。另外，也可利用灯影线进行对线，即在上、下剪刃的正上方，设置两个光源，利用灯光在板面上形成明、暗分界线，调整钢板，使划线恰好与明、暗分界线重合，即表示刃口与剪切线对齐，如图 3—70 所示。

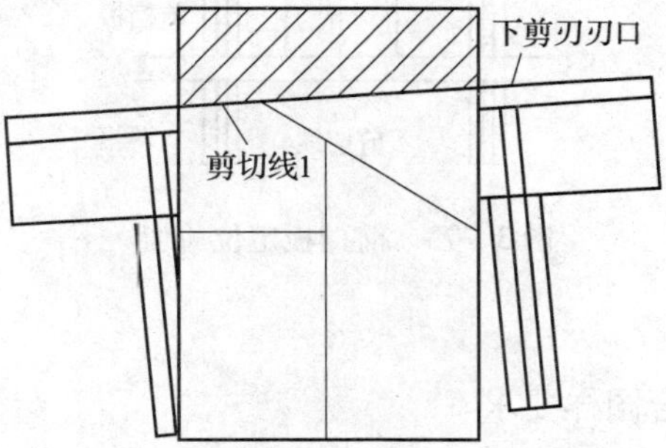

图 3—69　直接目测对正剪切

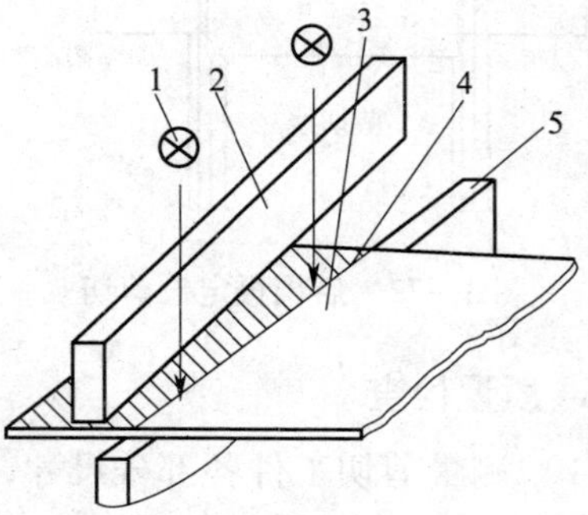

图 3—70　利用灯影线对正剪切

1—光源　2—上剪刃　3—钢板

4—灯影线　5—下剪刃

剪切线 2：调整、固定好角定位挡板，并以挡板为定位基准，将板料在剪床上放好，沿剪切线 2 剪断板料，如图 3—71 所示。

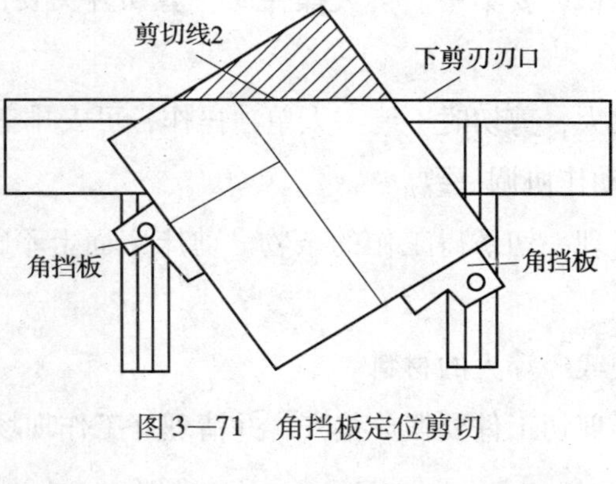

图 3—71　角挡板定位剪切

剪切线 3：以后挡板定位剪切线 3 时，后挡板的位置可通过以下两种方法确定：

（1）钢直尺直接测量，使上下剪口至后挡板面的距离等于欲剪下部分板料的宽度尺寸。后挡板固定后要复检，以确保定位准确。

（2）样板定位法，把与欲剪材料等宽的样板置于下剪刃刃口与后挡板之间，以确定后挡板位置。后挡板位置确定后，即可以其定位，剪断剪切线 3，如图 3—72 所示。

剪切线 4：以前挡板定位剪切线 4 时，确定前挡板位置的方法与确定后挡板位置的方法相同。前挡板定位剪切的情形如图 3—73 所示。

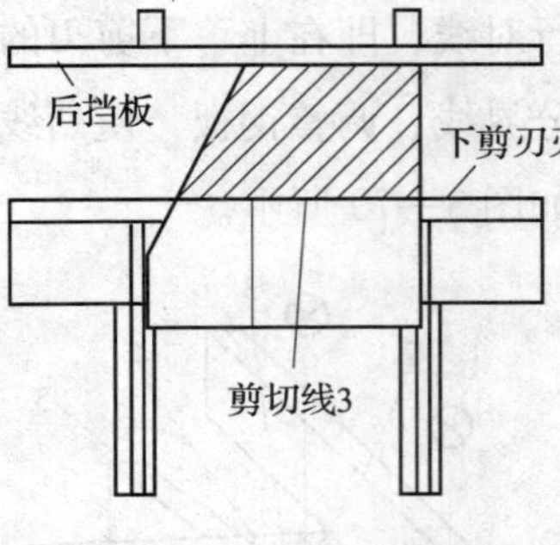

图 3—72　后挡板定位剪切

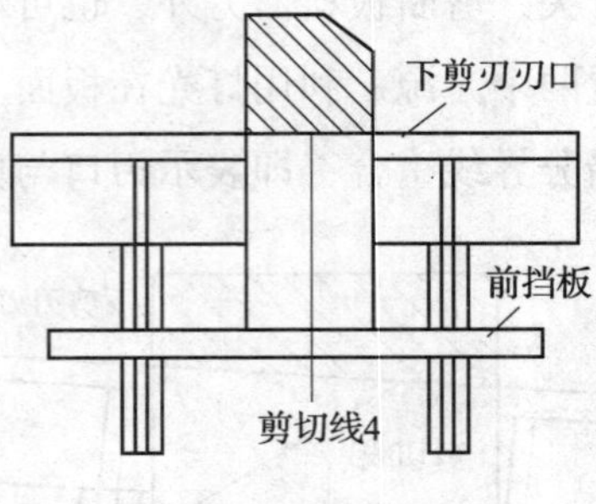

图 3—73　前挡板定位剪切

5. 质量检查

（1）测量剪切工件各部分尺寸，应符合图样要求。

（2）检查板料剪断面质量。

三、安全与注意事项

1. 开动剪床前，对剪床各部分要认真检查，并加注润滑油。启动剪床后，应检查操纵装置及剪床运转状态是否良好，确认正常后，方可使用。

2. 剪切作业中，精力要集中。多人操作时，剪切开关要由专人操纵，严禁把手伸入剪口。

3. 因板料面积较大，剪切时不能一人单独操作，可安排三人配合作业。这时，应指定一人指挥，使动作协调一致。

4. 剪切前，应清理一切妨碍工作的杂物。剪床床面上不得摆放工具、量具及其他物品。

5. 不得剪切过硬或经淬火的材料。

6. 工作完成后，剪切工件要摆放整齐，并清理好工作现场。

学习单元2　冲裁

学习目标

- 熟悉冲裁原理与冲裁工艺
- 能使用冲床冲裁方形、圆形等简单几何形状的工件

知识要求

一、冲裁原理

1. 概述

利用冲模使板料相互分离的工艺称为冲裁。在大批量生产时，采用冲裁分离可以提高生产效率，易于实现机械化和自动化，因而冲裁应用广泛。

冲裁工艺的种类很多，有落料、冲孔、切断、切边、切口、切舌等，如图 3—74 所示。其中以落料、冲孔应用最多。若冲裁时沿封闭曲线以内被分离的材料是零件，称为落料。如图 3—74a 所示；反之，封闭曲线以外的板料作为零件，称为冲孔，如图 3—74b 所示。落料和冲孔的冲裁原理是相同的，但模具工作部分的尺寸是不同的，落料零件尺寸取决于凹模尺寸，而冲孔零件尺寸取决于凸模尺寸。

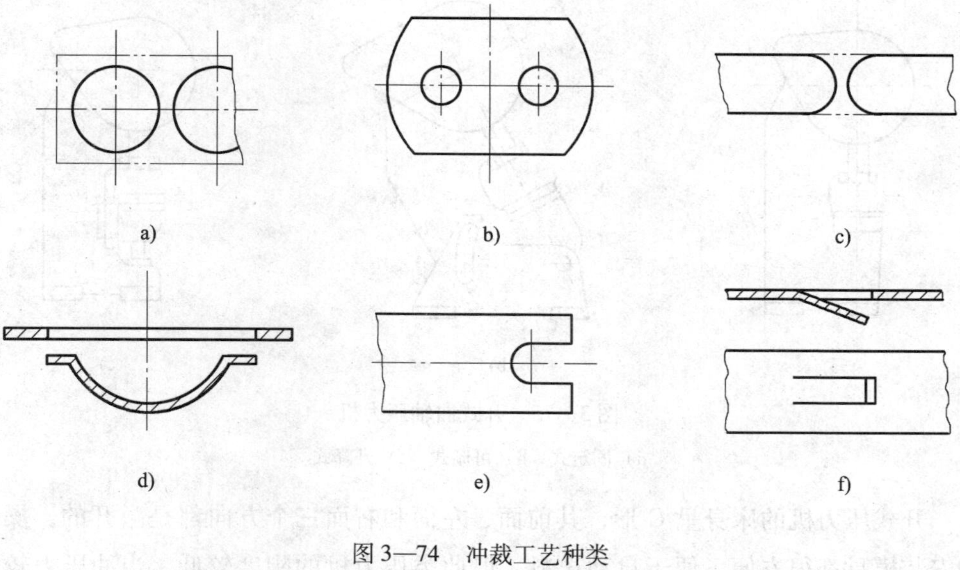

图 3—74　冲裁工艺种类

a）落料　b）冲孔　c）切断　d）切边　e）切口　f）切舌

冲裁可以制成成品零件，也可以为弯曲、压延和成形等工艺准备坯料。

2. 冲裁设备

冲裁是依靠压力机对模具施加外力来完成冲裁工作的，不同的冲压要求，选用压力机的类型也不同。压力机的类型很多，按传动方式分为机械压力机和液压机两大类，其中机械压力机在生产中应用较广。

（1）机械压力机

常用的机械式压力机有曲柄压力机、摩擦压力机等，其中曲柄压力机最常用。曲柄压力机是通用性的压制设备，不但可用于冲裁，还可用于压弯、压延等成形加工。曲柄压力机按滑块行程是否可调分为偏心压力机和曲轴压力机。偏心压力机的行程不大，但可调；曲轴压力机的行程较大，行程为曲轴偏心半径的 2 倍，是不可调节的，但其装模高度是可调的。装模高度是指滑块在下极限点，滑块底面到工作台上垫板平面的高度。调节时，旋转连杆上的螺杆，改变连杆长度，从而改变装模的高度。曲柄压力机按机架形式分开式和闭式两种；按连杆数目分单点式、双点式和四点式等。

1）开式压力机。按其工作台结构分为固定式、可倾式和升降式三种，如图 3—75 所示。固定式压力机的刚度和抗振稳定性好，适用于较大吨位的冲裁；可倾式压力机的工作台可倾斜 20°～30°，冲裁后工件或废料可靠自重沿工作台滑下；升降式压力机适用于模具高度变化的冲压工作。

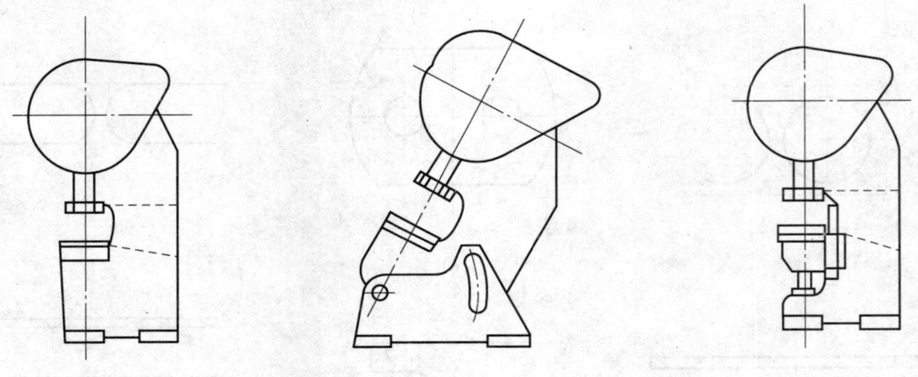

a)　　b)　　c)

图 3—75　开式曲轴压力机

a）固定式　b）可倾式　c）升降式

开式压力机的床身呈 C 形，其前面、左面和右面三个方向都是敞开的，操作和安装模具都很方便，便于自动送料。但此类压力机的刚度较低，当冲压力较大时，床身易变形，影响模具的使用寿命，因此开式压力机的吨位不能太大，一般为 40～4 000 kN，适用于中、小型工件的冲压。

2）闭式压力机。如图 3—76 所示为闭式压力机简图，其床身两侧是封闭的，只能前后送料，操作不如开式压力机方便。但此类压力机刚度好，承受的负荷较均匀，能承受较大的压力。因此闭式压力机的吨位较大，一般为 1 600～20 000 kN，适用于大、中型工件的冲压加工。

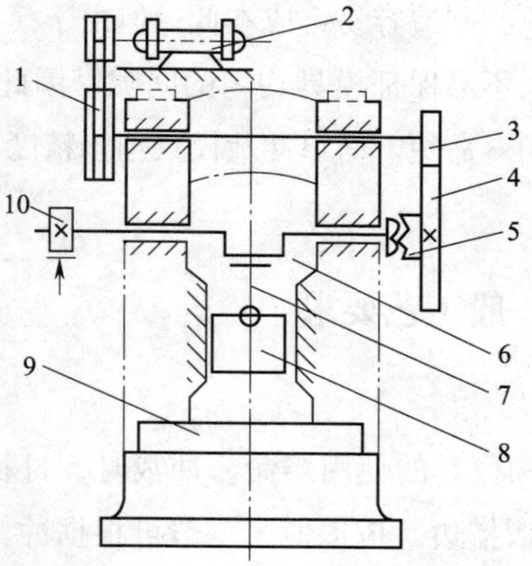

图 3—76　闭式压力机简图

1—带轮　2—电动机　3、4—齿轮　5—离合器　6—曲轴

7—连杆　8—滑块　9—工作　10—制动器

（2）常用的典型冲裁模

冲裁是通过冲裁模来完成的，不同的技术要求、生产条件，需要不同的模具。不同的模具对生产效率、冲裁件的质量及成本等都有直接的影响。

冷作钣金工最常用的是简单冲裁模。简单冲裁模又称单工序模，在冲床每一个行程内只能完成落料、冲孔等一个工序。

如图 3—77 所示为简单冲裁模，是冲制圆形板料的落料模。模具的上模部分由模柄、凸模组成，通过模柄安装在压力机的滑块之上作上下运动。模具的下模部分由刚性卸料板、导料板、凹模、下模座和挡料块组成，用螺钉固定于工作台上。

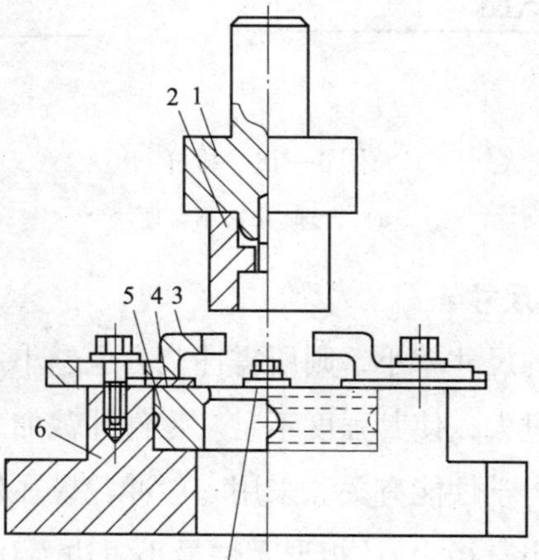

图 3—77　简单冲裁模

1—模柄　2—凸模　3—卸料板　4—导料板

5—凹模　6—下模座　7—挡料块

简单冲裁模结构简单，制造容易，成本低；但由于模具无导向装置，完全依靠压力机滑块的导轨导向，不易保证模具均匀的间隙。因此，冲裁工件的精度较差，模具安装调整麻烦，使用寿命短。简单冲裁模只用于精度要求不高、形状简单、产量不大的冲裁加工。

二、冲裁加工的一般工艺要求

1. 搭边值的确定

为保证冲裁件质量和模具的使用寿命，冲裁时，材料在凸模工作刃口外侧应留有足够的宽度，即所谓搭边。搭边值 a 一般可根据冲裁件的板厚 t 按如下关系选取：

圆形零件　　　　　$a \geqslant 0.7t$

方形零件　　　　　$a \geqslant 0.8t$

2. 合理排样

冲裁加工时的合理排样是降低生产成本的有效途径。合理排样是在保证必要搭边值的前提下，尽量减少废料，最大限度地提高原材料的利用率，如图3—78所示。

冲裁件的具体排样方法应根据冲裁件形状、尺寸和材料规格灵活考虑。

图3—78　排样

a）合理　b）不合理

3. 可能冲裁的最小尺寸

零件冲裁加工部分的尺寸越小，则所需冲裁力也越小。但尺寸过小时，将造成凸模单位面积上的压力过大，使其强度不足。零件冲裁加工部分的最小尺寸与零件的形状、板厚及材料的力学性能有关。采用一般冲裁模在软钢料上所能冲出的最小尺寸如下：圆形零件最小直径为 t；矩形零件最小短边为 $0.8t$；方形零件最小边长为 $0.9t$；长圆形零件两直边最小距离为 $0.9t$。

技能要求 1

长方形件冲裁

一、操作准备

1. 材料的准备

板料 130 mm×100 mm×5 mm，材质 Q235 钢，冲裁工件图如图 3—79 所示。

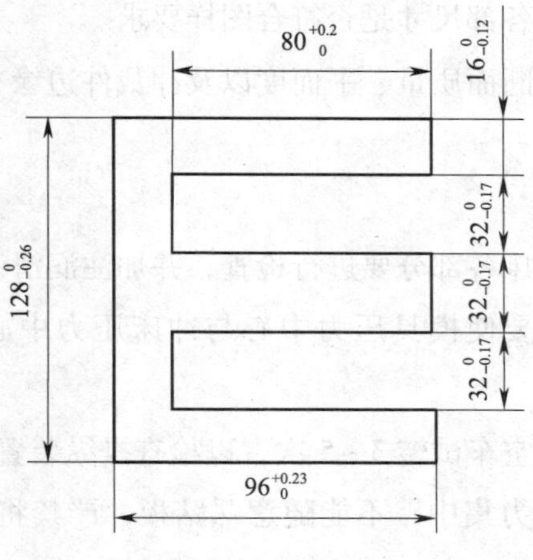

图 3—79　冲裁工件图

2. 设备、工具的准备

压力机、钢卷尺、钢直尺、90°角尺、划针（或石笔）、0.5 kg 锤子、活扳手。

3. 模具的准备

方形件冲裁模。

二、操作步骤

1. 安装冲裁模具

（1）首先检查冲床的运转是否正常，模具是否完好无损。将冲床滑块停在上止点，并将冲床与所安装模具的接触面擦干净。

（2）将合在一起的上下模吊放在冲床的工作台上，推至冲床滑块下面，转动飞轮使冲床滑块下行，移动模具使上模柄对准滑块上的模柄孔，继续转动飞轮使模柄进入柄孔内，直至滑块底面紧贴上模板的上平面，然后拧紧固定螺栓，将上模固定。

（3）检查模具下模板底平面与工作台面的贴合情况，无误后固定下模。

（4）根据模具所要求的凸模进入凹模的深度，调节闭合高度，合适后拧紧固定，然后空冲或试冲，复查安装是否准确稳固。

2. 启动设备，手工送料

3. 长方形件冲裁

（1）矫正板料并清理表面。

（2）按图样要求在板料上排样划线，进行排样的基本要求是在保证必要的搭边值的前提下，尽量减小废料，以提高材料的利用率。

（3）冲裁时应先试冲几块，经检查规格尺寸合格后，再正式连续冲裁。

4. 冲裁质量检查

（1）测量冲裁件的各部尺寸是否符合图样要求。

（2）检查冲裁件的断面质量、平面度以及冲裁件边缘有无毛刺等。

三、注意事项

（1）使用前，对冲床各部分要进行检查，并加注润滑油。

（2）安装模具时，要使模具压力中心与冲床压力中心相吻合，且要保证凸、凹模间隙均匀。

（3）启动开关后，空车试转3~5次，以检查操纵装置及运转状态是否正常。

（4）冲裁时，要精力集中，不能随意踩踏板，严禁将手伸向模具间或头部接触滑块，以免发生事故。

（5）不能冲裁过硬或经淬火的材料。冲床绝不允许超载工作。

（6）长时间冲裁，要注意检查模具有无松动，间隙是否均匀。

（7）停止冲裁后，须切断电源或锁上保险开关。冲裁出的零件及边角余料应及时运走，保持冲床周围无工作障碍物。

技能要求2

圆形零件冲裁

一、操作准备

1. 材料的准备

板料50 mm×30 mm×5 mm，材质Q235钢。

2. 设备、工具的准备

压力机、钢直尺、90°角尺、划规、划针（或石笔）、0.5 kg 锤子、活扳手。

3. 模具的准备

圆形件冲裁模。

二、操作步骤

1. 安装冲裁模具

以图 3—80 所示的工件为例，介绍在联合冲剪机上冲孔的一般操作过程。

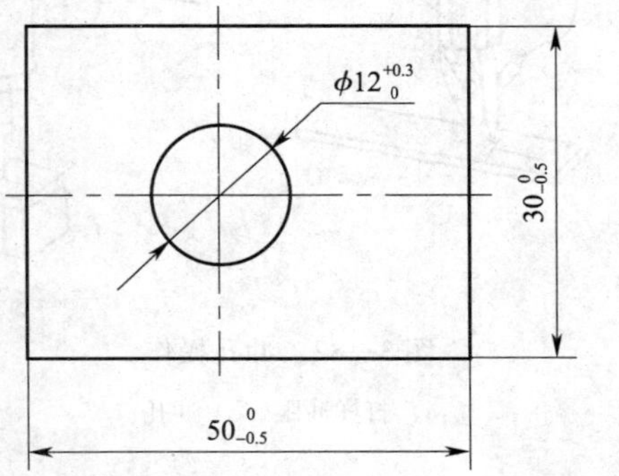

图 3—80　冲裁件图

根据工艺要求，按孔的大小选择冲孔模。用活扳手松开上冲头的紧固螺钉，将选择好的冲孔模放入座孔内，拧紧螺钉，安装好冲头，如图 3—81a 所示。安装下冲模时，用活扳手松开下冲模螺钉，将方形下冲模装入模座内，拧紧模座两边的四个螺钉即可，如图 3—81b 所示。安装好上、下模后，用左手顺时针操纵左上方手柄，压下上冲头，检查上下模装配是否对准。

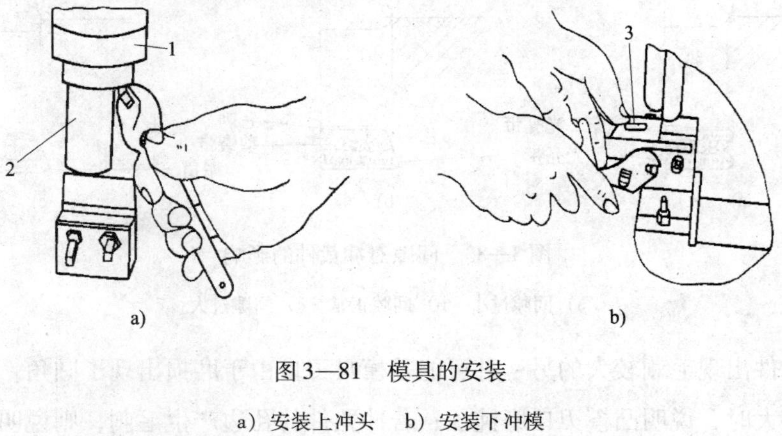

图 3—81　模具的安装

a）安装上冲头　b）安装下冲模

1—上冲头　2—冲孔模　3—下冲模

2. 启动设备，手工送料冲裁

用划针、钢直尺、90°角尺在工件上划出孔的位置线，并打上样冲眼（见图3—82a）。将工件送入冲孔模座，左手扳动左上方手柄，将上冲头的顶尖对准工件上的样冲眼，按下启动按钮，向下扳动手柄或向下踩脚踏开关，进行冲孔（见图3—82b）。冲裁完毕，按下停机按钮，关好配电柜开关，清理场地。

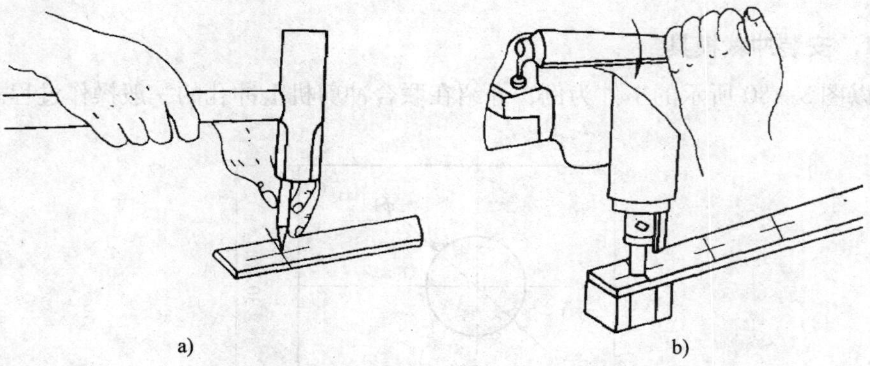

图3—82　冲孔操作

a）打样冲眼　b）冲孔

3. 冲裁质量检查

冲裁件质量的好坏，直接反映了模具间隙的大小。间隙过小，冲裁件边缘会形成两个光亮带；间隙过大，冲裁件边缘毛刺大，塌角及斜度较大。只有在模具间隙正常时，才能使冲裁件边缘平整，得到较高的尺寸精度，还能降低冲裁力，延长模具的使用寿命。图3—83反映了间隙对冲裁件的影响。

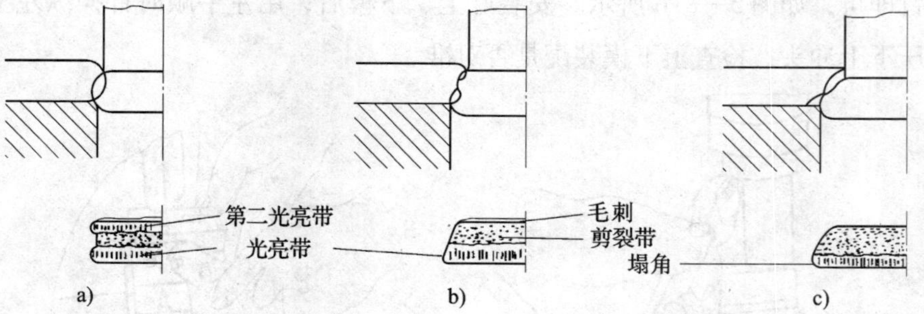

图3—83　间隙对冲裁件的影响

a）间隙过小　b）间隙正常　c）间隙过大

冲裁件出现毛刺较大的另一种可能是模具刃口由于磨损出现了圆角。当落料件上毛刺较大时，说明凸模刃口磨钝了；若冲孔件的孔边产生毛刺，则说明凹模刃口被磨钝了。凸模、凹模刃口都磨钝了，则落料、冲孔都会出现毛刺和挠曲。

为避免上述情况的发生，在实际操作中应注意调整模具的合理间隙和模具刃口的锋利，才能确保冲裁件的质量。

三、注意事项

1．开始工作前，冲压操作者应把设备和工作场地加以检查、整理。检查冲裁模是否干净，检查冲裁模紧固情况和压力机上的固定情况。检查材料厚度及表面清洁情况、压力机润滑情况，并准备好储料箱，同时把条料安放好，以利于取料。

2．操作者在工作时，须严格按工艺规程操作。工作时应精神集中，谨慎操作。首先必须经过检测，第一件成品合格后再进行冲压。在冲压过程中，还应随时抽检，并注意不得一次同时冲两个或几个工件。当发生故障时，应立即停车，认真检查。

3．操作完毕后，首先应关闭电源开关，擦净设备和冲模，在冲裁模工作部分涂上机油，妥善保管。

学习单元 3　砂轮切割机切割

学习目标

➤ 了解砂轮切割机切割方法

➤ 能使用砂轮切割机切割材料

知识要求

一、砂轮切割机切割原理及构造简介

砂轮切割是利用砂轮片高速旋转与工件摩擦产生热量，使工件熔化而形成割缝。砂轮切割效率高，操作简便，因而广泛用于切割角钢、槽钢、扁钢、钢管等型材，尤其适用于切割不锈钢、轴承钢等各种合金钢。

如图 3—84 所示为应用广泛的可移动式砂轮切割机，它由切割动力头、可转夹钳、中心调整机构和底座等组成。通常使用的砂轮片直径为 300 ~ 400 mm，厚度为

3 mm，砂轮转速达 2 900 r/min。为防止砂轮破裂，采用有纤维的增强砂轮片。整个动力头和砂轮中心可根据切割需要进行调节和旋转，其旋转可通过手柄来实现，手柄上还装有开关，用以控制电动机的运行。

图 3—84　可移动式砂轮切割机

1—可转夹钳　2—底座　3—中心调整机构

4—切割动力头　5—开关　6—砂轮片

可转夹钳根据切割需要，可调节其与砂轮主轴的夹角（0° ~45°）。调整时，只要松开内六角螺钉，拔出定位销，钳口就能以支点螺钉为圆心旋转到所需要的角度。在底座下装有四个滚轮，方便砂轮切割机移动。

二、砂轮切割机切割工艺

砂轮切割时，将型材装在可转夹钳上并夹紧，打开手柄上的开关驱动电动机，通过带传动，砂轮片做高速旋转，待砂轮转速达到稳定时，操纵手柄进行切割。开始切割时，由于砂轮与型材处在磨削状态，因摩擦热升高的温度还未达到材料的熔点，这时用力不能过猛，否则极易造成砂轮崩裂而酿成事故。待温度到达熔点后，再匀速进给，便可完成切割。

当切口为斜口时，只要将可转夹钳转过与斜口要求相符的角度，旋紧定位螺钉固定，然后再夹紧材料切割即可。

砂轮切割后，其断面边缘有毛刺，应采用锉削、錾削等方法予以去除。

技能要求

钢管件切割

一、操作准备

1. 材料的准备

ϕ108 mm 钢管，材质为 Q235 钢。

2. 设备的准备

砂轮切割机。

二、操作步骤

1. 按尺寸要求划出切割线

用矩形黄板纸做样板，在钢管外壁划出切割线，切割线间距 20 mm。

2. 对线、切割

先在被切割的管子表面划出切割线，然后把管子插入夹钳并夹紧。对准切割线，按住开关开始切割。

3. 质量检查

（1）检查端面是否与管壁垂直。

（2）切断端面是否光滑。

（3）及时清除端面毛刺，保证切割质量。

三、注意事项

1. 操作时戴好护目镜，穿好紧袖口工作服。

2. 切割时握紧手柄，压住按钮开关将电源接通，稍加用力压下砂轮片，即可进行切割。

3. 砂轮片一定要正转（顺时针旋转），切勿反转，以防砂轮片飞出伤人。

4. 松开手柄按钮即可切断电源，停止切割回到原位。

5. 在操作过程中不得松开按钮，操作者的身体不得对准砂轮片，以防事故发生。

第 4 章

成 形

第 1 节 板材手工成形

学习目标

- 了解板材手工弯曲的特点
- 掌握手工弯曲成形工艺
- 能对薄板进行折角、柱面、圆锥面等弯曲成形

知识要求

一、弯曲成形的概念

把平板毛坯、型材、管材等弯成一定的曲率、角度，从而形成一定形状的零件，这样的加工方法称为弯曲成形。

弯曲成形在金属结构制造中应用很多。它可以在常温下进行，也可以在材料加热后进行，但大多数的弯曲成形是在常温下进行的。

二、板材手工弯曲的特点

1. 板材弯曲若采用手工弯曲方式，通常是指对薄板进行的加工。

2. 当板材较薄时，板材的刚度低，所以进行弯曲加工通常不需要很大的弯曲力。因此，板料的手工弯曲多采取冷加工的方法。

3. 板材弯曲件成形面积往往较大，难以采用整体成形胎模，为了省力，一般用自由弯曲模进行手工弯曲。这样，就需要在弯曲过程中及时地进行测量，以保证成形质量。

4. 板材弯曲往往要求较高的表面质量，因此，弯曲过程中要采取相应的工艺措施和加工工具。例如，板厚很小的板材在进行手工弯曲时，应使用硬度较小的软金属锤或木锤。

三、板材常用手工弯曲成形工艺

板材的手工弯曲主要有两种形式：一种是折角弯曲，另一种是圆弧曲面弯曲。

1. 板材的手工折角弯曲

薄钢板手工折角弯曲时，首先应在薄钢板需要折弯处划出折弯线，然后将薄钢板放在槽钢或带有棱角的方铁上，使所划的弯曲线与槽钢或方铁的棱角对齐，并用夹具将板料夹紧。弯曲时，首先用木锤或锤子把板料两端敲弯成一定的角度，以便定位，然后再一锤挨着一锤沿着折弯线顺次将板料全部敲弯成形。

若折角弯曲的零件尺寸不大时，也可直接在台虎钳上弯制。

2. 圆弧形零件的手工弯曲

手工弯曲圆弧形零件主要有两种情况，一种是弯曲柱面，另一种是弯曲锥面，但不论是柱面还是锥面其弯曲工艺基本是一致的。具体操作方法如下：

（1）首先在板料上划出若干条等分素线，作为锤击基准。

（2）预弯板料两端，预弯的曲率半径应比零件的曲率半径略小为好。

（3）弯曲板料中间部分，并用样板检查成形质量。

（4）将弯曲好的板料进行装配、焊接，最后进行矫圆。

技能要求 1

板料折角弯曲

一、操作准备

1. 材料的准备

（1）弯曲工件图如图 4—1 所示。

（2）计算料长

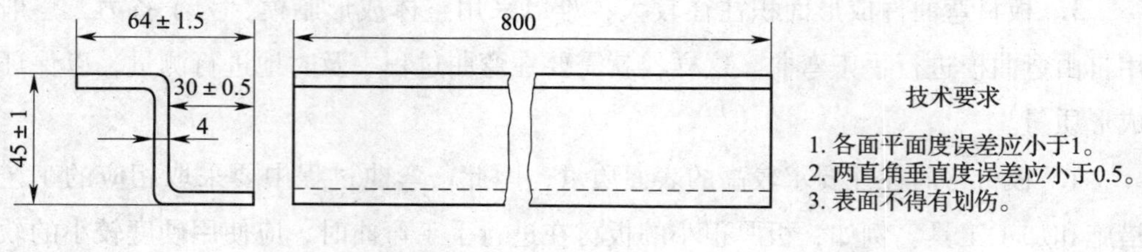

图 4—1　板料折角弯曲件

$L = 30 \times 2 + (45 - 4 \times 2) = 97$（mm）

（3）下料

1）划线。划出尺寸为 800 mm × 97 mm，板厚为 4 mm 的一矩形板料。

2）下料。利用剪板机进行下料。

2. 工具和用具的准备

准备平台、压铁、规铁（压铁、规铁均可用厚钢板制成，棱角与弯曲件角度相同），以及大锤、平锤、锤子等工具和用具。

二、操作步骤

1. 根据图样要求划出折弯线

按照图样要求，划出两条折弯线，需要注意的是，这两条折弯线不应分布在同一平面上。

2. 工件对线并夹紧

将板料放在平台规铁上，上面放置压铁，用羊角卡卡紧（见图 4—2）。注意必须使板料的弯曲线与规铁、压铁的棱边重合。

3. 锤击板料两端

锤击板料两端，使之首先弯成一定角度，以便定位（见图 4—3）。这样，板料在以后的连续锤击中将不会错位。

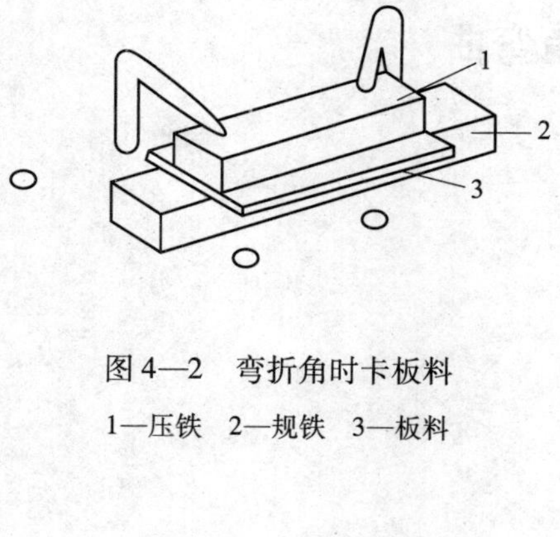

图 4—2　弯折角时卡板料

1—压铁　2—规铁　3—板料

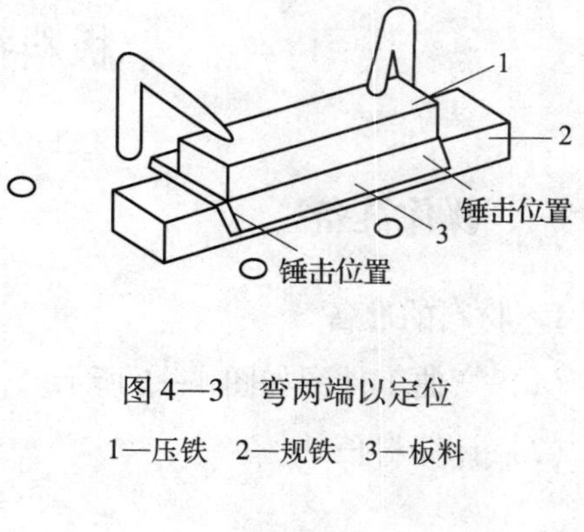

图 4—3　弯两端以定位

1—压铁　2—规铁　3—板料

4．从一端向另一端移动锤击

从一端开始，一点挨着一点地向另一端移动锤击。锤击力不可过重，要求的弯曲角度要分多次锤击而成，以免造成板料局部拉伤或产生过度伸长变形。在锤击过程中，要注意随时敲紧羊角卡使其不能松动。图 4—4 所示为锤击位置及方式。

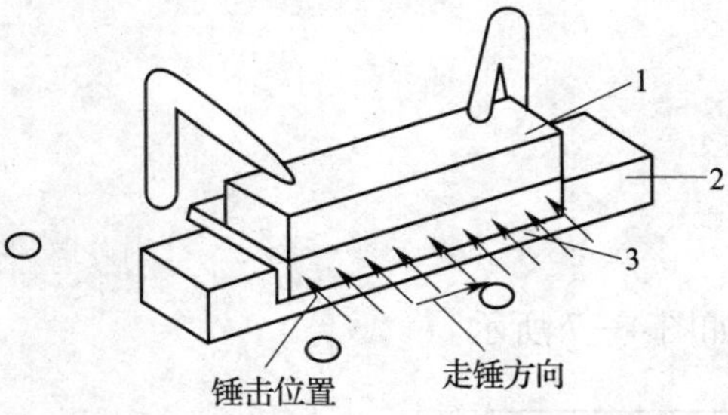

图 4—4　连续锤击弯曲

1—压铁　2—规铁　3—板料

5．垫上平锤，再敲击一遍

角度基本达到弯曲要求后，应垫上平锤再敲击一遍，使工件更加平直。第一折角弯成后，翻转工件，再按上述方法弯曲第二折角。

6．成形质量检查

工件弯曲成形后，要按技术要求检查弯曲件的质量。

（1）将钢直尺立放在工件表面上，检查工件各面的平面度（见图 4—5）。

（2）用样板检查工件的角度（见图 4—6）。

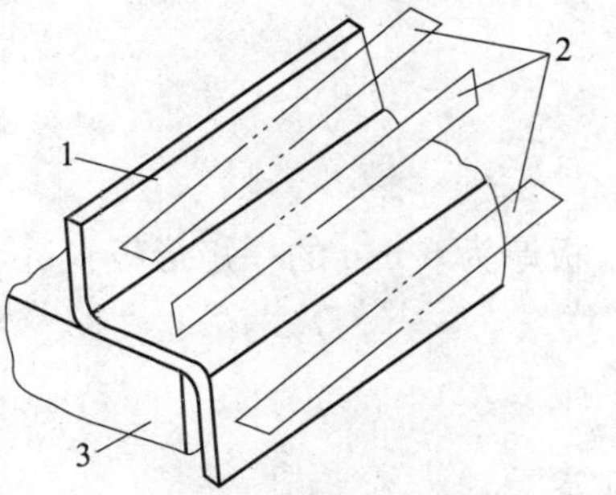

图 4—5　检查工件平面度

1—工件　2—钢直尺　3—平台

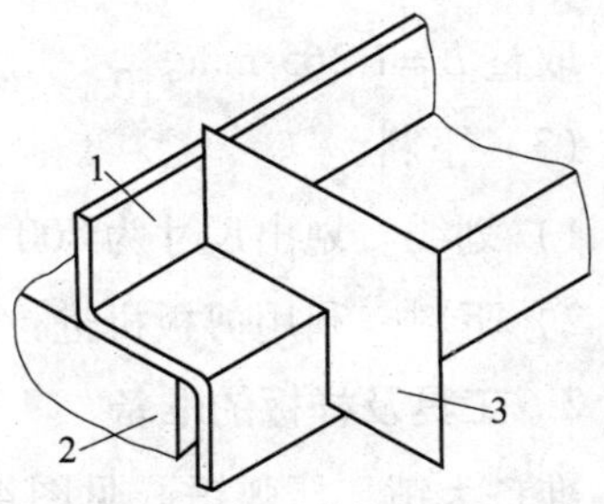

图 4—6　检查工件角度

1—工件　2—平台　3—样板

三、注意事项

板材折角弯曲时，若羊角卡的夹紧力较大，可使板料的圆角半径减小，棱线平直而明显，弯曲质量好。所以在进行板料手工折角弯曲时，应尽量提高羊角卡的夹紧力，并保证羊角卡在弯曲过程中不能有松动的现象。

技能要求 2

板料柱面弯曲

一、操作准备

1. 材料的准备

（1）弯曲工件图如图 4—7 所示。

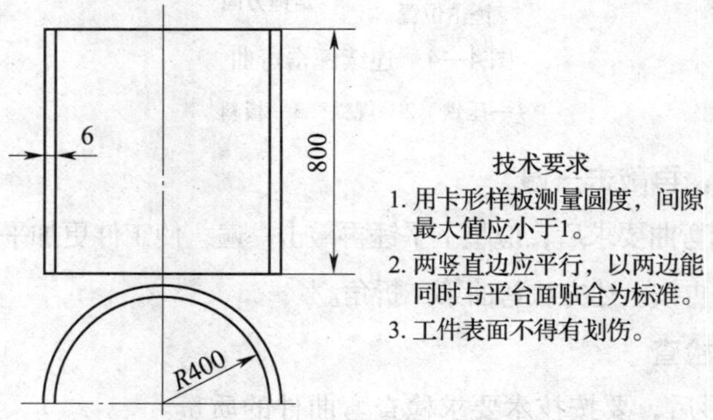

图 4—7　弯制柱面工件

（2）计算料长

$L=（400+6/2）×3.14=1\ 265.42$（mm）。

取整 $L=1\ 265$ mm。

（3）下料

1）划线。划出尺寸为 800 mm × 1 265 mm，板厚为 6 mm 的一矩形板料。

2）下料。利用剪板机进行下料。

2. 工具及样板的准备

准备大锤、压弧锤（见图 4—8）、卡形样板等。

3. 胎具的制作

制作弯曲胎具（见图 4—9），胎具上的两圆钢应相互平行，中间间隔距离应根据所弯柱面的直径大小确定。

二、操作步骤

1. 弯曲工艺分析

柱面的几何特征是表面素线相互平行。因此，为了加工出合格的工件，弯制柱面过程中，压弧锤应始终准确地沿素线移动，同时胎具与坯料的接触线也应与素线平行。手工弯制柱面的操作顺序是：先弯板料两端，再弯中间部分。

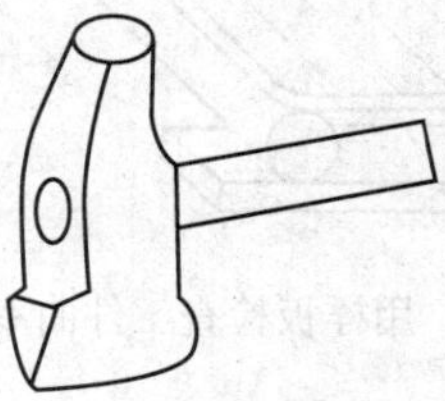

图 4—8　压弧锤

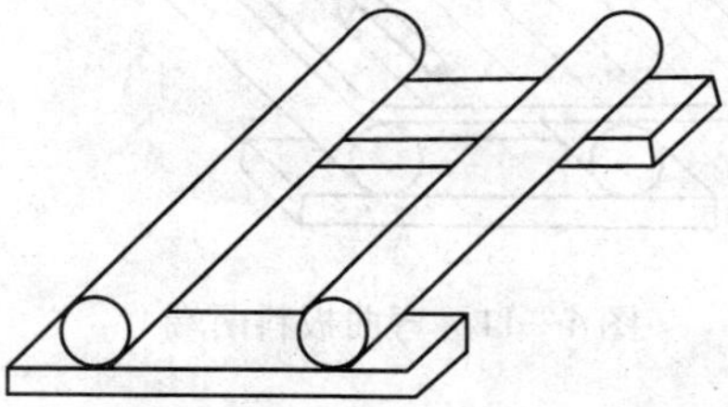

图 4—9　弯制柱面的胎具

2. 划出柱面的若干等分素线

在板料上划出柱面的若干等分素线，作为弯曲时的锤压基准，同时将整个板料按加工顺序分为三个区域（见图 4—10）。

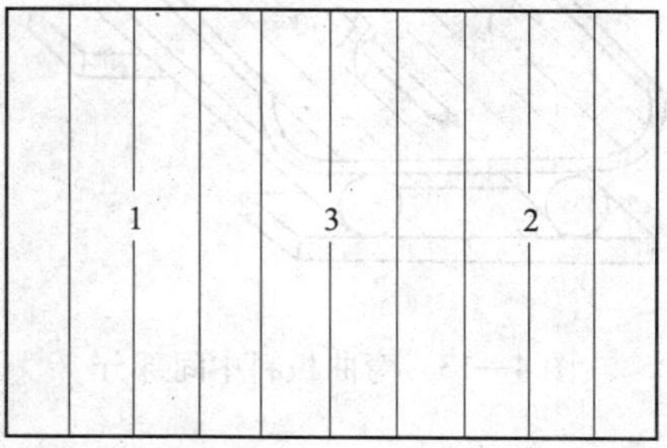

图 4—10　在板料上划弯曲线

3. 弯曲板料两端

先弯曲区域 1、2，这时应将压弧锤靠近胎具上的圆钢（见图 4—11），这样可使板料端部无直边段而成形较好。还要注意：在弯曲过程中，压弧锤应始终沿柱面的素线位置压下，并要交错排列，以保证工件既不会产生歪扭现象，又能形成光滑的表面。

弯曲时，要经常用样板检查工件的曲率，以指导弯曲工作，直至端部曲率符合要求。用样板检查工件的曲率时，样板应与工件表面垂直，以保证测量精度（见图 4—12）。同时，还要通过目测（或其他方法），检查弯曲件两端边棱是否平行，以此来判断工件有无扭曲，以便及时纠正。

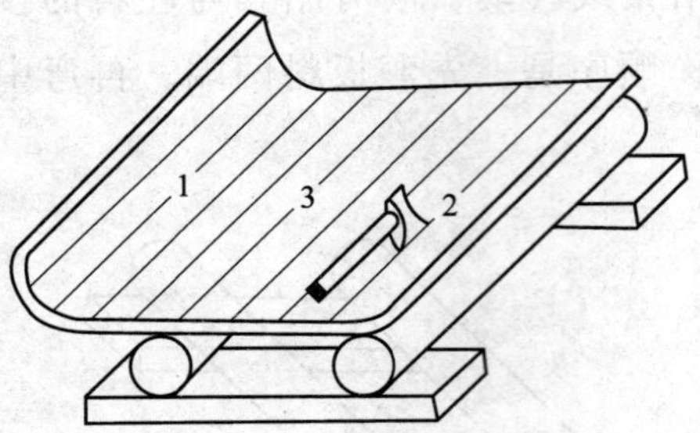

图4—11　弯曲板料两端

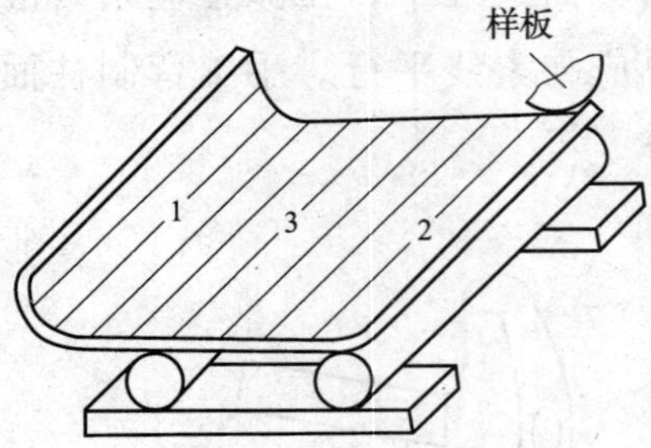

图4—12　用样板检查工件曲率

4. 弯曲板料中间部分

中间部分即区域3。这时，为获得较大的弯曲力，以提高工作效率，应使板料每次被压的部位置于两圆钢间的中线位置上（见图4—13）。

弯曲板料中间部分时，要不时地检测工件曲率和控制扭曲情况。

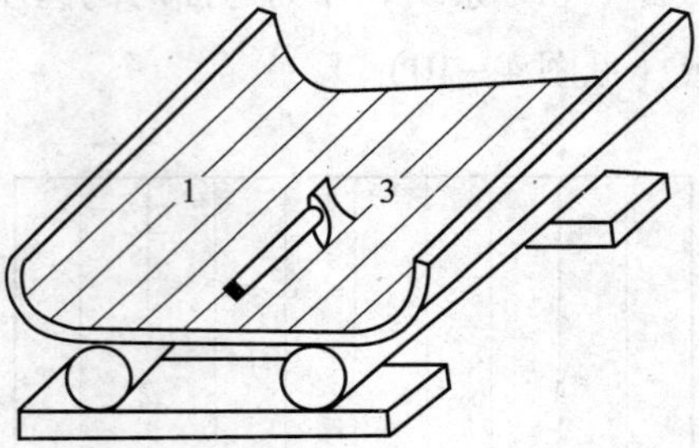

图4—13　弯曲板料中间部分

5. 成形质量检查

（1）用卡形样板沿柱面上下边沿检查整个工件曲率，若发现不合格处，要进行修正。

（2）将工件扣放在平台上，检查其两竖直边是否平行（见图4—14）。若工件的两竖直边与平台接触无缝隙，说明其平行；否则，表明有误差，要进行修正。若工件上下口曲率已经合格，工件两竖直边仍不平行，则一定是工件有扭曲，此时应修正扭曲。

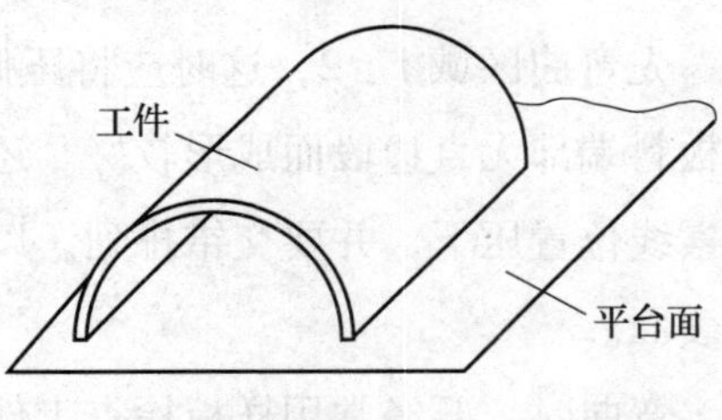

图4—14　工件两竖直边平行度检查

三、注意事项

1. 为保证圆柱面的表面质量，使之能形成光滑的圆柱表面，压弧锤的压下位置一定要交错排列。

2．弯曲时，要经常用样板检查工件的曲率并判断工件有无扭曲。若有扭曲现象，应及时调整压弧锤的压下方向来进行修正。

技能要求 3

板料圆锥面弯曲

一、锥面弯曲工件图

弯曲工件如图 4—15 所示。

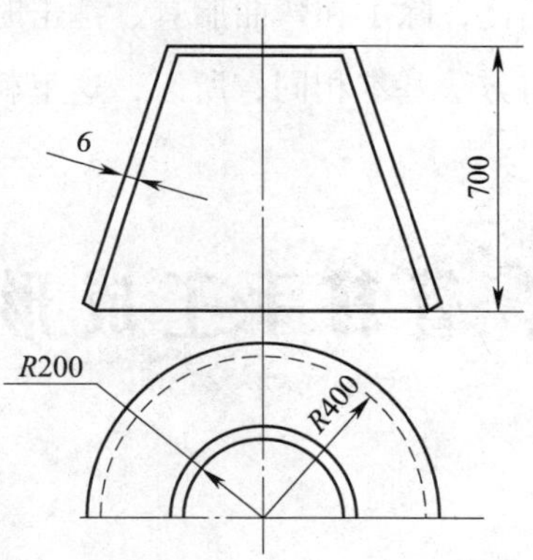

技术要求

1. 用卡形样板测量圆度，间隙最大值应小于1。
2. 两立边应能同时与平台面贴合。
3. 表面不得有划伤。

图 4—15　锥面弯曲工件

二、锥面弯曲工艺分析

板材弯曲锥面，需要在胎具上完成。由于锥面的几何特征是表面所有的素线相交于一点（或素线延长线相交），而且沿素线各点位置的工件曲率是不同的，因此，锥面弯制工艺特点如下：

1．胎具上的两圆钢应成一定锥度放置，锥度的大小可与工件的锥度相近，以保证胎具与工件基本在素线位置接触。

2．弯曲前需在板料上划出一定数量的锥面表面素线，并在弯曲过程中使压弧锤能始终沿锥面素线移动。

3．为使锥面素线上的各点能形成不同的曲率，弯曲时，锤击力应随各点曲率不同而应有均匀变化。

4．要准备锥面大、小口两个卡形样板，以便在弯曲过程中分别检查工件大、小口的曲率。

5．锥面弯制也要按先两端再中间的顺序进行，如图4—16所示。

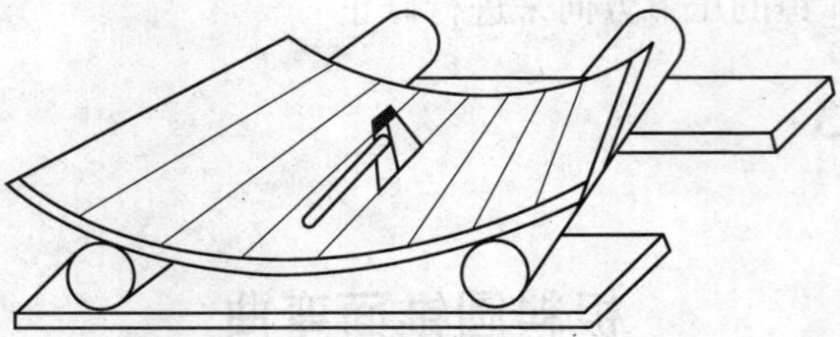

图4—16　锥面弯制

三、操作步骤

锥面的弯曲步骤和方法与柱面弯曲相比，除了在弯曲胎具、锤击时的锤击力等方面不同外，其他方面与柱面弯曲步骤与方法基本相同，所以，这里就不再赘述。

第2节　型材、管材手工成形

学习目标

- 了解热弯曲成形的加热方法与温度控制
- 熟悉防止型钢弯曲成形产生废品的措施
- 能对型钢、钢管进行手工成形

知识要求

一、热弯曲成形的加热方法与温度控制

1．热弯曲成形的加热方法

（1）热弯曲成形的概念

把钢材加热到一定温度后进行弯曲成形的加工方法，称为热弯曲成形。

（2）热弯曲成形的加热方法

热弯曲成形加工，常用的有两种加热方法：一是利用氧—乙炔焰进行局部加

热，这种方法操作简便，但是加热面积较小，效率低；二是利用焦炭炉进行加热，虽然没有前一种加热方法简便，但是加热面积很大，并且可以根据工件的大小来决定焦炭炉的大小。

（3）热弯曲成形的应用

当钢材的强度、硬度、刚度较高，常温下成形有困难或要求弯曲成形半径较小时，才应用热弯曲成形工艺。

2. 热弯曲成形的加热温度控制

热弯曲成形需要在材料的再结晶温度之上进行，钢材的化学成分对确定加热温度影响很大。不同化学成分的钢材，其再结晶温度也不同，特别当钢中含有微量的合金元素时，会使其再结晶温度显著提高。不同化学成分的钢材，对加热温度范围还往往有其特殊的要求。例如，普通碳钢在 250 ~ 350℃ 和 500 ~ 600℃ 这两个温度范围内，韧性明显下降，不利于弯曲成形；奥氏体不锈钢在 450 ~ 800℃ 温度范围内加热会产生晶间腐蚀敏感性。因此，在确定钢材的热弯曲成形温度时，必须充分考虑钢材化学成分的影响。

钢材的加热温度规范，一般在技术文件中会有规定。表 4—1 为常用材料的热弯曲成形温度，可作为参考。

表 4—1　　常用材料的热弯曲成形温度　　℃

材料牌号	加热	终止（不低于）
Q235A、15、20、	900 ~ 1 050	700
16Mn、16MnR、15MnV、15MnVR	950 ~ 1 050	750
15MnTi、14MnMoV	950 ~ 1 050	750
18MoMnNb、15MnVN	950 ~ 1 050	750
15MnVNRe	950 ~ 1 050	750
Cr5Mo、12CrMo、15CrMo	900 ~ 1 000	750
14MnMoVBRe	1 050 ~ 1 100	850
12MnCrNiMoVCu	1 050 ~ 1 100	850
14MnMoNbB	1 000 ~ 1 100	750
0Cr13 、1Cr13	1 000 ~ 1 100	850
1Cr18Ni9Ti 、12Cr1MoV	950 ~ 1 100	850
黄铜 H62、H68	600 ~ 700	400
铝及其合金 L2、LF2、LF21	350 ~ 450	250
钛	420 ~ 560	350
钛合金	600 ~ 840	500

二、型材手工弯曲的特点

1. 型材刚度高，抵抗变形能力强，不易弯曲，通常采用胎模矫正加热弯曲。故能正确地设计弯曲胎模，是型材手工弯曲技术的关键。

2. 在非专业化生产的工厂，型材的加热弯曲通常用焦炭炉。为了便于取放工件，多将炉子砌在地下，使炉面与地面平齐或略高于地面。

3. 型材加热弯曲时，其加热温度必须控制在一定的范围内。若温度过高，易造成型材过热、过烧，严重时甚至使工件局部熔化；若温度过低，又会使成形困难，并容易造成型材的加工硬化。

型材加热温度的确定，可以根据工艺文件的规定或查表4—1。实际弯曲时，一般凭经验（由加热时工件颜色的变化）来判断加热温度。

三、防止型钢弯曲成形产生废品的措施

1. 型钢弯曲时的变形

型钢弯曲时，由于型钢自身的重心线与弯曲力的作用线不在同一平面上，所以不但要承受弯曲力矩的作用，还要承受扭矩的作用，从而使型钢断面产生畸变。例如角钢外弯时夹角增大，如图4—17a所示；角钢内弯时夹角缩小，如图4—17b所示。

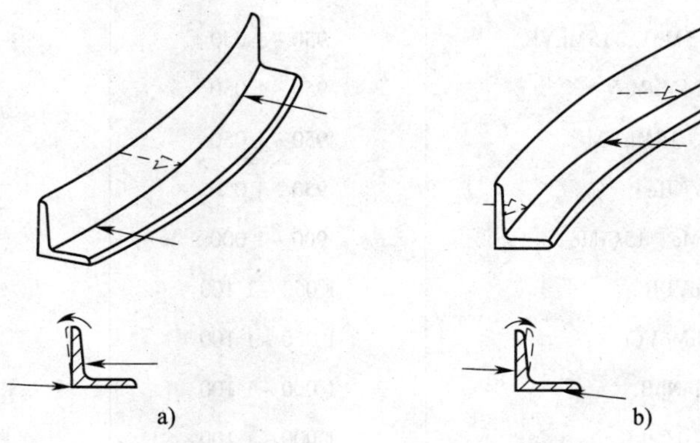

图4—17　角钢弯曲时的受力与变形

a）角钢外弯曲　b）角钢内弯曲

此外，由于型钢弯曲时，材料的外层受拉应力，内层受压应力，在拉应力作用下，易出现翘曲变形，在压应力作用下，易出现皱折变形。

2. 防止型钢弯曲成形产生废品的措施

型钢弯曲时的变形程度往往取决于应力的大小，而应力的大小又取决于弯曲半径，如果弯曲半径越小，则畸变程度将越大。

为了控制应力与变形，就必须限制其弯曲半径，即最小弯曲半径。最小弯曲半径是设计零件的重要依据，是防止型钢弯曲成形时产生废品的一项重要措施。型钢结构的弯曲半径应大于最小弯曲半径，由于型钢加热弯曲时能提高材料的塑性，所以型钢加热弯曲时的最小弯曲半径可比冷弯时小一些。

技能要求1

外弯角钢圈

一、外弯角钢圈工件图（见图4—18）

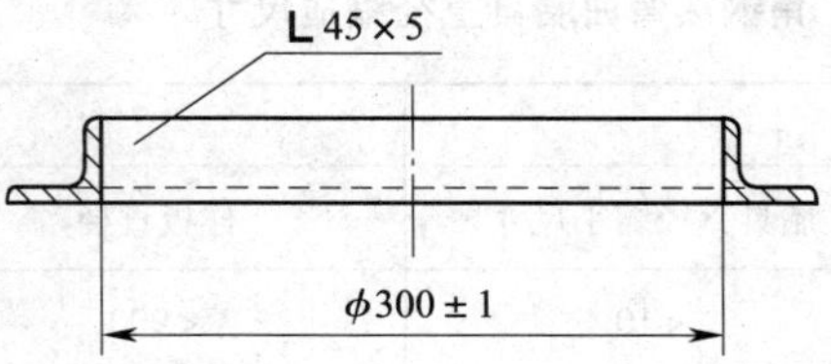

技术要求
1. 内圆圆度公差为1。
2. 底面平面度公差为1。

图4—18　外弯角钢圈

二、操作准备

1. 工具的准备

准备大锤、平锤、扒弧锤、扳弯器、烧火钳等工具。

2. 用具的准备

准备平台、羊角卡、楔桩、垫板、螺栓、焦炭、焦炭炉等用具。

3. 胎具的准备

（1）角钢弯曲胎具的制作知识

角钢热弯曲胎具通常用钢板或角钢焊接而成，其形状要根据工件形状（内弯或外弯）而定，高度应等于或略大于角钢的边宽。当弯制角钢圈时，角钢弯曲胎具不可做成整圆，而要将胎具制成2/3整圆，以利于弯曲过程中取放工件（见图4—19）。胎具上装夹固定用孔的位置和大小，需要待胎具在平台上的位置确定后，根据平台孔的位置和大小而定。

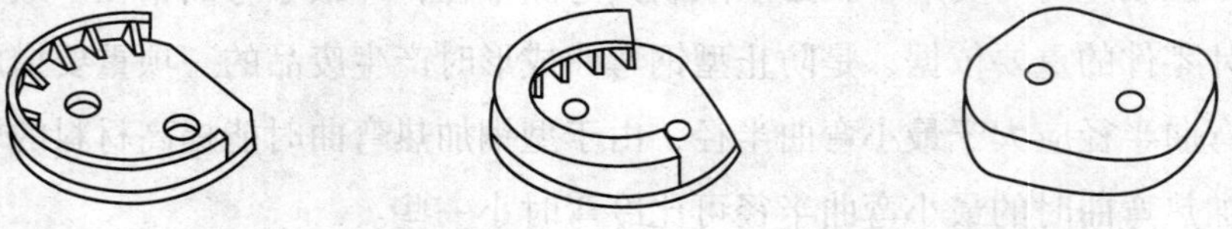

a）　　　b）　　　c）

图4—19　角钢弯曲胎具

a）焊制的角钢外弯胎具　b）焊制的角钢内弯胎具　c）整钢板制成的胎具

角钢弯曲胎具的圆弧直径应以角钢圈的内径为依据，由于角钢截面形状不对称，弯曲后冷却时，内外侧的收缩量不相等，将引起工件形状和尺寸的变化。因此，角钢外弯时，胎具直径应适当加大；角钢内弯时，胎具直径应适当缩小。胎具直径加大或缩小的数值，可参照表4—2选取。

表4—2　　角钢热弯曲胎具直径缩放尺寸　　mm

内弯		外弯	
样板直径	胎具直径缩小尺寸	样板直径	胎具直径放大尺寸
<300	<10	<900	3~5
900~1 400	10~15	900~1 400	6~10
1 500~10 000	15~20	1 500~10 000	15
>10 000	25	>10 000	20

（2）外弯角钢圈胎具的制作

1）确定弯曲胎具的曲率直径。查表4—2知，胎具直径应放大3~5 mm，取5 mm，所以弯曲胎具的直径为300 mm+5 mm=305 mm。

2）焊制角钢外弯胎具。根据计算出的直径，按照图4—19a的样子焊制一角钢外弯胎具。

三、操作步骤

1．紧固胎具

将焊制好的外弯角钢圈胎具紧固在平台的合适位置上。

2. 角钢加热

由于角钢弯曲成形时所需的弯曲力较大，所以除小型角钢的弯曲采用冷弯外，多数角钢的弯曲均采用热弯。

加热时，把角钢平放在焦炭炉中加热。当角钢数量较多时，可一次加热几根，甚至十几根，这时角钢在加热炉中应按加工顺序的先后有序摆放。

角钢加热温度可参照表 4—1 选取，角钢材质为 Q235A，加热温度选定为 1 000℃左右（橘黄色）。温度达到后，保温一段时间，以求角钢内、外温度均匀。

3. 角钢弯曲

将加热至选定温度的角钢从炉中取出，迅速将一端靠在胎具上，用圆锥楔桩、垫板及羊角卡固定于胎具上，然后进行弯曲，直至弯到所需要的角度，如图 4—20 所示。

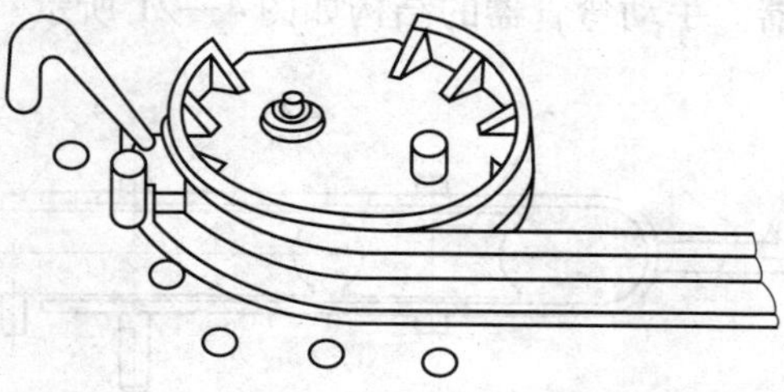

图 4—20　角钢外弯

弯曲时，不可用力过猛，应平稳施力，使角钢逐步均匀弯曲，与胎具贴合。若角钢弯曲后尚有局部未靠胎，应垫上扒弧锤，再以大锤击打，使角钢已弯曲部分完全与胎具靠紧。

弯曲过程必须在规定的温度范围内迅速完成，弯曲结束时，角钢温度应不低于 700℃（暗樱红色）。由于弯曲受到角钢温度的限制，因此整个角钢圈往往不能一次弯成，须分段进行加热、弯曲。

角钢每弯曲完一段后，应马上进行矫平。矫平时，将平锤垫在角钢上，沿角钢已弯曲部分内、外侧以大锤击打平锤矫平一遍。

角钢圈经矫平后从胎具上卸下，应避免摔、撞，以免引起角钢圈变形。

4. 质量检查

整个角钢弯曲冷却后，要对其曲率、内外径尺寸、平面度等进行检查，并对局部不合格处进行修整。

四、注意事项

1. 角钢圈的弯曲比较困难，加热一次只能弯曲一段，因此，角钢圈的弯曲一般都需要多次加热才能完成。

2. 弯制角钢圈时角钢非常容易产生变形，所以要注意对角钢变形的控制。

3. 弯曲时应注意靠模的问题，必须保证角钢始终与弯曲胎模贴严。

技能要求2

钢管直角弯头弯曲成形

一、操作准备

1. 工具的准备

准备好手动弯管器。手动弯管器的结构如图4—21所示。

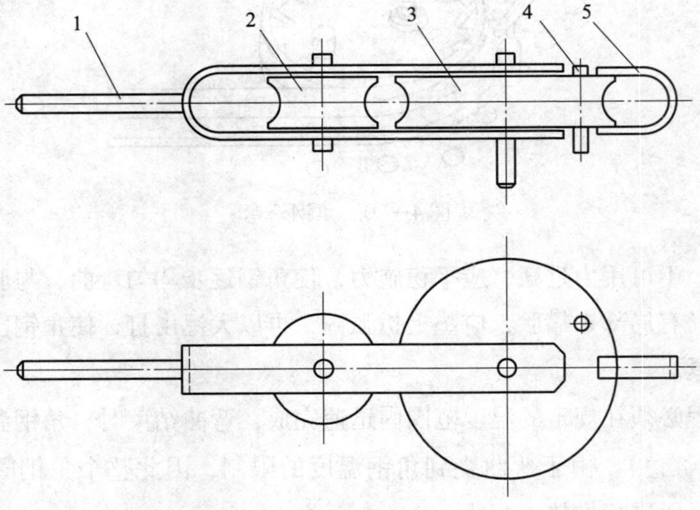

图4—21 手动弯管器

1—手柄 2—动胎轮 3—定胎轮 4—定位销 5—管子夹持器

2. 用具的准备

准备平台、钢管、划线工具等用具。

二、操作步骤

1. 在钢管上划出弯曲线

钢管直角弯头如图4—22所示。

直角弯头弯曲部分的展开长度为：

$L=2\pi R/4=2\times3.14\times100/4=157$（mm）

此直角弯头的划线如图 4—23 所示。

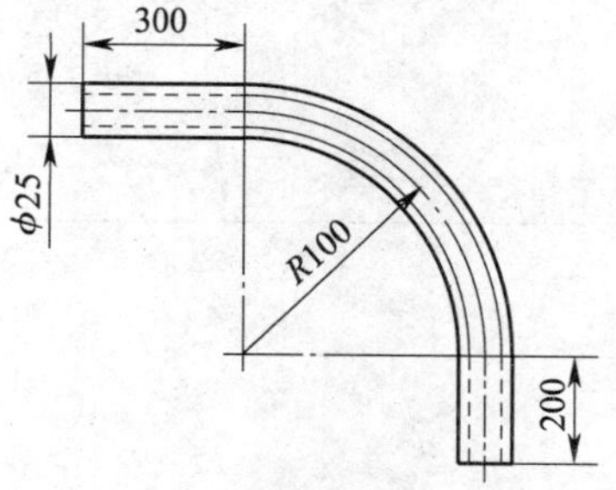

图 4—22　直角弯头

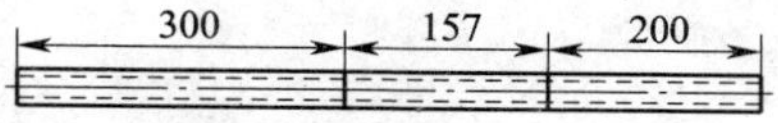

图 4—23　在钢管上划出弯曲基准线

2. 选取合适的定胎轮和动胎轮

根据所弯管子的直径和弯曲半径，选取合适的定胎轮和动胎轮，并固定在弯管器上。

3. 弯管准备

把待弯曲的管子放在定胎轮和动胎轮之间的凹槽内，一端固定在管子夹持器上，并确定好管子弯曲的起始位置。

4. 开始弯曲

扳动手柄，绕定胎轮转动，直至弯成所需要的 90°角。

5. 质量检查

（1）检查弯管的角度及尺寸。

（2）检查弯管的平面度，及是否存在扭曲现象。

（3）检查弯管截面的椭圆率、减薄率及有无弯裂现象。

三、注意事项

1. 若是有缝钢管弯曲，为避免弯曲时接缝处开裂，应将接缝放置在弯管的中性层位置上。

2. 扳动手柄进行弯曲时，用力应均匀，转动速度不能过快。

3. 管子起始位置和终止位置的确定有一定困难，可先通过试弯来解决这一问题。

第5章 装 配

第1节 零、部件组合

学习单元1 梁、柱类构件装配

学习目标

- 熟悉金属结构装配的三要素和定位原理
- 掌握装配基准的选择原则
- 了解装配测量技术
- 掌握常用装配方法
- 能装配梁、柱类构件

知识要求

一、金属结构装配的三要素和定位原理

在金属结构制造过程中，将组成结构的各个零件按照一定的位置、尺寸关系和精度要求组合起来的工序，称为装配。

1. 金属结构装配的三要素

进行金属结构的装配，必须具备定位、夹紧和测量三个基本要素。

（1）定位

定位是指确定零件在空间的位置或零件间的相对位置。图 5—1 所示为在平台 6 上装配工形梁，工形梁的两翼板 4 的相对位置由腹板 3 和挡板 5 来确定，腹板的高低位置由垫块 2 来确定，而平台工作面既是整个工形梁的定位基准面，又是结构装配的支撑面。

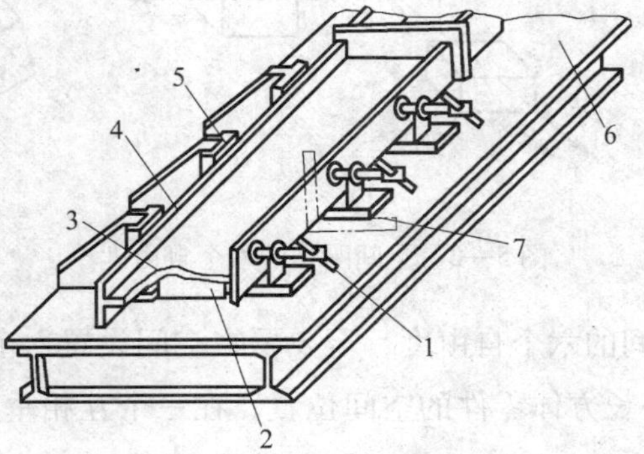

图 5—1　工形梁的装配

1—调节螺杆　2—垫块　3—腹板　4—翼板　5—挡板　6—平台　7—90°角尺

（2）夹紧

夹紧是指借助外力，使零件准确定位，并将定位后的零件固定。图 5—1 中翼板与腹板间相对位置确定后，通过调节螺杆 1 来实现夹紧。

（3）测量

测量是指在装配过程中，对零件间的相对位置和各部尺寸进行一系列的技术测量，从而衡量定位的准确性和夹紧的效果，以指导装配工作。图 5—1 中所示的工形梁装配中，在定位并夹紧后，需要测量两翼板的平行度、腹板与翼板的垂直度、工形梁高度尺寸等指标。例如，通过用 90° 角尺 7 测量两翼板与平台面的垂直度，来检验两翼板的平行度是否符合要求。

上述三个基本要素是相辅相成的，缺一不可。若没有定位，夹紧就变成无的放矢；若没有夹紧，就不能保证定位的准确性和可靠性；而若没有测量，就无法进行正确的定位，也无法判定装配的质量。因此，研究装配技术总是围绕这三个基本要素进行的。

2. 金属结构装配的定位原理

如图 5—2a 所示，任何空间的刚体未被定位时，都具有六个自由度，即沿三个互相垂直的坐标轴的移动（见图 5—2b）和绕这三个坐标轴的转动（见图 5—2c）。因此，要使零件或结构（一般可视为刚体）在空间具有确定的位置，就必须约束其六个自由度。

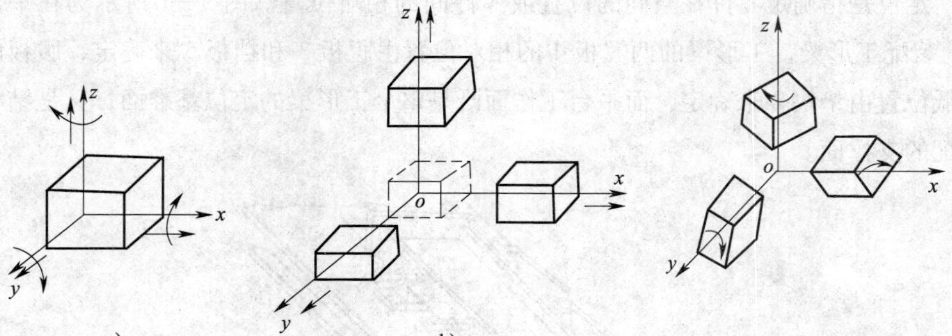

图 5—2　空间刚体的六个自由度

为限制零件在空间的六个自由度，至少要在空间设置六个定位点与零件接触。图 5—3 所示为确定一长方体零件的空间位置，在三个互相垂直的坐标平面内分布六个定位点：在 *xoy* 平面上的三个定位点，限制了零件的三个自由度，使零件不能绕 *ox*、*oy* 轴转动和沿 *oz* 轴移动；在 *yoz* 平面上的两个点，限制了零件的两个自由度，使零件不能沿 *ox* 轴移动和绕 *oz* 轴转动；在 *xoz* 平面上的一个点，限制了零件沿 *oy* 轴方向移动的最后一个自由度。这样，以六个定位点来限制零件在空间的自由度，以求得完全确定零件的空间位置，称为“六点定位规则”。

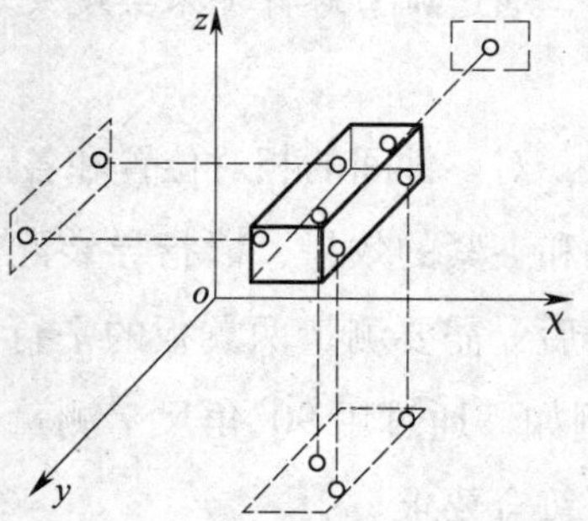

图 5—3　长方体零件的六点定位

六点定位规则，适用于任何形状零件的定位，只是对不同形状零件定位时，六个定位点的形式及其在空间的分布有所不同。

在实际装配中，可由定位销、定位块、挡板等定位元件作为定位点，也可以利用装配平台或工件表面上的平面、边棱及胎架模板形成的曲面代替定位点，有时还可通过在装配平台或工件表面上划出的定位线起定位点的作用。

二、装配基准的选择

1. 定位基准

在结构装配过程中，必须根据一些指定的点、线、面来确定零件或部件在结构中的位置，这些作为依据的点、线、面称为定位基准。

如图 5—4 所示，圆锥台漏斗各件间的相对位置，是以轴线和 *M* 面为定位基准确定的。

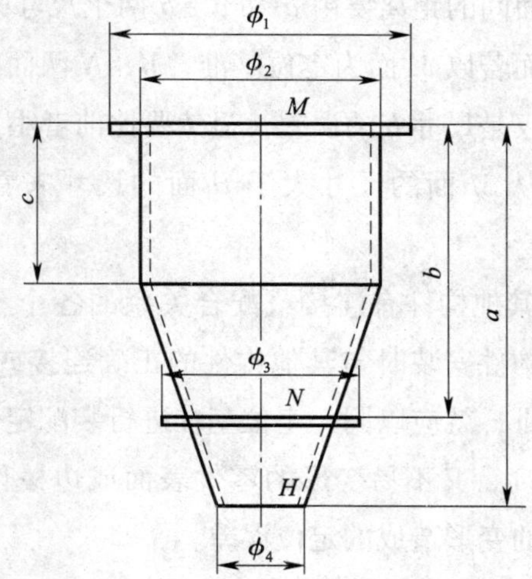

图 5—4　圆锥台漏斗

图 5—5 所示为四通接头，装配时支管Ⅱ、Ⅲ在主管Ⅰ上的相对高度以 *H* 面为定位基准确定，而支管的横向定位则以主管轴线为定位基准。

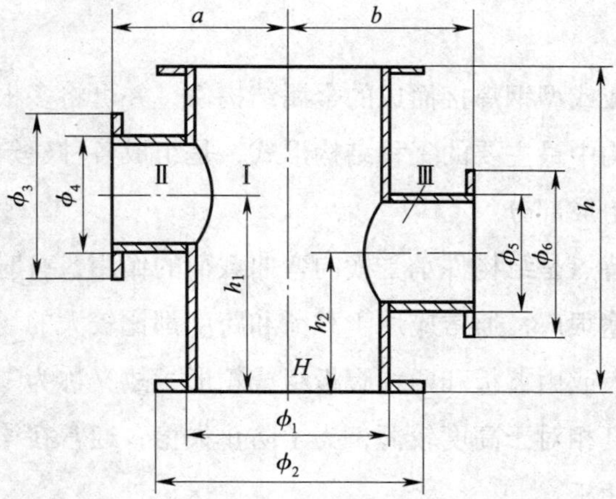

图 5—5　四通接头

2. 定位基准的选择

合理地选择装配定位基准，对保证装配质量，安排零、部件装配顺序和提高装配效率，都有重要的影响。通常根据下列原则选择定位基准：

（1）尽可能选用设计基准作为定位基准，这样可以避免因定位基准与设计基准不重合引起的定位误差。

图5—4所示的圆锥台漏斗，M面为设计基准之一，按使用要求，装配中应保证大、小两法兰盘M、N面间的距离。装配时，若以H面为定位基准进行小法兰盘的装配定位，则M、N面间的距离要由a和$a-b$两个尺寸来保证，其定位误差是这两个尺寸误差之和；而若以M面为定位基准，M、N两面间的距离仅由b一个尺寸来保证，其定位误差仅是尺寸b的误差，显然要比前者小，故实际装配时应选M面为定位基准。此外，从M面的尺寸大于H面的尺寸来看，这样的选择也是合理的。

（2）同一构件上与其他构件有连接或配合关系的各个零件，应尽量采用同一定位基准，这样能保证构件安装时与其他构件的正确连接或配合。图5—5所示的四通接头的两支管Ⅱ、Ⅲ，就应以同一定位基准进行装配定位。

（3）应选择精度较高，又不易变形的零件表面或边棱作为定位基准，这样能够避免由于基准面、线的变形造成的定位误差。

（4）所选择的定位基准，应便于装配中的零件定位与测量。

在实际装配中，定位基准的选择很难完全符合上述所有的原则。因此，应根据具体情况进行分析，选出最有利的定位基准。

三、梁、柱的装配工艺

1. 焊接梁

焊接梁是由钢板或型钢焊接而成的金属结构件，并可将多根梁焊接组成梁系结构。焊接梁是钢结构中最主要的一种结构形式，是组成各种建筑钢结构的基础，又是机器构件的主要组成部分。

焊接梁的工作特点是结构件承受横向弯曲载荷的作用，有时还承受弯扭的联合作用。焊接梁的用途很广，通常应用于载荷和跨度都比较大的场合，多由翼板及一块腹板组成工字形，或由翼板和两块腹板组成箱形，故又称为工字梁或箱形梁。由于焊接梁的腹板厚度相对于高度较薄，为了防止失稳，通常在梁上还必须增加竖向或水平方向的加强肋板。

焊接梁的组成形式很多，常见的组成形式有完全采用钢板焊接而成的板焊结构梁、完全采用型钢焊接而成的型钢结构梁以及采用钢板和型钢组合焊接而成的组合梁，如图5—6所示。

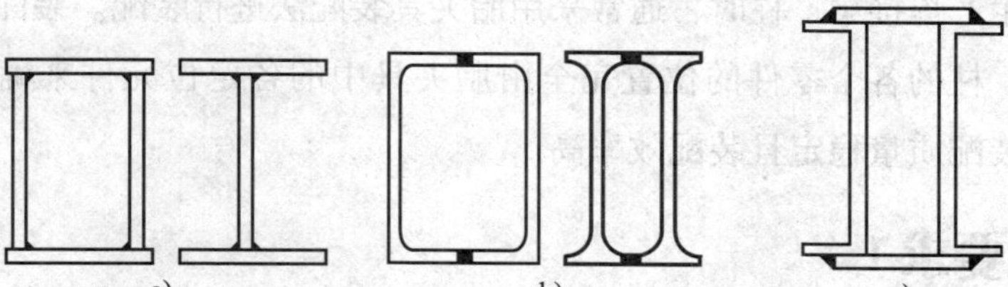

图5—6　焊接梁的组成形式

a）板焊结构梁　b）型钢结构梁　c）组合梁

2. 焊接柱

焊接柱是主要承受压力并能将其所受到的压力载荷传递到焊接柱基础上的构件，主要应用于建筑工程机械和机器结构中。

焊接柱是由钢板拼焊、型钢焊接或型钢和钢板组合焊接而成的受压构件，主要由柱头、柱身和柱脚三部分组成。焊接柱常用的截面形式分为两种：一种为实腹式焊接柱，如图5—7a所示，这种柱的结构形式和制作都比较简单，但材料消耗较多；另一种为格构式焊接柱，如图5—7b所示，这种柱主要采用型钢和钢板组合焊接而成，制作时稍费工时，但可节省材料。

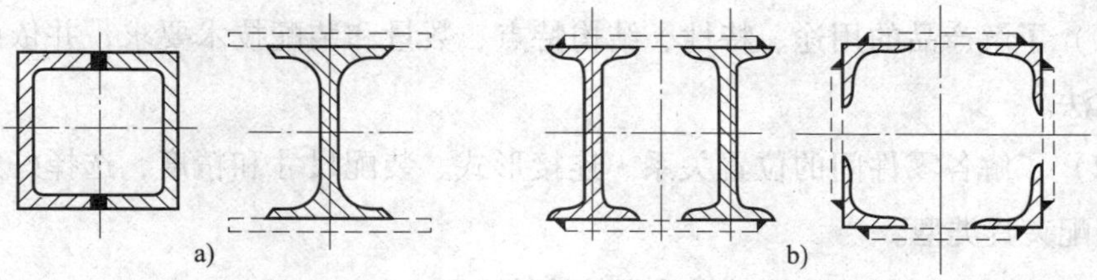

图5—7　焊接柱的截面形式

a）实腹式焊接柱　b）格构式焊接柱

3. 梁、柱的装配工艺

焊接梁、柱装配方法的选择应根据产品的结构特点和生产批量进行。根据生产批量的不同，焊接梁、柱通常采用下列两种装配方法：

（1）划线定位装配法

在小批量或单件生产时采用。装配时，首先将组成梁、柱的各个零件矫直、矫平，然后在装配基准面上划出零件的位置线，并打上样冲眼。将零件按照所划的位置线找正，然后进行定位焊。定位焊后再进行检验校正，确认各组成零件正确无误后，即可实施焊接。

（2）胎夹具装配法

成批量生产焊接梁、柱时，通常采用胎夹具装配法进行装配。装配时，不用划线，组成梁、柱的各个零件的位置完全由胎夹具中的各定位元件来确定，组对方便、可靠，装配质量稳定且装配效率高。

技能要求1

工形梁的装配

一、操作准备

装配前的准备工作是装配工艺的重要组成部分。充分、细致的准备工作是高质量、高效率地完成装配工作的有力保证。装配前的准备工作通常包括如下几个方面：

1. 熟悉产品图样和工艺规程

产品图样和工艺规程是整个装配工作的主要依据，通过熟悉图样和工艺规程，应达到以下目的：

（1）了解产品的用途、特性、结构特点、数量和装配技术要求，并依此确定装配方法。

（2）了解各零件间的位置关系、连接形式、装配尺寸和精度，选择好定位基准和装配夹具类型。

（3）了解各零件的数量、材质及其特性。

该产品的装配工件图如图5—8所示。

从装配图中可知，该产品为焊接工形梁，属于梁类构件，材质为Q235钢，数量为一件，各零件完全采用焊接连接方式。因工件数量少，不宜采用专用胎夹具装配法进行装配，而应采用挡铁定位装配法。

2. 装配现场的设置

装配工作场地应尽量选择在起重机械的工作区间内，场地应平整、清洁，便于安置装配工作台或装配胎具。零件堆放要整齐，便于取用，人行道应畅通，还要保证运输车辆通行无阻。

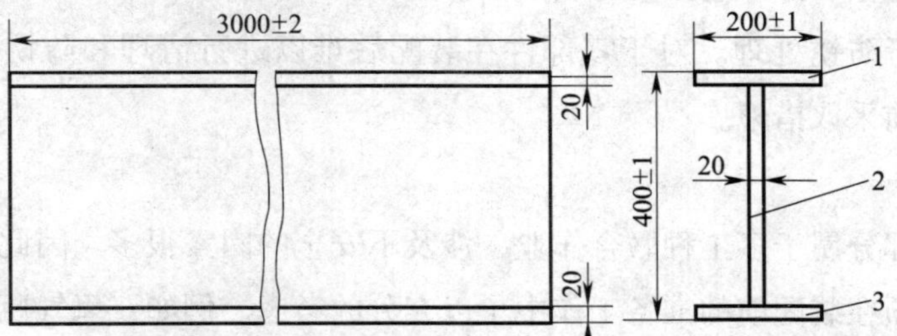

技术要求

1.各面平面度误差应小于2。

2. 腹板与翼板垂直度误差应小于1。

序号	名称	件数	材料	备注
3	翼板	1	Q235钢	
2	腹板	1	Q235钢	
1	翼板	1	Q235钢	
制图				
描图				焊接工形梁
审核				

图 5—8　工形梁装配工件图

在装配场地周围，应选择适当的地方安置工具箱、电焊机、气割设备，同时根据装配需要配置其他设备，如钳工台和台虎钳等。

3. 工具、量具、夹具和吊具的准备

装配前，应备齐装配中常用的工具、量具、夹具和吊具。

常用的工具有大锤、锤子、錾子、手砂轮、撬杠、扳手及各种划线用工具等。

常用的量具有钢卷尺、平尺、水平尺、吊线锤、90°角尺及各种检验零件定位的样板等。

此外，装配前还要根据不同结构的具体情况，准备或制作一些专用的工具、夹具和胎具。

该产品所需的工具、量具、夹具和吊具如下：

（1）准备好卷尺、90°角尺、钢直尺及划线工具。

（2）准备好挡铁、吊具等。

（3）准备好大锤、锤子等工具。

4. 零、部件预检和防锈

产品装配前，对于从上道工序转来或零件库中领取的零、部件及装配中所使用的辅助材料，都要进行核对和检查，以便于装配工作的顺利进行。零、部件预检的主要内容有：

（1）按图样和工艺文件检查零、部件的形状、尺寸和材质。

（2）查对零、部件的数量。

（3）核对电焊条等辅助材料的规格、型号与工艺要求是否相符。

装配前还要对零、部件连接处的表面进行去毛刺、除锈等清理工作，并在清理后按技术要求进行防锈处理。对于零部件在装配后难以进行清理和防锈处理的部位，也应在装配前采取措施。

5. 安全措施

装配工作大部分属于多工种联合作业，涉及不安全的因素很多。因此，安全措施尤为重要，必须在装配前的准备工作中予以充分的考虑。例如：氧气瓶和乙炔瓶要放在离人行道和火源较远的地方；消防用具要放在取用方便的地方；所有的吊具要进行严格的检查；接电的地方要有预防触电的措施；高空作业的安全带要经过严格的检查等。

二、操作步骤

1. 装配方式的确定

金属结构件的装配方式，按装配时的结构位置划分主要有正装、倒装和卧装三种。

该工形梁的装配方式应确定为正装。

2. 支撑形式的确定

工件在装配中的支撑形式分为装配平台支撑和装配胎架支撑。显然，该工形梁的支撑形式应采用装配平台支撑。

3. 零件定位方法的确定

装配时常用的零件定位方法有划线定位、样板定位、定位元件定位三种。

根据工形梁的结构特点，定位方法应采用划线定位。

4. 各零件的组装与测量

（1）将翼板（两块）分别放在平台上，划出腹板位置线，如图5—9所示。

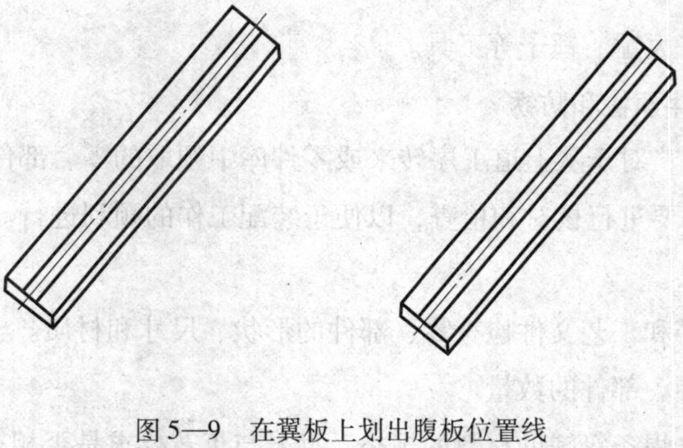

图5—9　在翼板上划出腹板位置线

（2）测量腹板位置线的准确度

1）测量基准的确定。本工件的测量基准确定比较简单，以两块翼板的边缘棱线作为测量基准即可。

2）线性尺寸的测量。该工形梁翼板上腹板位置线的测量如图5—10所示，需要引起注意的是，为了保证腹板位置线的准确性，不能只测量一处，至少应在两处进行测量。

图5—10 用钢直尺测量腹板位置线的准确性

（3）腹板的位置线确定后，即可沿此位置线临时焊上挡铁，如图5—11所示。

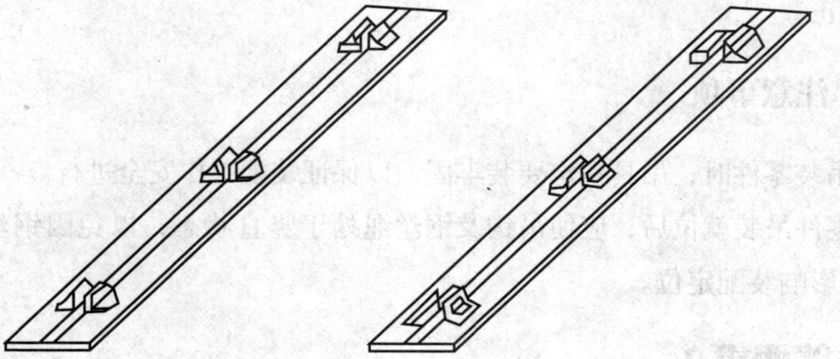

图5—11 焊临时挡铁

（4）当腹板装好专门吊具，吊放到翼板的指定位置后，用90°角尺检查腹板与翼板间的垂直度（见图5—12），并经过矫正，再用定位焊固定，组成T形梁。

（5）拆去腹板上的吊具，并将已装成T形梁的工件翻身，与另一翼板装配成工形梁（见图5—13）。同样，要矫正好腹板与翼板的垂直度，才能进行定位焊固定，完成工形梁的装配。

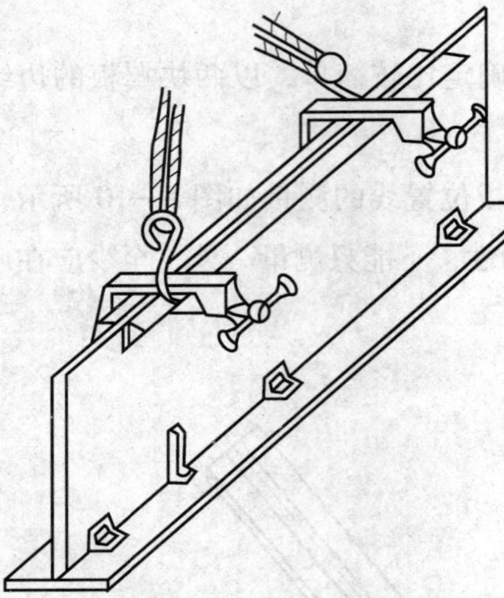

图5—12　组装T形梁

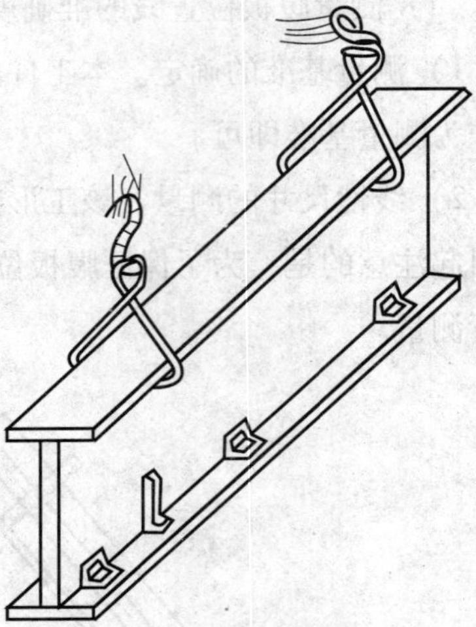

图5—13　组装成工形梁

5. 整体装配质量检查

按照图样要求对装配好的工形梁进行全面质量检验：

（1）检查工形梁的各项尺寸是否合格。

（2）检查工形梁的腹板与翼板的垂直度是否合格。

（3）检查工形梁上下翼板间的平行度。

（4）检查工形梁有无变形（如弯曲、扭曲等）现象产生，如有变形现象，必须进行矫正。

三、注意事项

1. 吊装零件时，吊具一定要装牢固，以保证装配工作安全进行。

2. 零件吊装就位后，应使吊钩及钢丝绳处于竖直状态，以免因钢丝绳和吊钩的摆动而影响装配定位。

技能要求2

焊接柱的装配

一、操作准备

1. 熟悉图样，确定装配方法

（1）产品图样准备如图5—14所示。

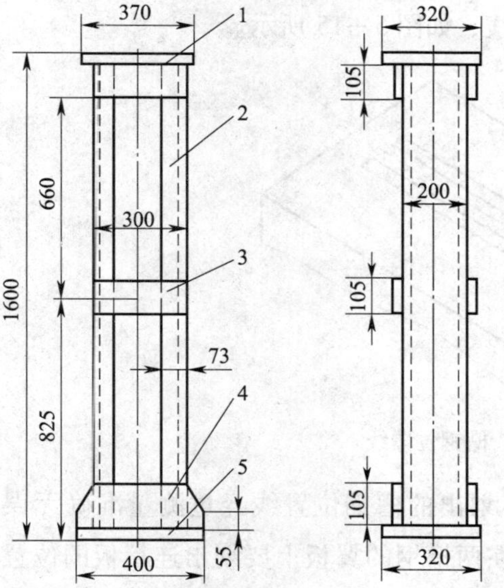

技术要求

1.图中各部尺寸极限偏差均为 ± 1。

2.槽钢与底板的垂直度的角度公差为2°。

3.件1与件5的平行度公差为1。

序号	名 称	单位	数量	备 注
5	钢 板	块	1	t=10
4	钢 板	块	2	t=8
3	钢 板	块	4	t=8
2	槽 板	根	2	⊏20a
1	钢 板	块	1	t=10

名 称	立柱制作		
材 料	Q235钢	工时	4h

图 5—14　焊接柱

（2）识读产品图样，确定装配方法。根据产品图样可知，该焊接柱的主体部分是由两根槽钢组成的，并用钢板组成柱头和柱脚，为了使柱在承载时的强度足够，中间用两块钢板连接。因工件数量少，不宜采用专用胎夹具装配法进行装配，而应采用划线定位装配法。

2. 工具、量具、夹具和吊具的准备

（1）准备好卷尺、90°角尺、钢直尺及划线工具。

（2）准备好挡铁、吊具等。

（3）准备好大锤、锤子等工具。

3. 核对各零件

检查槽钢、连接板的数量、材质和规格等是否与图样的要求一致。另外，还要做好零件连接处的表面去毛刺、除锈等清理工作。

二、操作步骤

1. 装配方式的确定

由于该柱的高度尺寸较大，考虑到稳定性问题，装配时不能采用立装方式，而应采用卧装方式。

2. 支撑形式的确定

该焊接柱的支撑形式采用平台支撑。

3. 各零件的组装与测量

（1）在装配平台上划出槽钢的位置线，如图 5—15 所示。

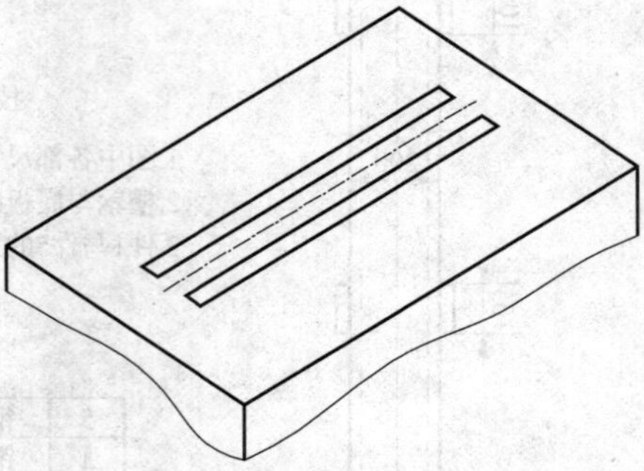

图 5—15　槽钢位置线

（2）将槽钢安放在槽钢位置线上。划出的槽钢位置线经过测量准确无误后，即可将槽钢安放在槽钢位置线上，同时在两槽钢的翼板上要划出连接板的位置线，如图 5—16 所示。

（3）安放连接板，并进行定位焊。将连接板安放在位置线上后，要对两槽钢之间的距离（300 mm）进行测量，同时也要对槽钢腹板与平台表面是否垂直进行测量，在测量合格后，就可以在连接板与槽钢翼板之间接合处的适当位置进行定位焊，如图 5—17 所示。

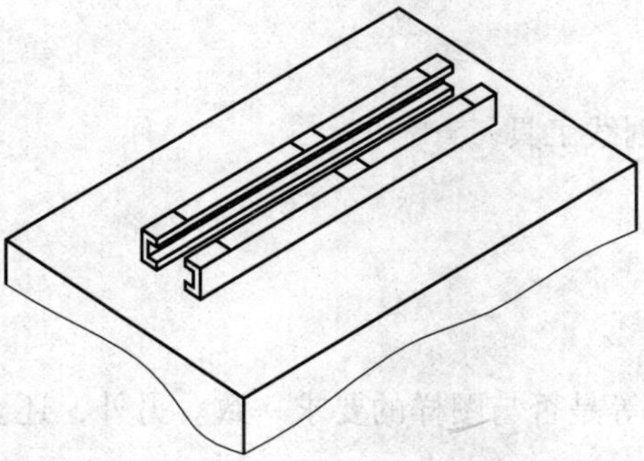

图 5—16　槽钢位置的确定

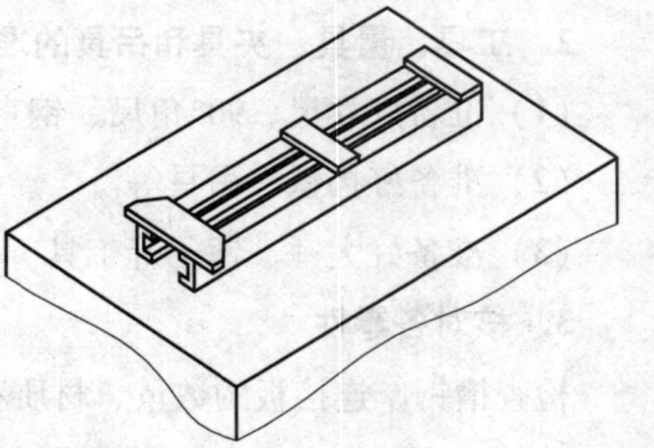

图 5—17　两槽钢组装

（4）将两槽钢连同各连接板一同翻转 180°，用前面所讲的同样方法对另一面进行定位焊。

（5）组装焊接柱的柱头平板及柱脚底板。将组装好的槽钢用垫铁支撑起来，注意应保证两槽钢的底面与平台表面平行。这时就可将柱脚底板放在两槽钢端面上，用 90°角尺检验底板与平台的垂直度，合格后施行定位焊。再以相同方法组装柱头平板，如图 5—18 所示。

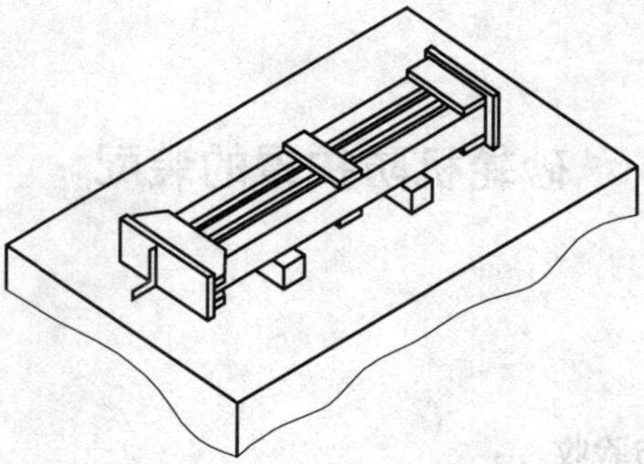

图 5—18　组装柱头、柱脚两钢板

4. 整体装配质量检查

按照图样要求对装配好的焊接柱进行全面质量检验：

（1）检查焊接柱的各项尺寸是否合格。

（2）检查焊接柱的柱头平板及柱脚底板与两槽钢的垂直度是否合格。

（3）检查两槽钢之间的平行度。

（4）检查焊接柱有无变形（如弯曲、扭曲等）现象产生，如有变形现象，必须进行矫正。

学习单元 2　平面框架、单一壳体类构件装配

学习目标

- 熟悉框架、壳体的装配工艺
- 能完成框架、壳体的装配工作

知识要求

框架是由钢板或钢板与型钢组合焊接而成的金属结构件。壳体一般是由钢板经焊接而成的构件。框架、壳体的装配通常是以划线定位装配法为主，根据结构特点，必要时可考虑应用胎具装配法。

技能要求1

砂轮机防护罩的装配

一、操作准备

1. 各零件的核对与验收

砂轮机防护罩如图5—19所示。

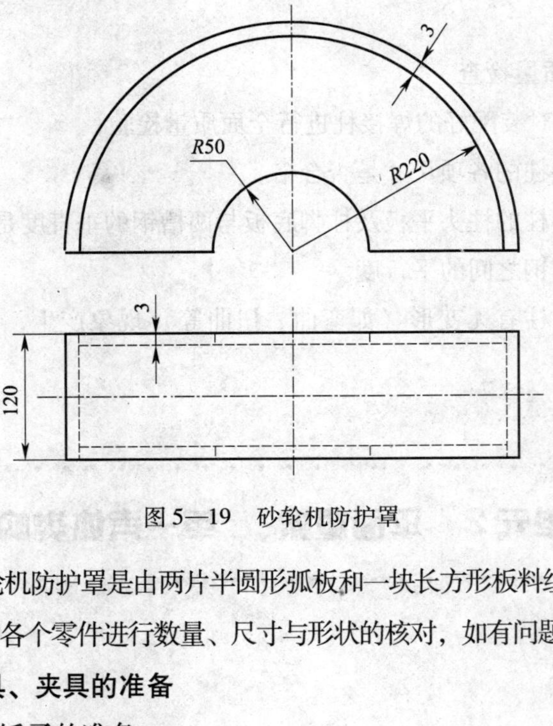

图5—19　砂轮机防护罩

由图可知，砂轮机防护罩是由两片半圆形弧板和一块长方形板料组成。装配前，要对组成砂轮机防护罩的各个零件进行数量、尺寸与形状的核对，如有问题，应酌情处理。

2. 工具、量具、夹具的准备

（1）压弧锤、锤子的准备。

（2）卷尺、钢直尺、90°角尺的准备。

（3）杠杆夹具的准备。

二、操作步骤

1. 确定装配方法

由于本产品的结构比较简单，所以采取预先将长方形板料弯制成 *R*220 mm 的圆弧曲面，然后再用与两块弧板边装配边定位焊的方法进行装配。

2. 各零件的组装与测量

首先将半圆形板料的端部与长方形板料的端部对齐，并进行定位焊，然后依次每隔一段距离进行定位焊。需要注意的是，由于板料较薄，半圆形弧板与长方形板料之间的间隙必须足够小，以便于焊接。若间隙过大，应采用杠杆夹具来消除间隙。装配过程中，要经常进行测量，以保证产品的尺寸、形状符合图样要求。

3. 整体装配质量检查

砂轮机防护罩装配结束后，应进行整体质量检查，其检查项目如下：

（1）砂轮机防护罩整体尺寸的检验。

（2）砂轮机防护罩各接口间隙、表面质量的检验。

三、注意事项

由于长方形板料的圆弧形状是由半圆形板料的圆弧形状决定的，所以说，砂轮机防护罩的形状和尺寸精度基本上取决于半圆形板料的形状与尺寸，因此，要想保证砂轮机防护罩的制造质量，就必须提高半圆形板料的质量。

技能要求 2

角钢框的装配

一、操作准备

1. 装配方法的确定

角钢框图样如图 5—20 所示。

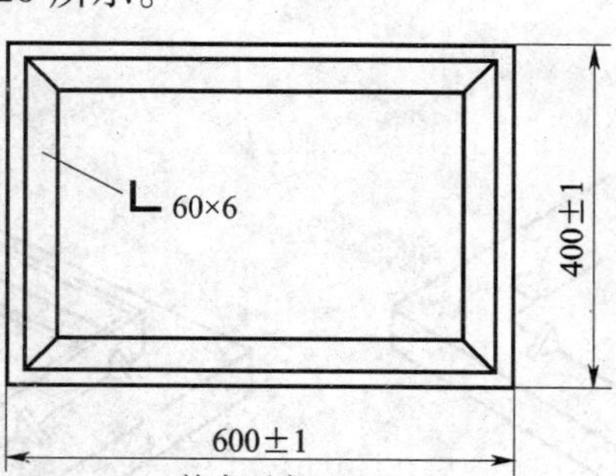

技术要求
1. 框架两对角线相差小于1.5。
2. 框架平面度偏差小于 1。
3. 对缝间隙 1。

图 5—20　角钢框

熟悉工件图样，了解工件的结构特点、数量和装配技术要求，确定装配方法。本工件为简单平面框架，数量为一件，装配技术要求比较高。根据上述条件，确定采用平台上划线定位装配。

角钢框的装配首先应以装配平台为装配基准面，然后在装配平台上划出角钢框的外框线作为装配定位线，并以挡铁作为定位基准。装配时，将角钢按装配定位线摆放定位，经检测角钢框的各项尺寸、角度等指标均合格后，施以定位焊。

2. 工具、量具的准备

（1）准备好平台、大锤、锤子、划线工具等。

（2）准备好钢卷尺、钢直尺、90°角尺等量具。

3. 制作装配胎具、夹具

制作所需的定位挡铁。

4. 各零件的核对与验收

检查角钢零件的规格、尺寸、数量是否与图样要求相符。

二、操作步骤

1. 按装配定位线将角钢摆放定位

（1）在装配平台上划出装配定位线。因工件为内折弯角钢框，装配定位应以外框线为依据，所以装配平台上仅划角钢外框线（见图5—21）。然后，沿定位线在适当位置焊好定位挡铁。

（2）按装配定位线将角钢零件摆放定位（见图5—22）。通常情况下，这种简单框架的装配可以靠零件自重来保证定位的可靠性，而不必采取特殊的夹紧装置。

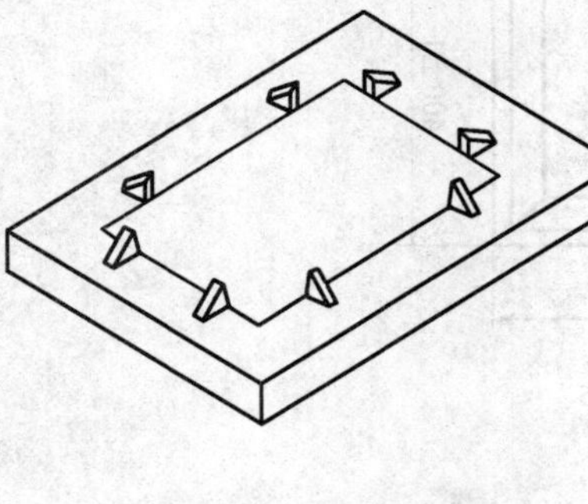

图5—21　在平台上划出定位线

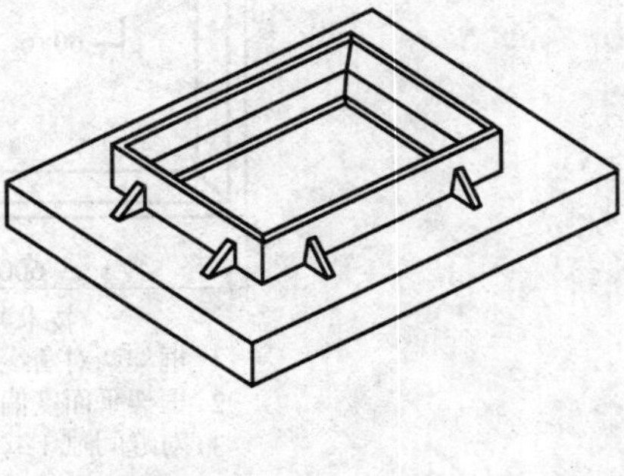

图5—22　将角钢零件摆放定位

2. 施以初步定位焊

初步定位焊时应注意以下几点：

（1）因为零件未用夹具夹紧，故定位焊引弧时不要使零件移动，以免造成零件错位。

（2）定位焊接每条对接缝只能焊一点，且焊缝长度不能过大。否则，定位焊后将无法调整零件间的位置和角度。

3. 测量检查并矫正

（1）用钢卷尺检验角钢框长度、宽度尺寸。

（2）用 90°角尺检验角钢框四角的垂直度。

（3）目测角钢框平面的平整程度，也可用钢直尺放在角钢框平面上，检验平面度（见图 5—23）。

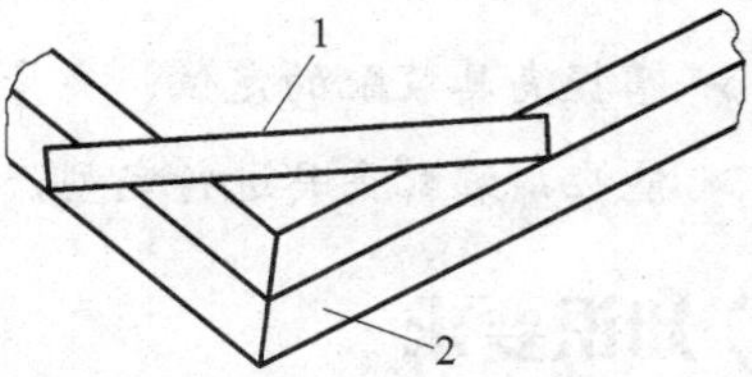

图 5—23　检验角钢框平面度

1—钢直尺　2—角钢框

经检验发现不合格处要予以矫正。如果零件错位或尺寸不对，应断开焊缝重新定位、点焊；若框架角度不正确，可将其立在装配台上，撞击矫正（见图 5—24）；角钢平面不平整时，可在平台上锤击矫正（见图 5—25）。

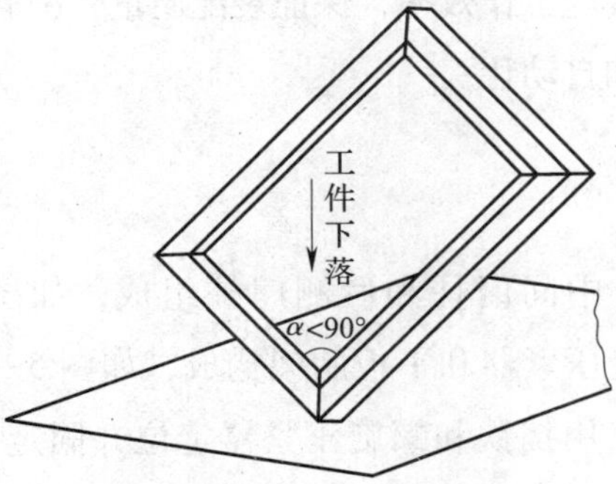

图 5—24　矫正框架角度

1—钢直尺　2—角钢框

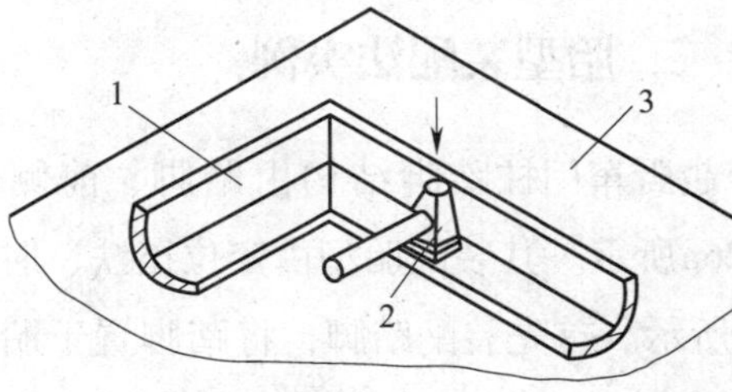

图 5—25　矫正框架平面度

1—工件　2—平锤　3—平台面

4. 焊接连接

角钢框经检查、矫正后，即可完全定位焊。这时，每条焊缝至少应焊接两点，若仅焊一点，将达不到完全定位的目的。

三、注意事项

1. 工件施行完全定位焊后，要按照图样要求进行全面质量检验。
2. 装配平台表面应清扫干净，否则极易造成角钢框平面错位不平。

第2节 装配夹具应用

学习目标

➢ 掌握夹具装配的定位、夹紧原理

➢ 能应用装配夹具进行定型产品的装配

知识要求

一、胎型装配法概述

在金属结构装配中，当一种工件数量较多，内部结构又不很复杂时，可将工件装配所用的各定位元件、夹具和装配胎架组合为一个整体，构成装配胎型。

利用装配胎型进行装配，可以显著地提高装配工作效率，保证装配质量，减轻劳动强度，同时也易于实现装配工作的机械化和自动化。

二、胎型装配法实例

越野车门柱踏脚结构由踏脚、前侧门柱、中间门柱和后侧门柱组成，如图5—26a所示。其装配胎型由定位挡铁、肘式螺旋压紧器和平板胎架构成，如图5—26b所示。首先装配踏脚，将踏脚置于胎架上，用挡铁和螺旋压紧器定位并固定，然后装配三个门柱，各门柱均用挡铁定位，分别用肘式螺旋压紧器压紧，再将门柱踏脚结合处用定位焊固定。

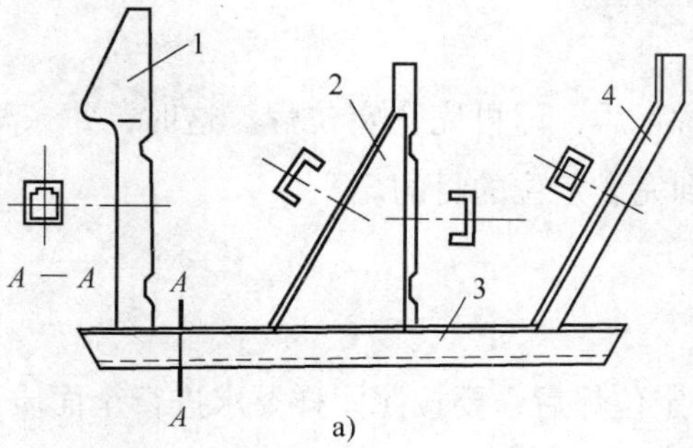

a)

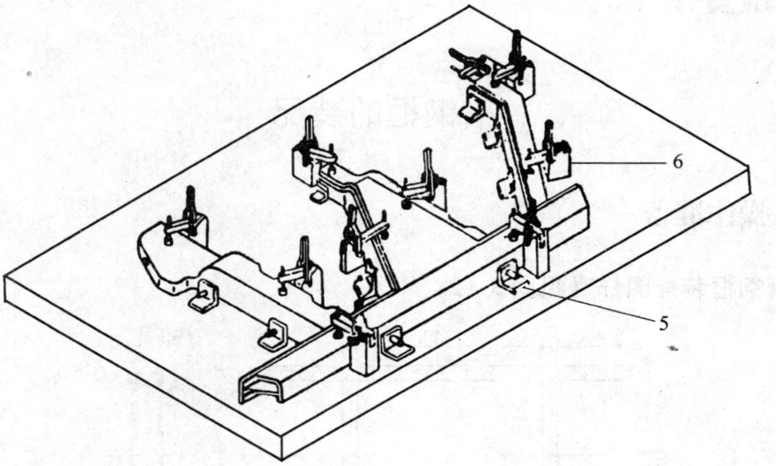

b)

图 5—26　越野车门柱踏脚的装配

1—前侧门柱　2—中间门柱　3—踏脚　4—后侧门柱　5—挡铁　6—螺旋压紧器

当工件装配要求不高，各零件定位又较容易时，可以采用无夹具的装配胎型进行装配。例如，图 5—27 所示为床头架的装配，其装配胎型上没有装配夹具，装配时用定位挡铁确定各管件的位置，挡铁同时起夹紧作用，并依靠各零件自重，使其与胎型平面贴紧。

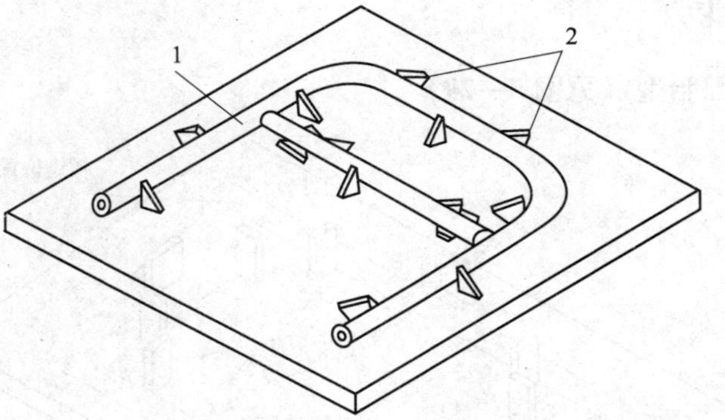

图 5—27　床头架的装配

1—床头架　2—挡铁

技能要求

槽钢框的装配

一、操作准备

1. 槽钢框装配图样（见图 5—28）

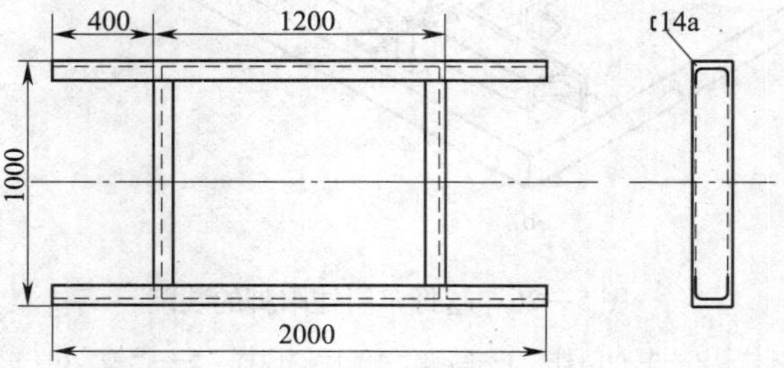

图 5—28　槽钢框

2. 装配原始资料

该槽钢框的尺寸精度、几何形状及平面度等要求都较高，装配数量为 100 件。

3. 确定装配方法

由于槽钢框的装配数量较多，内部结构又比较简单，所以采用胎型装配法。

二、操作步骤

1. 制作装配胎型（见图 5—29）

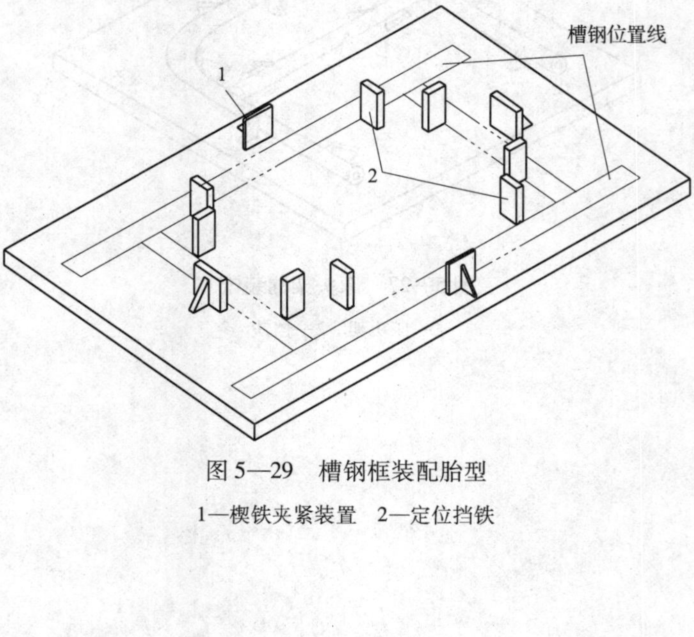

图 5—29　槽钢框装配胎型

1—楔铁夹紧装置　2—定位挡铁

选择一块平直的钢板作为装配胎型的底座，首先在钢板上划出各槽钢的位置线，然后在内侧定位线上焊上定位挡铁，最后在定位线的外侧焊上楔铁夹紧装置，为使楔铁能够实施夹紧，楔铁夹紧装置的位置应稍离开定位线一段距离。

2. 各零件的核对与验收

检查各槽钢零件的规格、尺寸、数量等是否与图样要求相符。

3. 按装配定位线将槽钢摆放定位

如图 5—30 所示，按照图样要求，将各槽钢摆放到各个位置线上，同时用楔铁将各槽钢夹紧，楔铁夹紧位置和数量可根据装配时的具体情况适当增加，图中画出的是最基本的夹具数量和位置。

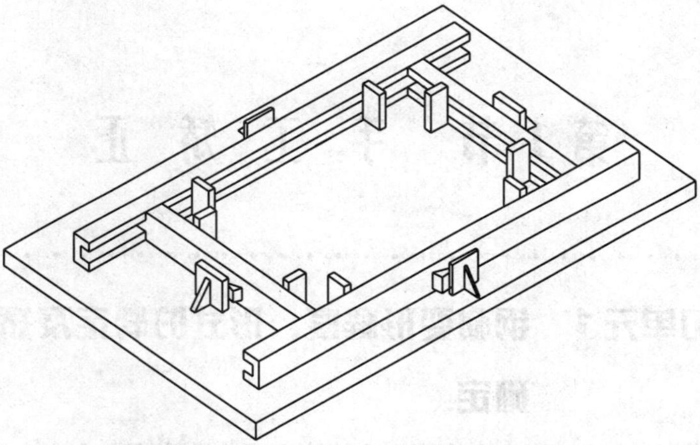

图 5—30　槽钢在装配胎型中定位

4. 测量检查并矫正

当各槽钢摆放定位后，应该完成下列测量任务：

（1）用钢卷尺检验槽钢框长度、宽度尺寸是否合格。

（2）用 90°角尺检验槽钢框四角的垂直度是否合格。

（3）目测槽钢框平面的平整程度，也可将钢直尺放在槽钢框平面上检验平面度。

经检验若发现不合格处，要予以纠正。

5. 实施定位焊

经过测量检查各项指标都合格后，即可实施定位焊，此时一定要注意定位焊的质量。

6. 装配质量整体检查

实施定位焊后，即可拆除夹具，对槽钢框再一次进行全面的装配质量检查，检查内容包括各种尺寸、垂直度、平面度等，检查合格后方可进行完全焊接。

第6章 矫　正

第1节　手　工　矫　正

学习单元1　钢材变形程度、形式的判定及矫正方法的确定

学习目标

- 了解钢材变形的原因
- 熟悉钢材变形程度的测量方法
- 掌握手工矫正基本原理与方法
- 能判定钢材或零件变形的程度和形式并能确定矫正方法
- 能选用常用的矫正工具

知识要求

一、钢材变形的原因

1. 变形的定义、特点以及影响

（1）变形

材料在外力或温度等因素的作用下，其内部原子的相对位置发生变化，宏观表现为形状和尺寸的变化，这种变化称为变形。

（2）特点

钢材或构件有多种不同形式的变形，但无论哪一种变形，都是由于钢材各个部分存在不同的残余应力所致。其中一部分纤维较长，受周围的压缩；一部分纤维较短，受周围的拉伸。

（3）影响

钢材变形会影响零件的号料、切割和其他加工工序的正常进行，降低加工的精度。零件加工中产生的变形如不矫正，则会影响结构的正确装配。由焊接产生的变形会降低装配的精度，使构件内部产生附加应力，影响构件的强度。此外，对于某些金属结构，变形还会影响产品的外观质量。

2．钢材和工件变形的原因

钢材和工件变形主要来自以下三个方面：

（1）在轧制过程中产生的变形

钢材在轧制过程中可能因产生残余应力而引起变形。

（2）在加工过程中产生的变形

当整张钢板被切割成零件时，由于轧制时造成的内应力得到部分释放而引起零件变形。

（3）装配焊接过程中产生的变形

在采用焊接方式连接时，随着产品结构形式、尺寸、板厚和焊接方法的不同，焊接的部件或成品由于焊缝的纵向和横向收缩的影响，不同程度地产生凹凸不平、弯曲、扭曲和波浪变形。

此外，大型结构在装焊过程中须进行吊运或翻转，若结构的刚度不足或吊运方法不当，在自重和吊索张力的作用下也可能导致变形。

二、钢材变形程度的测量方法

无论何种原因造成钢材和工件的变形，都必须进行矫正，以消除变形或将变形限制在规定的范围以内。

对于各种厚度的钢板，在矫平机或手工矫正后，应用长 1 m 的钢直尺检查，其表面翘曲度不得超过表 6—1 的规定。

型钢的直线度，角钢两边的垂直度，槽钢、工字钢翼板的垂直度的允许偏差如图 6—1 所示，图中 f 为型钢挠度，Δ 为偏差值。

表 6—1　　钢材表面的允许翘曲度　　mm

钢板厚度	3 ~ 5	6 ~ 8	9 ~ 11	>12
允许翘曲度	3.0	2.5	2.0	1.5

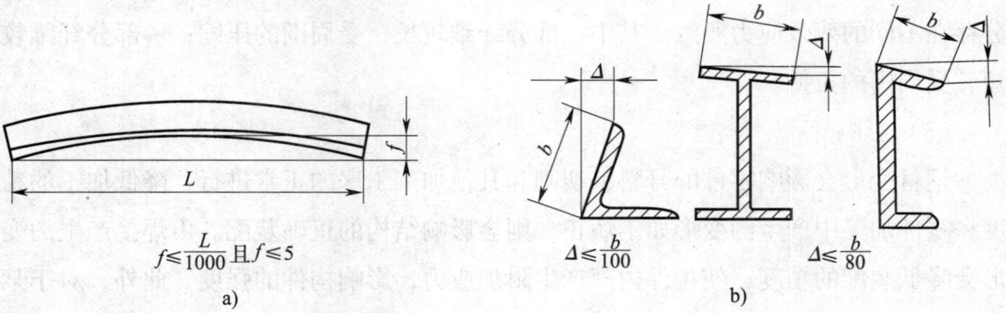

图 6—1　钢材的允许偏差

装配焊接后的形状和尺寸允许偏差随结构的类型、用途和性能要求不同而不同，通常在产品图样或技术文件中规定。

三、手工矫正基本原理与方法

1. 手工矫正基本原理

手工矫正常使用大锤或锤子锤击工件的特定部位，以使该部位较紧的金属得到延伸扩展，较松的金属得到挤压缩短，最终使各纤维层长度趋于一致，达到矫正的目的。

2. 手工矫正方法

（1）直接锤击凸起处

锤击力要大于材料的屈服强度，使凸起处受到强制压缩产生塑性变形而得到矫正。

（2）锤击凸起处周围

用较小的力量锤击凸起处的周围，使金属延展而得到矫正。

四、常用手工矫正工具

1. 大锤

矫正工作常用的大锤锤头质量有 3、4、5、6、8 kg。

2. 锤子

矫正中常用的锤子锤头可分为圆头、直头、方头等（见图 6—2），其中以圆头最为常用。

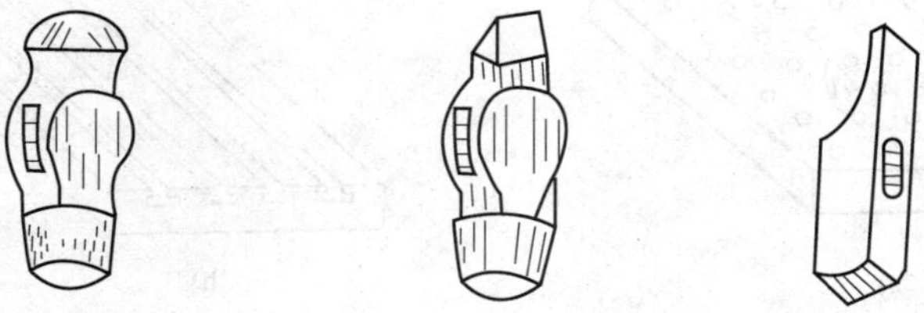

a)　　b)　　c)

图6—2 锤头

a）圆头 b）直头 c）方头

3. 平锤

平锤的形状如图6—3所示，其工作锤面为一平面，四周边缘略呈弧形，平锤在矫正工作中用于修整工件表面。将平锤置于工件被击打的部位上，再用大锤击打平锤，使大锤的锤击力通过平锤的工作面传递至工件，避免工件被大锤击伤。

4. 扳手

扳手用来矫正窄钢板条的扭曲变形，一般由矫正操作者自制。扳手的形状如图6—4所示，中间开口的宽度要与钢板条的厚度相适应，不要过宽，钢板能插入即可，开口的深度可与钢板条的宽度相等或稍深些。

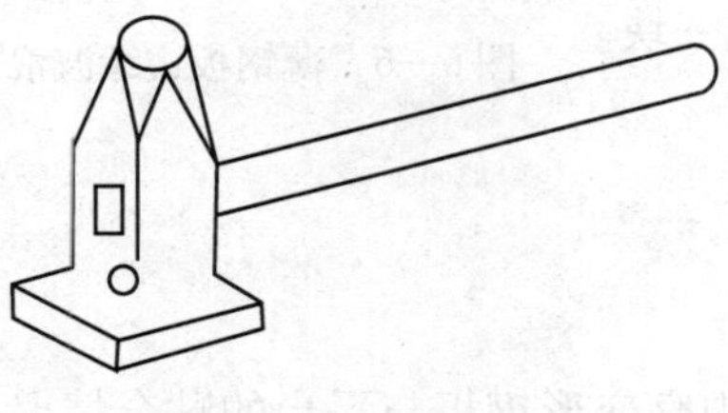

图6—3 平锤

图6—4 扳手

5. 平台

平台是矫正变形的基本设备，形状为长方形，规格有1 000 mm×1 500 mm、2 000 mm×3 000 mm等几种。平台可用铸铁或铸钢铸成，也可以用厚度30 mm以上的钢板焊接而成。

为了便于紧固工件，平台需要加工出一定数量的方形或圆形的通孔（见图6—5a），也可以在平台面上加工出一定数量的T形槽道（见图6—5b）。钢板平台主要用于结构装配。

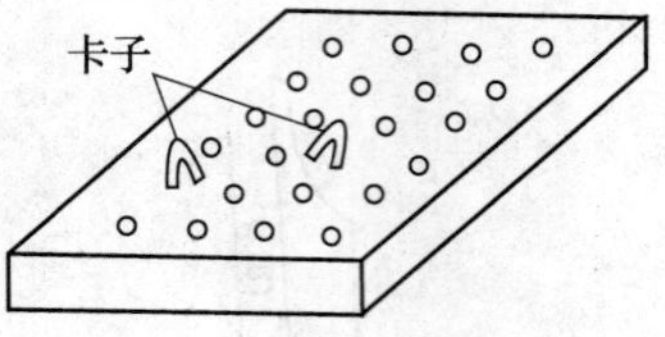

a)

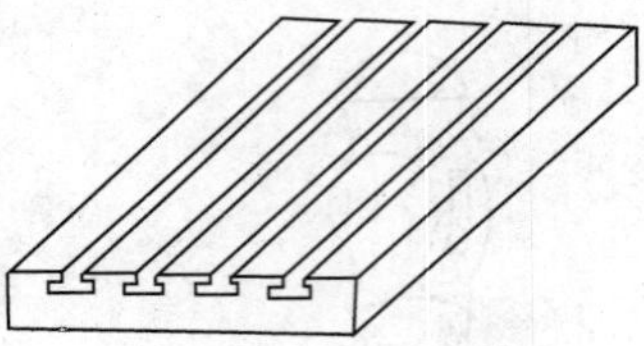

b)

图6—5　平台

a）带孔的平台　b）带T形槽的平台

技能要求

薄钢板边缘波浪变形的判定

一、操作准备

1．变形工件的准备

准备一块边缘波浪变形的薄钢板，尺寸为400 mm×400 mm×2 mm，如图6—6所示。

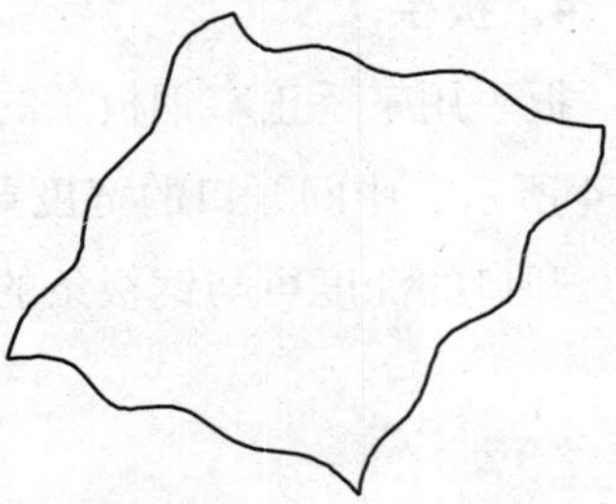

图6—6　薄钢板边缘波浪变形

2．工具、量具的准备

准备1 000mm钢直尺、刻度尺及平台。如果没有平台，准备1 000 mm×1 000 mm平钢板一块。

二、操作步骤

1．判定变形的形式

将变形的钢板放置在平台或平钢板上，观察变形钢板与平台的贴合情况。若钢板四周不能与平台贴合，证明钢板已发生变形。再观察钢板的中间部分，如果中间部分是平的，证明薄钢板为边缘波浪变形。

2．测量变形的程度

将钢直尺横向立放在变形钢板两相邻凸起处，利用刻度尺量取变形钢板凹处到钢直尺边的距离，即可得知变形的程度。

3．确定矫正方法

根据钢板变形的程度及实际情况，选择手工矫正。因为变形工件的厚度较薄，所需矫正力不大。另外，手工矫正工具简单、操作方便。

4. 选用矫正工具

1 000 mm×1 500 mm 平台，0.5 kg 锤子一把。

三、注意事项

在测量变形的程度时，要测量变形较大的部位。

学习单元 2　手工矫正钢板条弯曲、扭曲变形

学习目标

1. 掌握原材料各种变形的手工矫正方法
2. 能手工矫正钢板条的弯曲、扭曲变形

知识要求

一、原材料变形的形式

钢材因受外力、加热等因素的影响，表面会产生不平、弯曲、扭曲、波浪等变形缺陷，这些变形将直接影响零件和产品的制造质量。

二、各种变形的手工矫正方法

1. 弯曲变形的矫正

弯曲变形矫正的方法有直击凸处和延展法。

（1）直击凸处

锤击力要大于材料的屈服强度，使材料凸起处受到强制压缩产生塑性变形而矫平。

（2）延展法

用较小的锤击力锤击凹面，使材料仅在凹面扩展而矫平。

2. 扭曲变形的矫正

扭曲变形矫正的方法有扳扭法和锤击法。

（1）扳扭法

扳扭法是在钢板条扭曲处的两端施加反向扭曲力，使钢板条新的扭曲变形与原

有的扭曲变形相互抵消，扭曲变形得以矫正。如图 6—7 所示，扳扭时将钢板条扭曲处的一端卡在平台上，另一端卡在扳手上，并用力做反向扭转，直到消除扭曲现象为止。若扭曲变形严重，可移动钢板条分段进行扳扭。

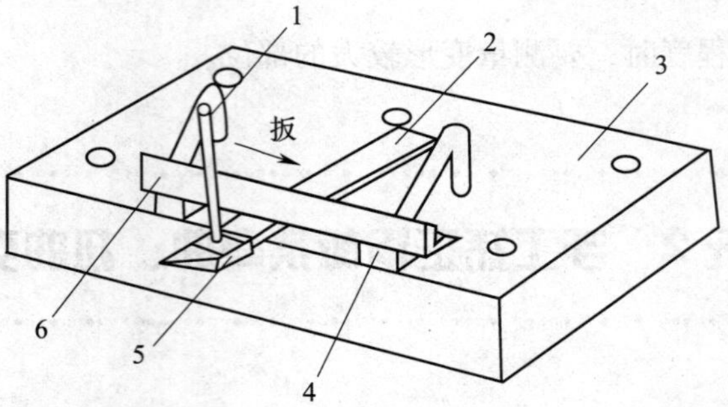

图 6—7　窄钢板条扭曲变形的扳扭矫正

1—羊角卡　2—工件　3—平台　4—垫铁　5—扳手　6—压铁

（2）锤击法

扭曲变形用锤击法矫正，是靠锤击力使钢板条发生反向扭曲以矫正变形。图 6—8 所示为锤击法矫正扭曲变形，将扭曲的钢板条放在平台边缘上，以平台边缘与钢板条的接触点为支点，将扭曲处伸出平台边缘外，沿扭曲的反方向进行锤击。锤击时落点要控制好，若落点离平台边缘过近，易损伤工件；若落点离平台边缘过远，工件震颤，矫正效果不好。

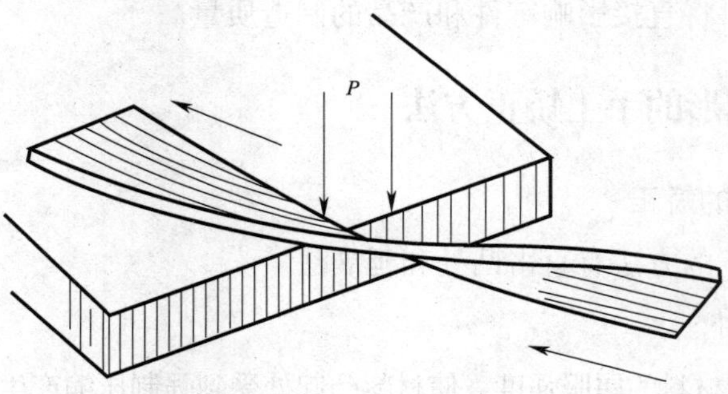

图 6—8　锤击法矫正窄钢板条的扭曲变形

3．波浪及中间凸起变形的矫正

波浪变形的矫正，是对中间部位（纤维层紧的部分）用较小的锤击力锤击，使材料扩展而矫平；中间凸起变形的矫正，是对四周（纤维层紧的部分）用较小的锤击力锤击，使材料扩展而矫平。

技能要求

窄钢板条弯曲、扭曲变形的手工矫正

一、操作准备

1. 工件的准备

窄钢板条矫正工件如图 6—9 所示。

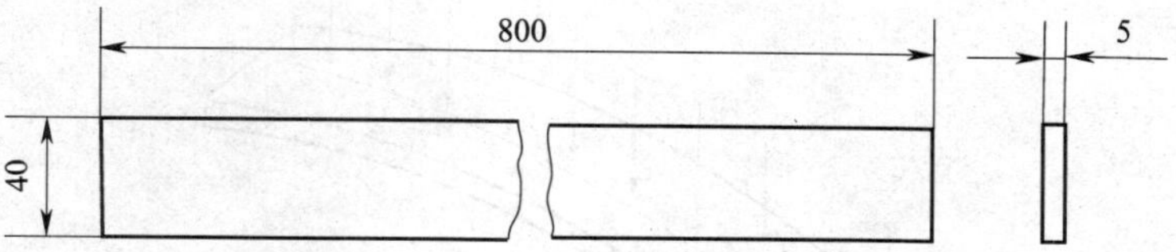

图 6—9　窄钢板条矫正工件

2. 工具、量具的准备

准备锤子、扳手、1 000 mm 钢直尺。

3. 平台的准备

准备 1 000 mm ×1 500 mm 平台一块。

二、操作步骤

1. 矫正工序的确定

确定正确的矫正工序十分重要。不适当的矫正工序，会使矫正工作事倍功半。比如，若先矫正弯曲变形，后矫正扭曲变形，则不仅弯曲变形矫正的效果不好判别，而且在矫正扭曲变形的过程中，往往又会产生新的弯曲变形。

正确的矫正工序是：矫正扭曲变形→矫正立面弯曲（钢板条宽度平面内的弯曲）→矫正平面弯曲（钢板条厚度平面内的弯曲）。

当然，窄钢板条上的几种变形是互相牵连相互影响的。因此，几种变形的矫正也难免时有交替，以求高质量和高效率。但这种交替是在基本矫正工序的基础上进行的。

2. 扭曲变形的矫正

根据窄钢板条扭曲变形的情况，采用扳扭法进行矫正。

3. 弯曲变形的矫正

（1）立面弯曲变形的矫正

采用锤击扩展凹侧平面的方法矫正。锤击时，靠凹侧边缘的锤击点要密，向钢板内逐渐稀少。打击一面后，翻转钢板条，再打击另一面，直至调直。

（2）平面弯曲变形的矫正

矫正窄钢板条平面弯曲变形时，将工件放在平台上，垫上平锤（或用木锤），用大锤沿窄钢板条凸起面纵向中心线进行击打，即可将工件矫正（见图6—10）。但需注意，锤击时落锤点不要偏在钢板条边缘，以免引起立面弯曲。

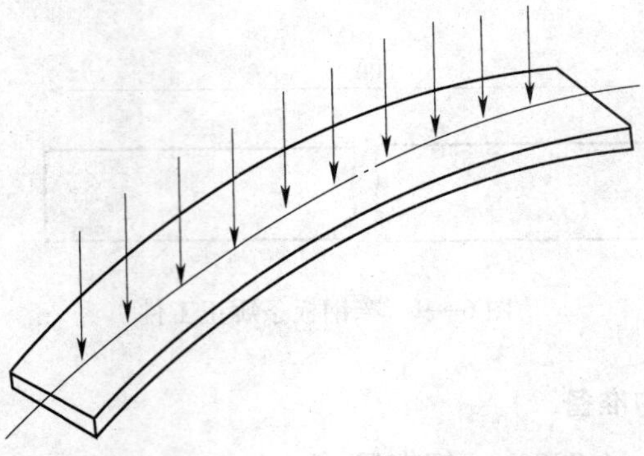

图6—10 窄钢板条平面弯曲变形的矫正

4. 质量检查

窄钢板条的矫正质量，可采取如下两种方法检验：

（1）将矫正后的窄钢板条放在平台或比较平的钢板上，用手按动其四角，看是否平稳，同时查看其整个平面是否都贴靠平台。若钢板条能以整个平面平稳地贴靠在平台上，说明其扭曲及平面弯曲均已矫正。然后再以同样的方法检验立面。

（2）以目测检验钢板条两侧边线是否为直线并且相互平行，若两侧边线均为直线并且互相平行，说明钢板条的变形已完全矫正。

经检验后，若发现不合格处，应进行修整，直至完全合格。

三、注意事项

（1）窄钢板条是经剪切加工而成的，边缘锋利而多毛刺，矫正操作中要注意防止割伤手、脚。

（2）矫正质量检验以目测为主，为求准确掌握检验标准和熟练的检验操作，要加强矫正质量检验的练习。

学习单元3 手工矫正平面框架构件变形

学习目标

1. 熟悉角钢框变形的形式与矫正方法
2. 能手工矫正平面框架构件的变形

知识要求

一、角钢框变形的形式

角钢框变形的形式有角钢框角度不垂直、角钢框的四边不在同一平面内。

二、角钢框变形的矫正方法

1. 角钢框角度不垂直的矫正

角钢框角度不垂直的矫正，可采用撞击方法矫正。将角钢框角度小于90°的角向下，立在装配台上，撞击矫正，至角度合适为止。

2. 角钢框的四边不在同一平面内的矫正

将角钢框放置在平台上，把较低的两对角用垫铁垫起，用羊角卡固定较高的一角，再用锤子向下击打另一较高的角，直至矫平为止。

技能要求

角钢框变形的手工矫正

一、操作准备

1. 工件的准备

角钢框变形工件如图6—11所示。

2. 工具、量具的准备

准备锤子、垫铁、钢直尺、90°角尺。

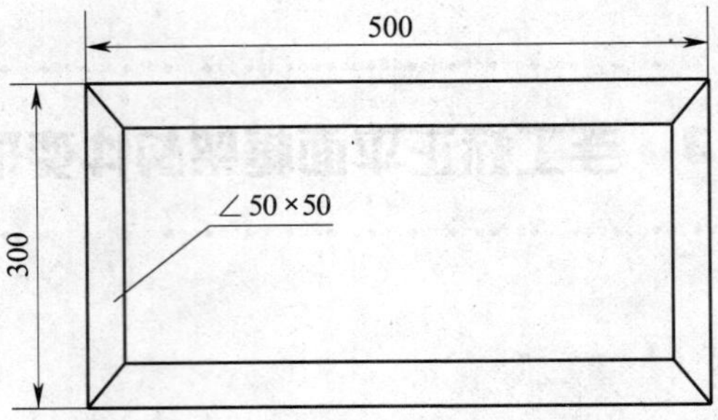

图6—11　角钢框变形工件

3．平台的准备

准备带孔的平台及羊角卡。

二、操作步骤

1．角度变形的矫正

用90°角尺测量角钢框各角的角度，找出小于90°的两对角。将小于90°的角向下，在平台上撞击（见图6—12），这样会使小于90°的两对角的角度变大，直至角度测量合格。

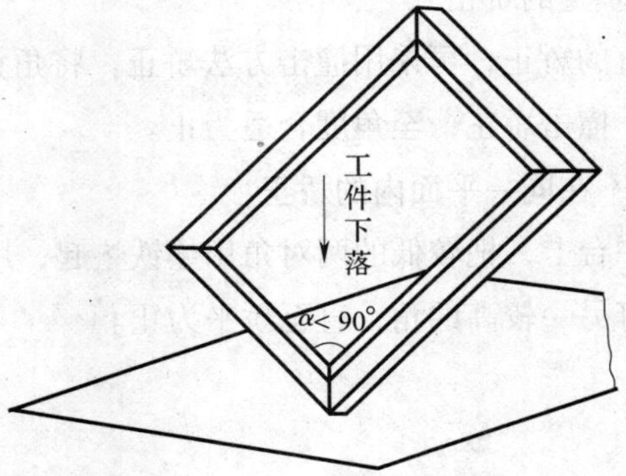

图6—12　矫正角钢框的角度

2．平面度不合格的矫正

在角钢框的两对角上用粉线拉紧，测量平面度的变形量。选择合适的垫铁，垫起较低的两对角，固定较高的一角，再用锤子向下击打另一较高的角，直至矫平为止。

三、注意事项

1．在矫正过程中，锤击时尽可能不要损坏角钢的表面或使角钢的角度发生变化。

2. 矫正时，要随时测量，避免矫正过量。

第 2 节　火焰矫正

学习单元 1　钢材单向变形火焰矫正

学习目标

➢ 掌握火焰矫正的基本原理
➢ 熟悉火焰矫正常用的加热方式
➢ 能对钢材单向变形进行火焰矫正

知识要求

一、火焰矫正的基本原理与特点

1. 火焰矫正的原理

火焰矫正是利用金属局部加热后所产生的塑性变形抵消原有的变形，从而达到矫正的目的。火焰矫正时，应对变形钢材或构件纤维较长的金属进行有规律的火焰集中加热，并达到一定的温度，使该部分金属获得不可逆的压缩塑性变形。冷却后，对周围的材料产生拉应力，使变形得到矫正。

2. 火焰矫正的特点

（1）火焰矫正能获得相当大的矫正力，矫正效果明显。

（2）火焰矫正设备简单、方法灵活、操作方便，不仅在材料准备工序中用于钢板和型钢的矫正，而且广泛应用于金属结构在制造过程中各种变形的矫正。

（3）火焰矫正与机械矫正一样，也要消耗金属材料部分的塑性储备，对于特别重要的结构、脆性或塑性很差的材料要慎重使用。

二、火焰矫正常用的工具

火焰矫正常用的工具有氧气瓶、乙炔瓶、氧气表、乙炔表、氧气乙炔导管、烤炬。

三、火焰矫正常用的加热方式

按加热区的形状，分点状加热、线状加热、三角形加热三种方式。

1. 点状加热

用火焰在工件上做圆点状加热，根据需要可以加热一点或多点。多点加热时在板材上多呈梅花状均匀分布，如图 6—13 所示，型材或管材多呈直线排列。加热点直径 d 随板厚而变化，但一般不应小于 15 mm。点与点之间距离随变形增大而减小，一般为 50 ~ 100 mm。

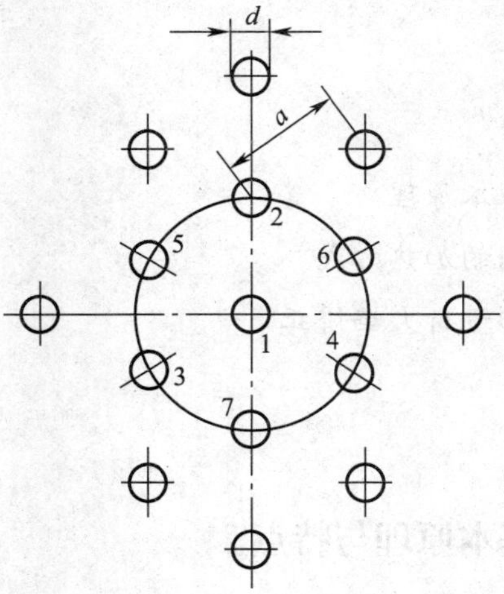

图 6—13　点状加热

2. 线（条）状加热

火焰沿一定方向直线移动并做横向摆动，以形成具有一定宽度的条状加热区，如图 6—14 所示。加热区宽度通常取板厚的 0.5 ~ 2.0 倍，一般为 15 ~ 20 mm。加热线的长度和距离视工件尺寸和变形情况而定。线状加热多用于矫正刚度和变形较大的结构。

3. 三角形加热

将火焰摆动，使加热区呈三角形，三角形的底边在被矫正钢板或型钢纤维层较长的边缘，顶角向内，如图 6—15 所示。三角形加热法常用于刚度较大构件的变形。三角形的顶角约为 30°，矫正型钢或焊接梁时，三角形的高度应为腹板高度的 1/3 ~ 1/2。

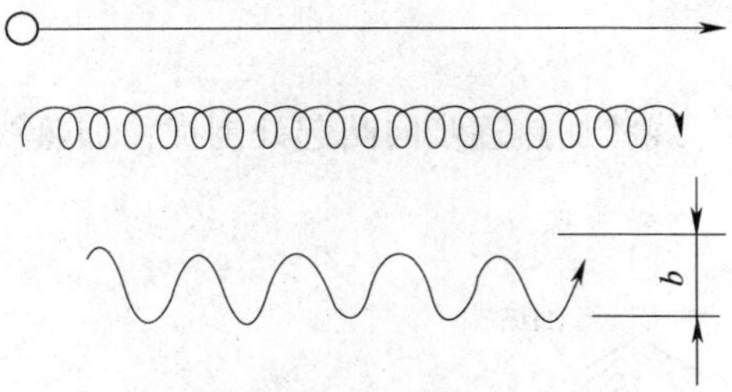

图 6—14　线状加热

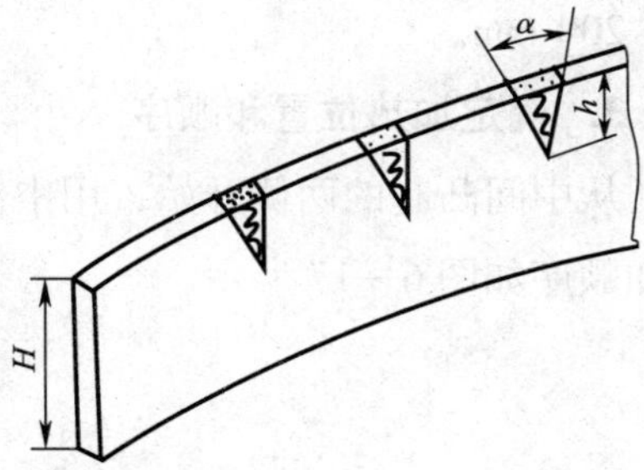

图 6—15　三角形加热

技能要求

钢板中间凸起变形火焰矫正

一、操作准备

1. 工件的准备

钢板中间凸起变形工件如图 6—16 所示。

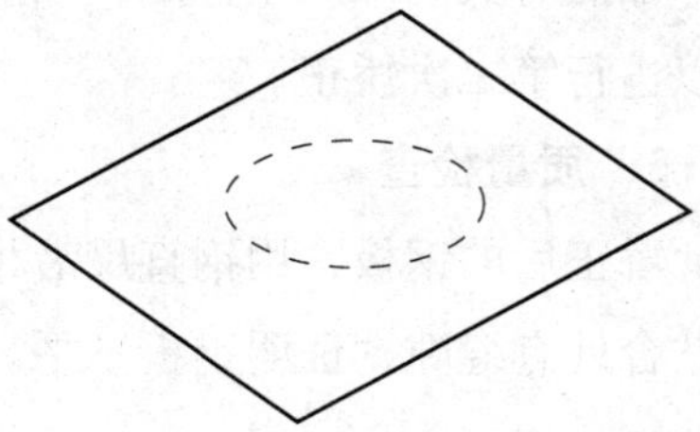

图 6—16　钢板中间凸起变形工件

2. 工具、卡具、量具的准备

（1）准备加热工具、设备

焊炬（H01 - 20）、氧气瓶、乙炔气瓶、减压器等。

（2）准备矫正工具

钢直尺、羊角卡、大锤、木锤、盛水器具等。

3. 平台的准备

准备 1 000 mm ×1 500 mm 带孔平台。

二、操作步骤

1. 将钢板四周压紧

用羊角卡将钢板四周压紧在平台上。

2. 确定加热方式

根据工件变形的情况，采用线状加热，加热宽度取板厚的 0.5 ~2 倍，加热长度取板宽的1/3~1/2，加热线间距视变形大小而定，变形越大间距越近，一般取50~200 mm。

3．确定加热位置和顺序

从中间凸起的两侧开始，用中性火焰，线状加热逐步向凸起处围拢，加热线布置和顺序如图6—17所示。

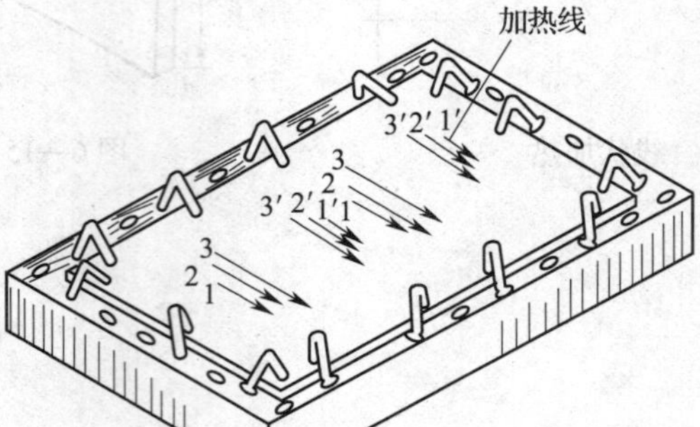

图6—17 钢板中间凸起变形的矫正

4．加热

加热时火焰采用中性焰，加热温度为600~800℃。如第一次矫正后仍有不平，可以进行第二次矫正。

5．质量检查

矫正后的钢板，用钢直尺沿相互垂直的两个方向检测。检测时，若钢直尺与钢板贴合处有缝隙，证明钢板不平，需继续矫正。

三、注意事项

1．使用加热工具和设备时，应严格遵守安全操作规程。

2．加热时，应注意控制加热的温度，不能出现过烧或熔化现象。

学习单元2 弯曲变形构件火焰矫正

学习目标

➤ 掌握构件产生变形的原因

➢ 能对弯曲变形构件进行火焰矫正

知识要求

构件产生变形的原因主要有以下几个方面：

1. 施焊时，工字梁如果没有垫平，焊接时，由于自身重力的影响使工字梁发生变形。正确的施焊方法是把总装好的工字梁垫平后再进行焊接。

2. 虽然工字梁断面是对称的，但如果不对称焊接，工字梁会发生变形。一般对称布置的焊缝，最好由成对的焊工对称地进行焊接，这样可使各焊缝所引起的变形相互抵消。

3. 如果焊接顺序不合理，也会发生各种变形。焊接时，应采用合理的焊接顺序。

技能要求

工字梁焊接产生弯曲变形的火焰矫正

一、操作准备

1. 工件的准备

工字梁变形工件如图 6—18 所示。

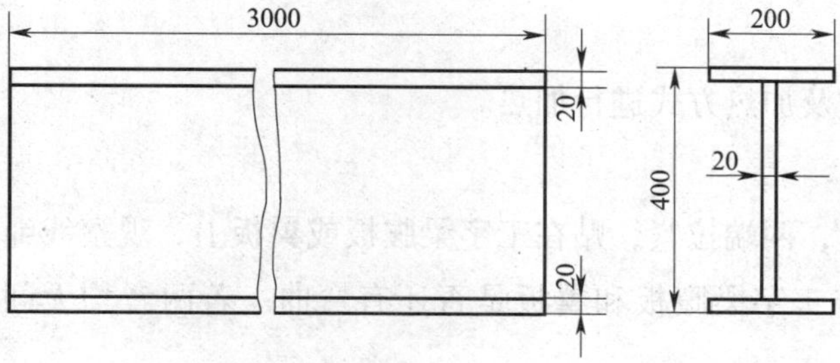

图 6—18　工字梁变形工件

2. 工具、量具的准备

（1）准备矫正工具

钢直尺、羊角卡、大锤、木锤、盛水器具等。

（2）平台的准备

准备 1 000 mm ×1 500 mm 带孔平台。

3. 火焰矫正工具的准备

焊炬（H01－20）、氧气瓶、乙炔气瓶、减压器等。

二、操作步骤

1. 变形情况分析

工字梁弯曲变形分立拱（腹板平面内的弯曲）和旁弯（翼板平面内的弯曲）。

2. 确定加热方式及位置

工字梁立拱和旁弯的矫正均可采用三角形加热方法，加热位置应在工件弯曲的外侧，并应均匀分布。矫正立拱时以加热腹板为主（见图6—19a）；矫正旁弯时只要加热翼板即可（见图6—19b）。

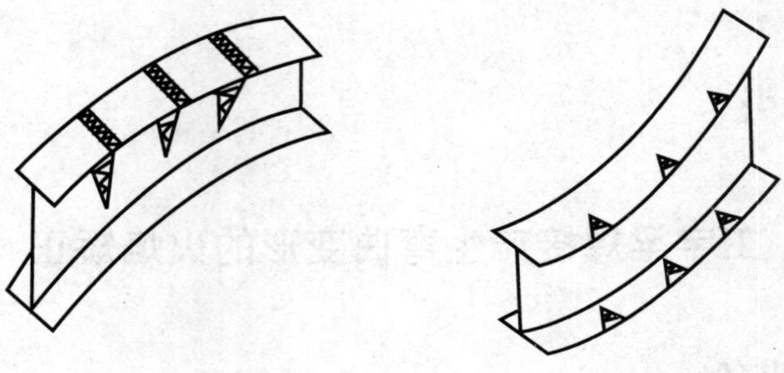

a)　　b)

图6—19　焊接工字梁弯曲变形矫正的加热位置及方法

a）立拱的矫正　b）旁弯的矫正

3. 火焰加热

按图6—19所示的加热位置及加热方式进行加热。

4. 质量检查

取与工字梁长度相等的线绳，两端拉紧，贴在工字梁腹板或翼板上，观察线绳与工字梁间是否有间隙，以检查工字梁腹板和翼板是否还有弯曲。若两者均无间隙，说明弯曲变形已经得到矫正。

检验工字梁矫正质量也可采用前面介绍的目测检验法。

三、注意事项

1. 使用加热工具和设备时，应严格遵守安全操作规程。

2. 在不具备完善的实习条件时，可进行演示教学，也可以焊接T形梁代替工字梁。

第7章 连接

第1节 焊接与铆接

学习单元1 焊接方法与焊接变形的控制

学习目标

1. 了解焊条电弧焊原理
2. 熟悉焊条选用原则
3. 能进行构件的定位焊

知识要求

一、焊条电弧焊原理及常用方法

焊接就是通过加热、加压，或两者并用，并且用（或不用）填充材料，使焊件达到原子结合的一种连接方法。

1. 焊条电弧焊原理

（1）手工电弧焊的过程

手工电弧焊是用焊条和焊件作为两个电极，焊接时，由电弧焊机提供焊接电源，利用电弧热使工件与焊条同时熔化，焊件上的熔化金属在电弧吹力下形成一凹坑，称为熔池。焊条熔滴借助电弧吹力和重力作用过渡到熔池中（见图7—1）。药皮熔化后，在电弧吹力的作用下与液体金属发生快速、强烈的冶金反应，反应后形成的气体不断地从熔化金属中排出，熔渣浮起覆盖在焊缝表面上，逐渐冷凝形成渣壳。排出的气体减少了焊缝金属生成气孔的可能性。围绕在电弧周围的气体与熔渣，共同防止了空气的侵入，使熔化金属缓慢冷却，熔渣对焊缝的成形起着重要的作用。随着电弧向前移动，焊件和焊条金属不断熔化形成新熔池，原先的熔池则不断地冷却凝固，形成连续的焊缝。

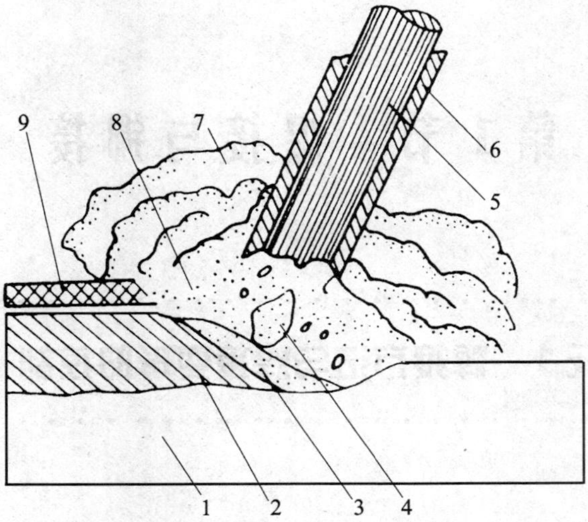

图7—1　电弧焊焊接过程

1—工件　2—焊条　3—熔池　4—金属熔滴　5—焊条芯　6—焊条药皮

7—气体　8—液态熔渣　9—固态渣壳

焊接过程实质上是一个冶金过程。它的特点是：熔池温度很高，加上电弧的搅拌作用，使冶金反应进行得非常强烈，反应速度快；由于熔池的体积小，存在的时间短，所以温度变化快；参加反应的元素多。

（2）焊接电弧

在两个电极（焊条和工件）间的气体介质中，产生强烈而持久的放电现象称为电弧。电弧产生时，能释放出强烈的弧光和集中的热量，电弧焊就是利用此热量熔化焊件金属和焊条进行焊接的。引燃电弧时，应将焊条与焊件接触后立即分开，并保持一定距离，这时在焊条端部与焊件之间就产生了电弧（见图7—2）。

(3) 焊接电弧的构造及温度

焊接电弧由阴极区、阳极区和弧柱三部分组成（见图7—3）。

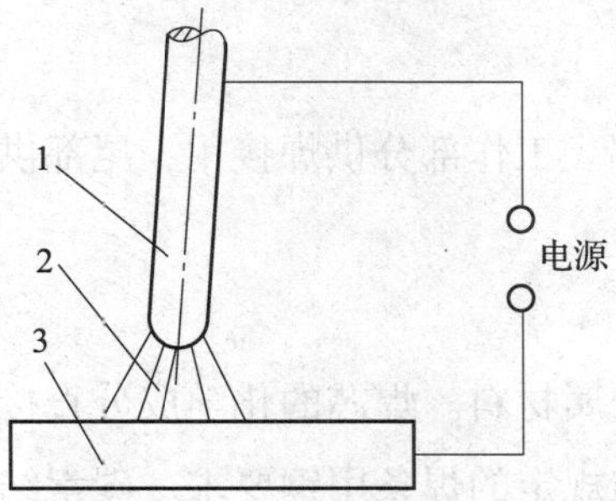

图7—2 电弧示意图

1—焊条 2—电弧 3—焊件

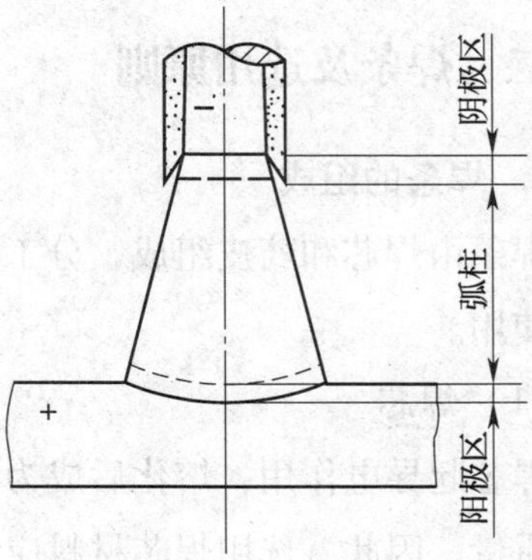

图7—3 电弧的构造

直流正接时，阴极区位于焊条末端，阳极区位于焊件表面，弧柱介于阴极和阳极之间，四周被气体和弧焰包围（弧柱的形状一般呈锥台形）。

在电弧中各部分的温度，因电极和工件材料不同而有所不同。焊接钢材时，阳极区温度约为2 600℃，阴极区温度约为2 400℃，电弧中心区温度可达6 000 ~ 8 000℃。

(4) 焊接电弧极性的选择

使用直流电焊机焊接时，工件接正极而焊条接负极称为正接法；反之，称为反接法。正接法焊件获得的热量高，适用于厚板件焊接；反接法焊件获得的热量稍低，适用于薄板或采用低氢型焊条的焊接。

使用交流电焊机焊接时，由于电源的极性是交变的，两极上产生的热量相同，不存在正接和反接问题。

2. 焊条电弧焊常用方法

焊接的方法很多，按焊接过程、原理及特点，一般可分为熔焊、压焊和钎焊三大类。

(1) 熔焊

熔焊是在焊接过程中，将焊件接头加热至熔化状态，不加压完成焊接的方法。

(2) 压焊

压焊是在焊接过程中，必须对焊件施加压力（加热或不加热）完成焊接的方法。

(3) 钎焊

钎焊是采用比母材熔点低的金属材料，将焊件和钎料加热到高于钎料的熔点而低于母材熔点的温度，利用液态钎料润湿母材，填充接头间隙并与母材相互扩散实现连接焊件的方法。

二、焊条及选用原则

1. 焊条的组成

焊条由焊芯和药皮组成，分工作部分和尾部。工作部分供焊接用，尾部供焊把夹持使用。

（1）焊芯

焊芯起导电作用，熔化后成为填充焊缝的金属材料。焊芯的化学成分直接影响焊缝质量，因此，选用焊芯材料应符合国家标准规定的焊条用钢要求。碳素结构钢焊芯牌号有 H08、H08A、H08Mn、H15A、H15Mn 等。

焊条直径（即焊芯直径）有 1.6、2、2.5、3.2、4、5、5.8、6、7、8 mm 等多种规格，长度为 250 ~ 450 mm。其中以直径 3.2、4、5 mm 的焊条应用最为普遍。

（2）药皮

药皮在焊接过程中有多种作用，如提高电弧燃烧的稳定性；造气、造渣，防止空气侵入熔滴、熔池；使焊缝金属缓慢冷却；保证焊缝金属的脱氧和加入合金元素，提高焊缝的力学性能。

药皮的组成成分十分复杂，根据药皮组成物在焊接过程中所起的主要作用可分为稳弧剂、造气剂、造渣剂、脱氧剂、合金剂、稀渣剂、黏结剂和增塑剂八类。

按焊条药皮熔化后形成熔渣的化学性质，可将焊条分为酸性焊条和碱性焊条两种。

2. 焊条的选用

焊条的选用主要考虑以下两点：

（1）按母材的力学性能和化学成分选用相应的焊条。如碳素结构钢或低合金高强度钢焊接时，可选用强度等级和母材相同的焊条；对于特殊钢（如不锈钢、耐热钢等），要选用主要合金元素与母材相同或接近的焊条。如果母材的含碳量较高，或含硫、磷较高，焊后易裂时，可选用抗裂性较好的低氢型焊条。

（2）按工件的工作条件和使用性能选择合适的焊条。当焊接部位有锈蚀、油污等很难清除的情况下，应选用酸性焊条；如构件受冲击载荷作用，应选用冲击韧性和延伸率较高的碱性焊条。

此外，选择焊条时还应考虑构件大小、焊接设备条件、劳动条件、生产率高低和成本等因素。

三、定位焊

定位焊又称点固焊，在装配工作中用来临时固定各零、部件之间相对位置，使已经装配的焊接结构保持正确的几何形状和尺寸。由于定位焊缝呈一定间隔地分布在正式焊缝的位置上，因此，正确地施行定位焊，不仅能使结构达到装配所需要的强度和刚度，还对保证正式焊缝的质量起着重要的作用。

技能要求

槽型钢结构件定位焊

一、操作准备

1. 材料的准备

按定位焊工件图（见图 7—4）准备好钢板。

2. 工具、量具的准备

准备锤子、90°角尺等。

3. 焊接设备、焊条的准备

准备电焊机、ϕ3.2 mm 电焊条。

二、操作步骤

1. 识读工件图

定位焊工件图如图 7—4 所示。

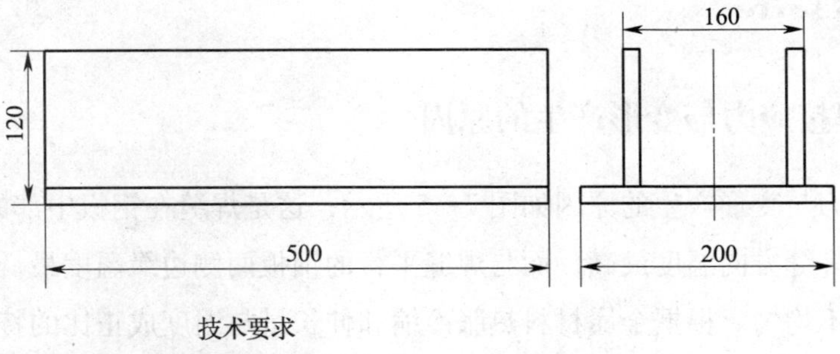

技术要求

1. 构件板厚为12。
2. 保证腹板与翼板垂直。
3. 点焊牢固。

图 7—4　槽型钢定位焊工件图

2. 定位焊工艺规范的选择

定位焊因施焊位置不同，而采取平焊、角焊或立焊等方法，故前面介绍的各种焊接方法的工艺规范仍可参照。应该强调的是：定位焊所用的焊条、焊件温度等工艺条件，应该与正式施焊时的要求相同；焊接电流应比正式焊接电流大10%～15%，以防止产生未焊透和焊脚过高等缺陷。

3. 定位焊长度及间隔的确定

定位焊长度为10～20 mm，间隔为150～200 mm。

三、注意事项

1. 操作前要穿戴好劳动保护用品。
2. 按焊件的规格调整好焊接电流。
3. 焊后要清除熔渣，检查是否焊牢。

学习单元2　焊接变形与定位焊

学习目标

1. 掌握焊接变形及预防知识
2. 能判断零部件点焊变形的趋势并采取预防措施
3. 能进行构件的定位焊

知识要求

一、焊接应力与变形产生的原因

焊接应力与变形产生的原因如图7—5所示，这是焊缝在钢板中部的对接焊件。焊接时，沿焊缝方向温度最高，而与焊缝平行的钢板两侧边缘温度最低，焊件上的温度分布极不均匀。根据金属材料热胀冷缩和伸长量与温度成正比的特性，焊件将产生大小不等的纵向膨胀，其中以焊缝区最大。假设各部分的金属均能自由膨胀伸长，而不受周围金属的阻碍和牵制，其伸长应像图7—5a中虚线部分所示那样。但焊件是一个整体，这种伸长不可能自由地实现，焊件端面只能较均衡地伸长，于是焊缝区金属因受到两侧金属的阻碍，产生压应力，远离焊缝区的金属则受到拉应力的作用。由于焊缝区的温度较高，当压应力超过屈服极限时，该部分金属就产生了热塑性变形（变形量等于图中虚线围绕的空白部分）。此时焊件中的压应力与拉应力达到平衡，焊件比原尺寸伸长了 Δl。

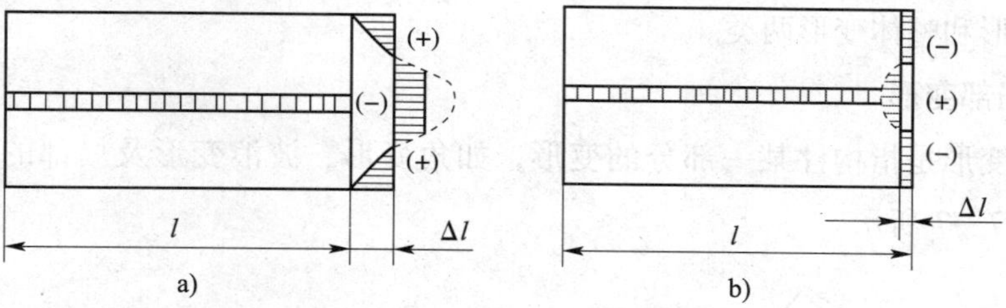

图 7—5　对接平焊时的应力与变形

a）加热过程　b）冷却过程

注：（+）表示拉应力，（−）表示压应力。

焊件冷却收缩时，由于焊缝区在加热时产生热塑性变形的缘故，所以最终的长度比原来的短些。缩短的长度从理论上来说，应等于热塑性变形的长度（见图 7—5b 中虚线部分）。但由于中间部分金属的收缩受到两侧的牵制，实际收缩只能达到图中实线位置，这样，焊件长度比原尺寸缩短 Δl，于是两侧出现压应力。焊件中间由于没有完全收缩，则出现拉应力。这些残存在焊件内部的应力就是焊接残余应力，也就是本节所指的焊接应力。收缩量 Δl 则称为焊接变形。以上分析说明，焊接过程中，对焊件进行局部不均匀的加热是产生焊接应力与变形的根本原因。

焊缝金属和焊缝附近的金属，沿焊缝方向受热膨胀或冷却收缩。同时，垂直于焊缝方向的金属也受焊接温度的影响，引起膨胀或收缩，导致产生横向热塑性变形和焊接应力，使焊件横向收缩（见图 7—6）。

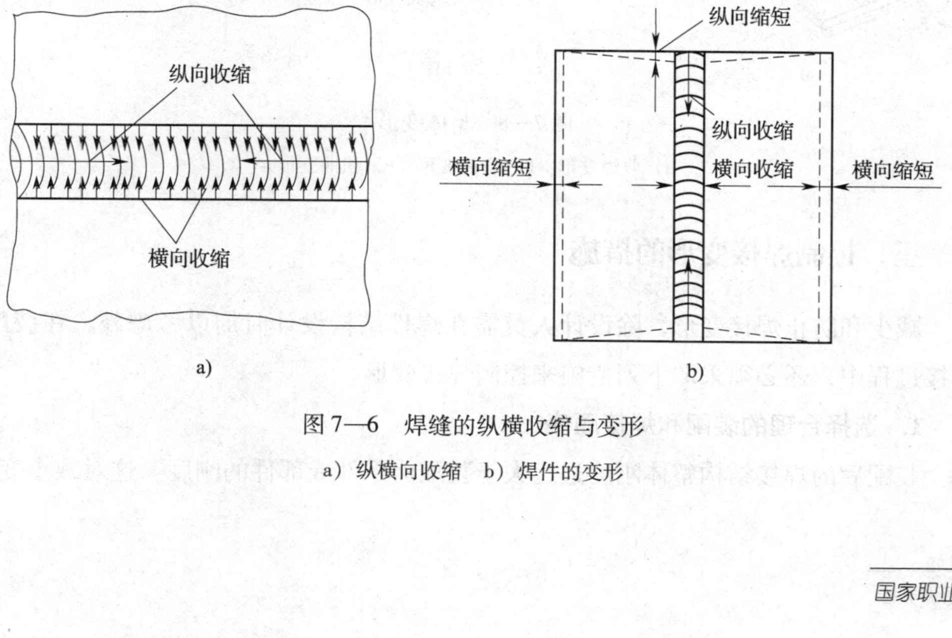

图 7—6　焊缝的纵横收缩与变形

a）纵横向收缩　b）焊件的变形

二、焊接变形的分类

在焊接过程中，由于接头的形式、钢板的厚薄、焊缝的长短、工件形状及焊缝位置等因素，会出现各种不同形式的变形。根据焊接变形对结构的影响不同，可分为局部变形和整体变形两类。

1. 局部变形

局部变形是指构件某一部分的变形，如角变形、波浪变形及局部的凹凸不平等，如图 7—7 所示。

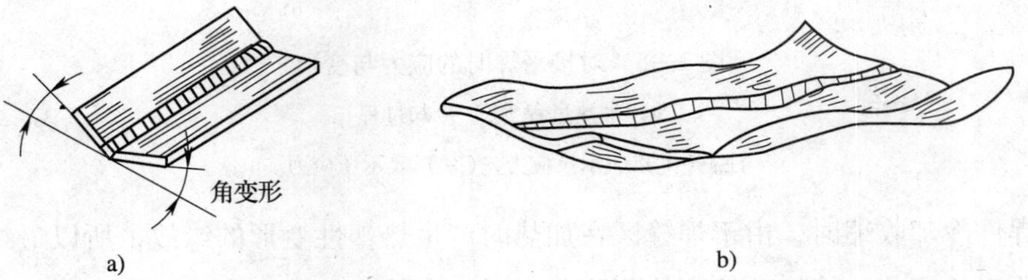

图 7—7　局部变形

a）角变形　b）波浪变形

2. 整体变形

整体变形是指整个结构的形状或尺寸发生变化，这种变化是由于焊缝在各个方向收缩引起的，如收缩变形、弯曲变形和扭曲变形等，如图 7—8 所示。

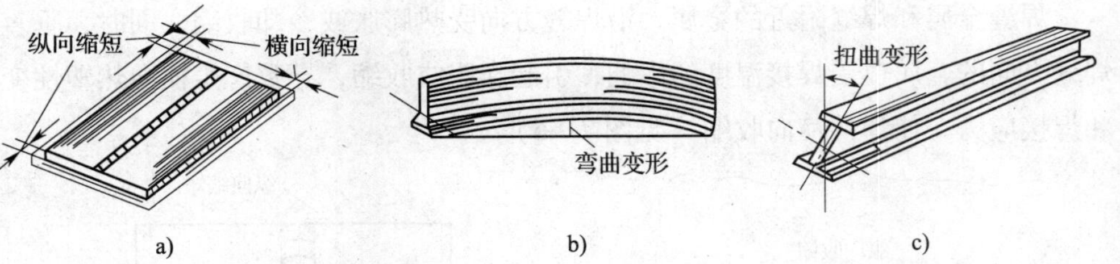

图 7—8　整体变形

a）收缩变形　b）弯曲变形　c）扭曲变形

三、控制焊接变形的措施

减少和防止焊接变形，除设计人员需在焊件结构设计时加以考虑外，在装配、焊接过程中，还必须采取下列措施来控制焊接变形。

1. 选择合理的装配和焊接顺序

装配后的焊接结构整体刚度远远大于装配前零件或部件的刚度，这对减小变形是有利的。所以对于截面和焊缝对称的简单构件，最好先装配成整体，再按焊接顺序对称地施焊。但是，对于结构较复杂的焊接件，采用先装配成整体，再一次焊接完就不一定合理。其原因是复杂结构控制变形困难，若焊后出现变形，因刚度大而不易矫正。所以，一般都是将复杂的结构划分为若干简单部件进行装配焊接，这样变形容易控制和矫正，最后将焊接好并矫正完的部件总装焊接。

在同一焊接结构上，通常存在许多条焊缝，为使结构变形最小，应该考虑焊接顺序。焊缝对称布置的结构，如果采用的焊接规范相同，先焊的焊缝由于受到的强制约束较小，因而引起的变形较大。各条焊缝引起的变形量一般不能互相抵消，所以，焊件最后的变形往往和先焊的焊缝引起的变形相一致。

（1）采用对称焊接

一般对称布置的焊缝，最好由成对的焊工对称地进行焊接，这样可使各焊缝引起的变形相互抵消。图 7—9 所示的圆筒体对称焊时，应由两名焊工按图中顺序号对称地进行焊接。

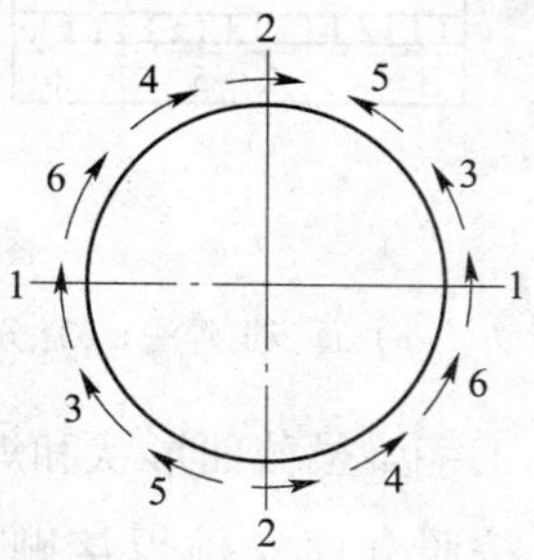

图 7—9　圆筒体对称焊接顺序

在焊接平面上的焊缝时，应该使焊缝的纵向和横向收缩比较自由，不受较大的约束，焊接应从中间向四周对称进行，如图 7—10 所示。只有这样才能使焊缝由中间向外依次收缩，从而减小焊件的内应力和局部变形，结构周边的收缩变形可以通过加放余量予以补偿。

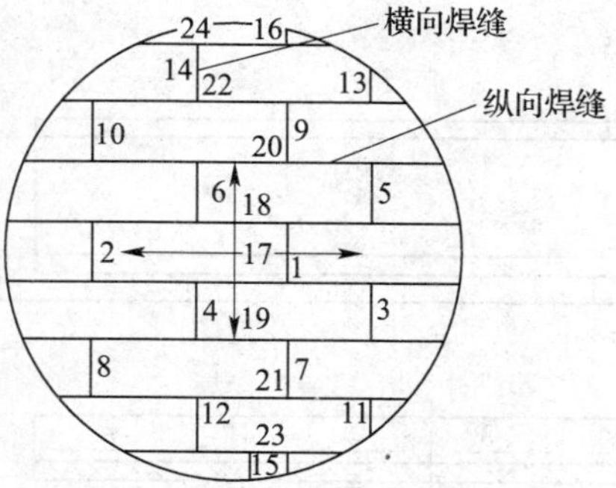

图 7—10　大型容器底板拼接的焊接顺序

（2）构件焊缝分布不对称

若构件焊缝分布不对称，一般应先焊焊缝少的一侧，后焊焊缝多的一侧。这样可以使先焊焊缝所引起的变形部分得到抵消。

（3）采用不同的焊接顺序

当焊缝长度超过1 m时，可采用逐步退焊法、分中逐步退焊法、跳焊法、交替焊法和分中对称焊法等。一般，退焊法和跳焊法每段焊缝长度以100～350 mm为宜，以上焊法如图7—11所示。

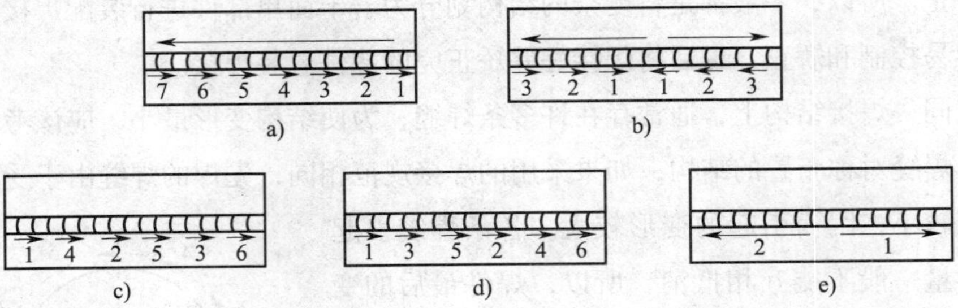

图7—11　采用不同焊接顺序的对接焊

a）逐步退焊法　b）分中逐步退焊法　c）跳焊法　d）交替焊法　e）分中对称焊法

工字梁虽截面形状和焊缝布置对称，但如果焊接顺序不合理，也会发生各种变形。按照合理安排焊接顺序的原则，正确的施焊方法是把总装好的工字梁垫平（见图7—12a），对称焊接。在焊接时，要注意两边对称焊缝的焊接方向要一致，且不要错开，否则会减弱对称抵消变形的作用。如果是一名焊工操作，可先焊1、2焊缝，翻转工件后焊3、4和5、6焊缝，最后再翻转焊7、8焊缝。如果四条焊缝都不需要焊两层，则在焊1、2焊缝时，不焊满全长，留30%～50%，待焊完3、4焊缝后再焊。在焊每一条焊缝时，都应从中间向两端分段焊，每段长度500～1 000 mm（见图7—12b）。若两名焊工同时操作，应在互相对称的位置上采用相同的焊接规范进行焊接（见图7—12c）。

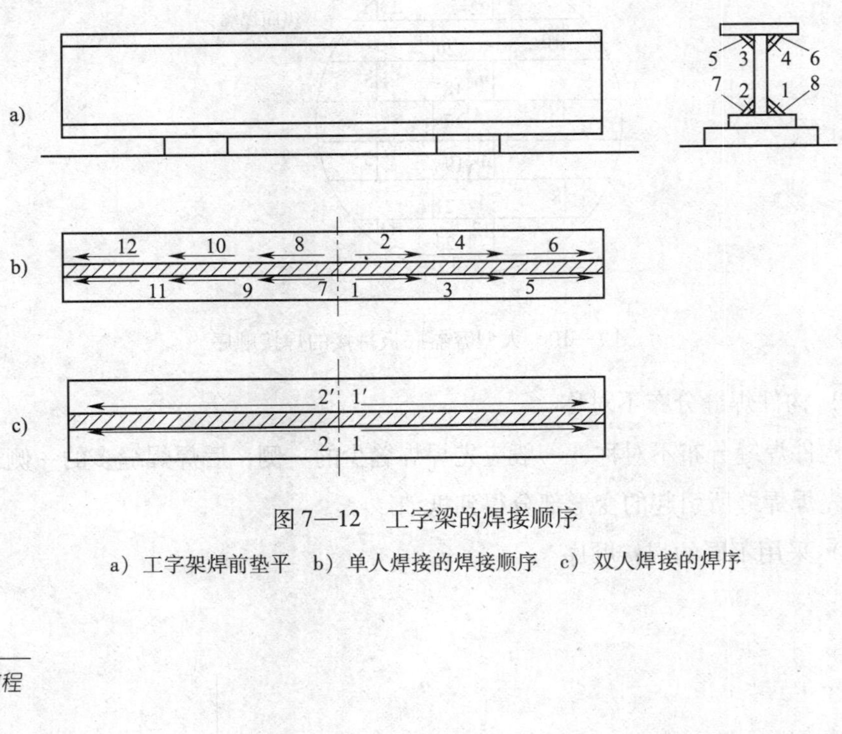

图7—12　工字梁的焊接顺序

a）工字架焊前垫平　b）单人焊接的焊接顺序　c）双人焊接的焊序

2. 反变形法

在焊前进行装配时，先将焊件向与焊接变形相反的方向进行人为的变形，以达到与焊接变形相抵消的目的，这种方法叫做反变形法。实践表明，这种方法是切实可行的。用此方法时，要预测好反变形量的大小。

图 7—13 所示为 V 形坡口单面对接焊的角变形情况，若采用图 7—13b 所示的反变形法，焊接变形可以得到有效的控制。

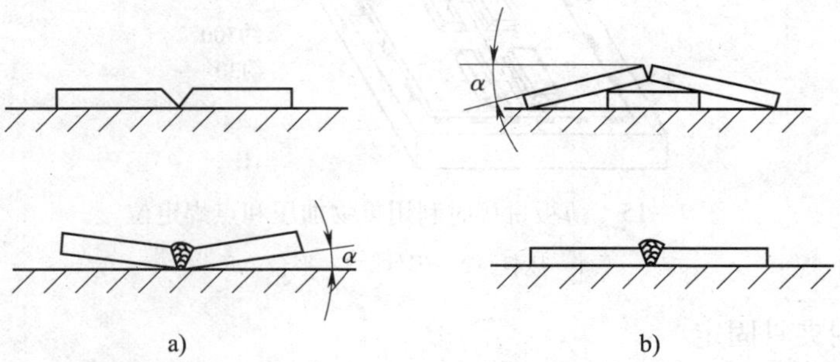

图 7—13　钢板对接时的反变形法

a）未采用反变形法　b）采用反变形法

工字梁焊后，由于角焊缝的横向收缩，会引起图 7—14a 所示的角变形。为了防止角变形，在加工时，将翼板反向压成一定角度，然后再组装（见图 7—14b）焊接，则能收到良好的效果。反向压弯的角度应加以控制，不可过小或过大。

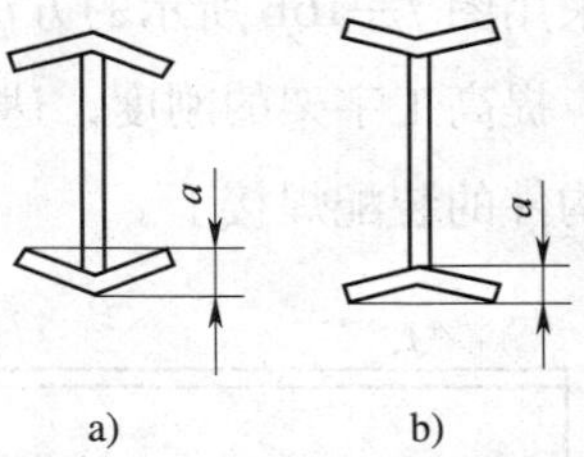

图 7—14　焊接工字梁的反变形法

a）焊后角变形　b）采用反变形

3. 刚性固定法

焊件变形量的大小还取决于结构的刚度。结构刚度越高，焊后引起的变形量相对地越小，而结构的刚度主要取决于结构形状和尺寸大小。从结构抵抗拉伸或压缩的能力来看，刚度大小与结构截面积大小有关。截面积越大，刚度越高，抵抗变形的能力越强。所以，厚钢板比薄钢板焊接产生的变形量要小。

结构抵抗弯曲和扭曲变形的能力主要取决于结构截面的几何形状和尺寸的大小。短而粗的焊件不易引起弯曲变形，封闭截面构件的抗扭曲变形能力较强。

刚性固定是指对自身刚度不足的构件，采用强制措施或借助于刚度高的夹具，起到限制和减小焊后变形程度的作用。用此方法，需在焊件完全冷却后才可撤除固定夹具。常用的方法有以下几种：

（1）利用重物加压或点焊定位

这种方法适用于薄板焊接，如图 7—15 所示。在板的四周用定位焊与平台或胎架焊牢，并用重物压在焊缝的两侧，待焊缝完全冷却后再搬掉压块，铲除定位焊点，这样焊件的变形就可以减小。

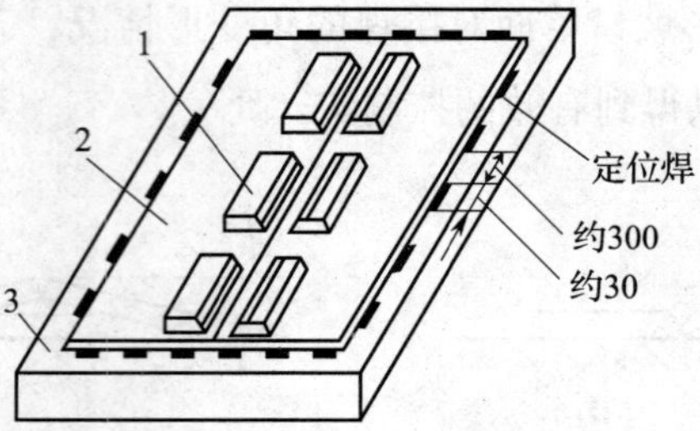

图 7—15　薄板拼接时利用重物加压和点焊定位

1—压铁　2—焊件　3—平台

（2）利用夹具固定

如图 7—16a 所示的工字梁，焊前用螺栓将翼板牢牢地紧固在平台上，利用平台的刚度，来减少焊后的角变形和弯曲变形。若因条件所限，不能采用上述方法，也可采用图 7—16b 所示的方法，将两个工字架组合在一起，用楔口夹具将两翼板楔紧，提高工字架的刚度，达到减小焊后变形的目的。这种方法也常用在基座、框架等构件的装配焊接上。

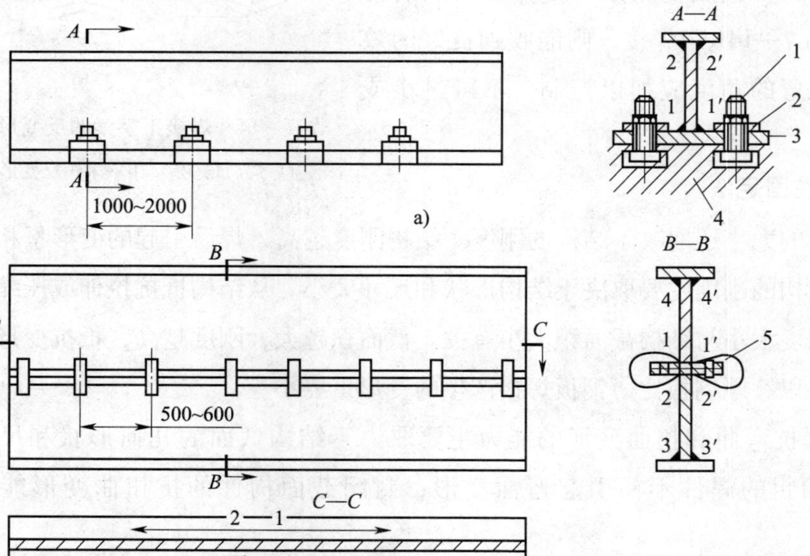

图 7—16　工字梁在刚性夹紧下进行焊接

1—螺栓　2—压板　3—垫铁　4—刚性平台　5—楔口夹具

(3) 加"马"或临时支撑的固定方法

在钢板对接焊时，也可采用加"马"固定的方法来控制变形，如图 7—17 所示。这种方法简单可靠，在生产中应用较广。

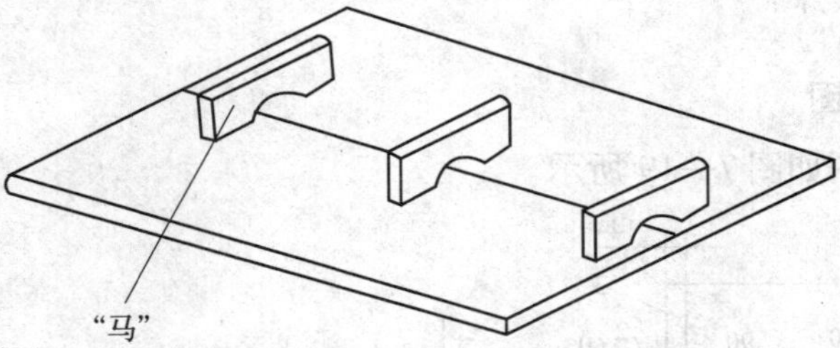

图 7—17　钢板对接时加"马"固定

对于一般小型焊件，也可采用加临时支撑的刚性固定法，如图 7—18 所示。

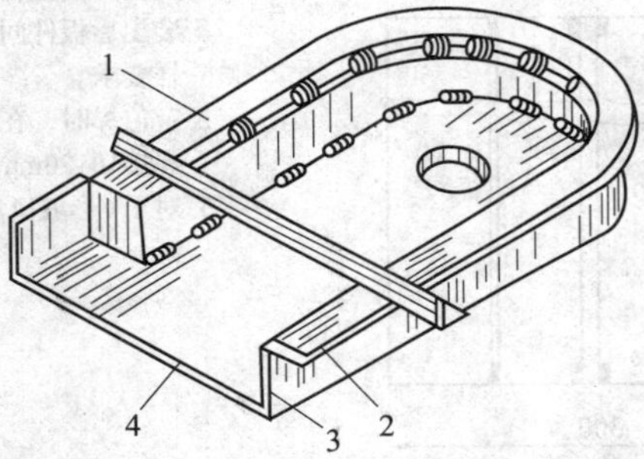

图 7—18　防护罩焊接时加临时支撑

1—临时支撑　2—圆周法兰盘　3—立板　4—底平板

应当指出，采用刚性固定的结构，焊接变形得到了有效的控制，但由于结构受到较大的约束，而导致内部产生较大的应力。所以，刚性固定法只适用于可焊性较好的焊件。对于可焊性较差的中碳钢及合金钢构件，不宜采用刚性固定法焊接，以免产生裂纹。

技能要求

钢板结构件定位焊

一、操作准备

1. 材料的准备

按定位焊工件图（见图 7—19）准备好钢板。

2. 工具、量具的准备

准备锤子、90°角尺等。

3. 焊接设备、焊条的准备

准备电焊机、ϕ3. 2 mm 焊条。

二、操作步骤

1. 识读工件图

定位焊工件图如图 7—19 所示。

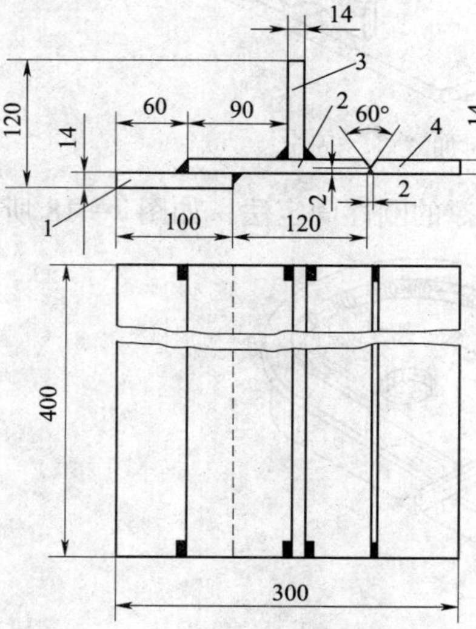

技术要求

1. 定位焊前应将各板件平整后去毛刺，装配后板件间的相对位置要符合图样要求。
2. 定位焊时，在焊件焊缝的两端定位焊接10~20mm的焊缝，并保证焊牢。
3. 对于V形坡口焊缝应考虑到反变形量。

图 7—19　定位焊工件图

2. 定位焊工艺规范的选择

定位焊因施焊位置不同，而采取平焊、角焊或立焊等方法，前面介绍的各种焊接方法的工艺规范仍可参照。应该强调指出的是：定位焊所用的焊条、焊件温度等工艺条件，应该与正式施焊时的要求相同；焊接电流应比正式焊接电流大 10% ~ 15%，以防止产生未焊透和焊脚过高等缺陷。

3. 变形趋势与预防

件 1 和 2、件 2 和 4 之间，点焊后易产生不在同一平面内的变形，件 2 和 3 之间易产生不垂直的变形。预防方法：件 1 和 2 采用刚性固定法；件 2 和 4、件 2 和 3 采用反变形法。

4. 对接接头的定位焊

将平整好的板件放在平台上，每两块一组拼好，接缝应留有 1 ~ 2 mm 的焊缝间隙。然后在接缝两端以定位焊固定。为防止两端因施焊次序不同而引起接缝间隙不一致，应该使后焊一端的接缝间隙适当加大，以抵消焊接收缩的作用。或者在后焊端接缝间隙内放入一厚度与间隙尺寸相等的窄薄铁片，以阻止定位焊时两板靠拢，待定位焊结束后再将其取出。

5. T 字接头的定位焊

组装 T 字接头时，应保证接头两板的垂直度。施焊时，先用定位焊固定接头一侧，待两板角度修正后，再定位焊接另一侧。定位焊后，应将定位焊缝处的药皮清理干净，以免影响正式焊接质量。

三、注意事项

1. 定位焊缝的尺寸应比正式焊缝窄。板厚 4 ~ 12 mm 的焊件，对接接头的焊缝高应为 1.5 ~ 2 mm；T 字接头的焊缝高为 3 ~ 6 mm。焊缝长度为 10 ~ 30 mm，间隔 50 ~ 300 mm。在特殊情况下，焊缝的长度和间隔可适当调整。

2. 在焊缝交叉处和焊缝转折处不允许定位焊，应离开 50 mm 左右。

3. 对不开坡口的接头，引弧后应当将电弧拉长，对焊件焊接点进行预热，以取得较大的熔深。

4. 若定位焊缝开裂而需重新焊接时，必须将开裂的焊缝金属全部铲掉后方可重焊。

学习单元 3　小型构件的铆接

学习目标

- 了解铆接连接形式及适用范围
- 掌握铆接原理及工艺
- 能进行小型构件的铆接

知识要求

一、铆接连接形式及适用范围

1. 铆接连接

利用铆钉把两个或两个以上的零件或构件连接成为一个整体称为铆钉连接，简称铆接。

2．铆接的形式

根据被连接件的相互位置不同，铆接有搭接、对接和角接三种形式。

（1）搭接

搭接是将一块钢板（或型钢）搭在另一块钢板上进行铆接，如图 7—20 所示。

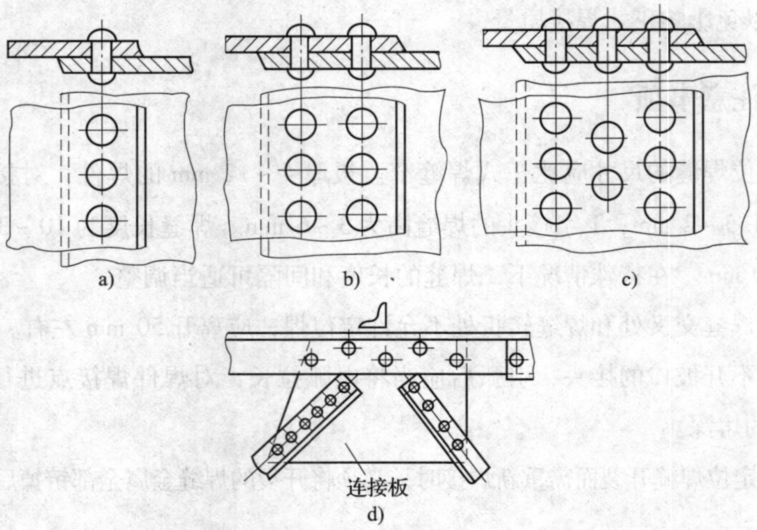

图 7—20　搭接

a）单排　b）双排　c）多排　d）材料与型钢搭接

（2）对接

对接是将两个钢板（或型钢）的接头置于同一平面，用盖板作为连接件，把接头铆接在一起。盖板有单盖板和双盖板两种形式（见图 7—21），每种又根据接头一侧铆钉的排数有单排、双排和多排之分，铆钉的排列形式有平行和交错两种。

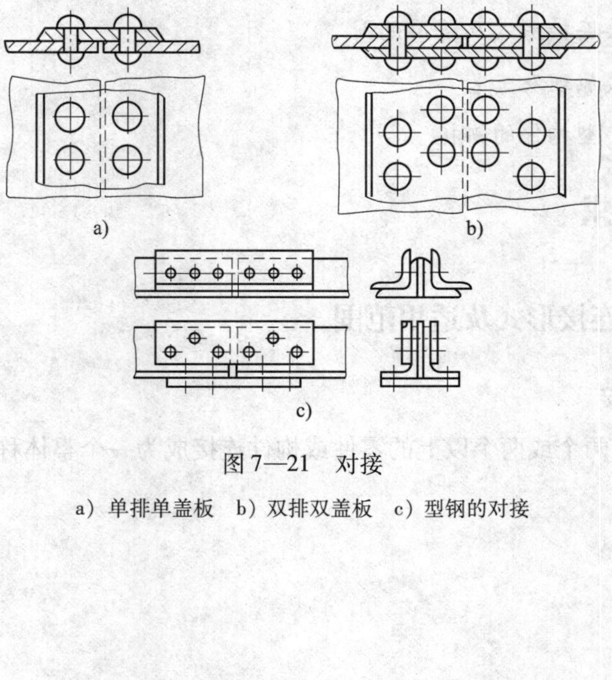

图 7—21　对接

a）单排单盖板　b）双排双盖板　c）型钢的对接

（3）角接

角接是两板件相互垂直或成一定角度的连接，在接合处用角钢作为连接件，有单面和双面两种形式（见图 7—22）。

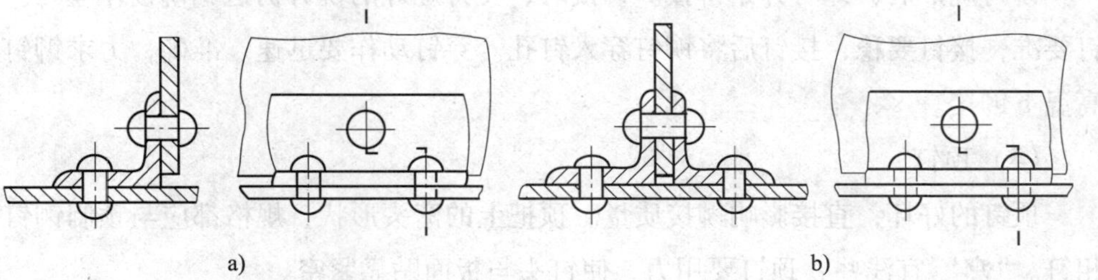

图 7—22　角接

a）单面　b）双面

3. 铆接适用范围

由于铆接不受金属种类和焊接性能的影响，而且铆接后构件的内应力和变形都比焊接小，所以适用于承受严重冲击或振动载荷构件的连接。某些异种金属和轻金属（如铝合金）的连接中，铆接经常被采用。

二、铆接原理及工艺

1. 铆接原理

热铆时，钉杆一端除形成封闭的钉头外，同时被镦粗充实钉孔。冷却时，铆钉长度收缩，对被铆件产生足够的压力，使板缝贴合得更严密，从而获得足够的连接强度。

2. 铆接工艺

（1）铆接件的紧固与钉孔修整

铆接件装配时，须将板件上的钉孔对齐，用相应规格的螺栓拧紧。螺栓分布要均匀，数量不得少于铆钉孔数的四分之一。螺栓拧紧后板缝接合面要严密。

在构件装配中，由于加工误差，会出现部分错位孔，故铆接前须用矫正冲或铰刀修整钉孔，使之同心，以确保穿钉顺利。对在预加工中留有余量的钉孔，也需用铰刀进行扩孔修正。为使构件之间不发生移位，需修整的钉孔应一次铰完。铰孔顺序：先铰未拧入螺栓的钉孔，铰完后拧入螺栓，然后再将原螺栓卸掉铰孔。

（2）铆钉加热

用铆钉枪铆接时，铆钉需加热到 1 000 ~1 100℃。铆钉加热至橙黄色时（900 ~

1 100℃），改为缓火焖烧，使铆钉内外及全长受热均匀，烧好的铆钉即可取出铆接（不能使用过热或加热不足的铆钉）。

（3）接铆钉和穿铆钉

铆钉烧好后，即可开始铆接。铆接时，要将烧好的铆钉扔送到铆接作业区。扔钉要准，接钉要稳，接钉后将铆钉穿入钉孔。穿钉动作要迅速、准确，力求铆钉在高温下铆接。

（4）顶钉

顶钉的好坏，直接影响铆接质量。顶把上的窝头形状、规格都应与预制铆钉头相符。“窝”宜浅些，顶钉要用力，使钉头与板面贴靠紧密。

（5）热铆

热铆过程如图7—23所示，开始时采用间断送风，待钉杆镦粗后再加大风量，将外露钉杆锻打成钉头形状（见图7—23b）。钉头成形后，再将铆钉枪略微倾斜地绕钉头旋转一周击打（见图7—23c），迫使钉头周边与构件表面密贴，但不允许过分倾斜，以免窝头伤及构件表面。

为了保证铆接质量，压缩空气的压力不应低于0.5MPa。

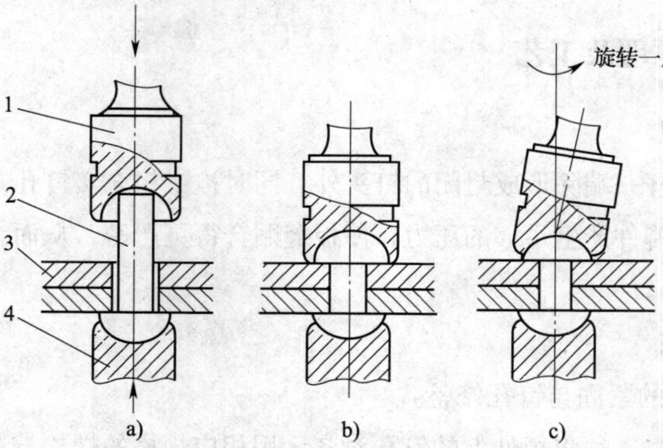

图7—23　铆接过程示意图

1—窝头　2—铆钉　3—工件　4—顶把

铆钉的终铆温度应为450～600℃，终铆温度过高，会降低钉杆的初应力，使铆接件不能充分压紧；终铆温度过低，铆钉会发生蓝脆现象。因此，热铆过程应尽可能在短时间内迅速完成。对接缝紧密性要求较高的结构，在铆接后尚需进行敛缝。

铆接结束后，应逐个检查铆钉是否合格或松动，发现松动且不能修复的，应铲掉重铆。

技能要求

铆接连接件

一、操作准备

1. 铆接连接件的准备

按铆接工件图（见图 7—24）的要求将工件装配好，用少量相应规格的螺栓作临时连接。螺栓分布要均匀，数量不得少于铆钉数的 1/4。螺栓紧固后，板缝接合面要严密。

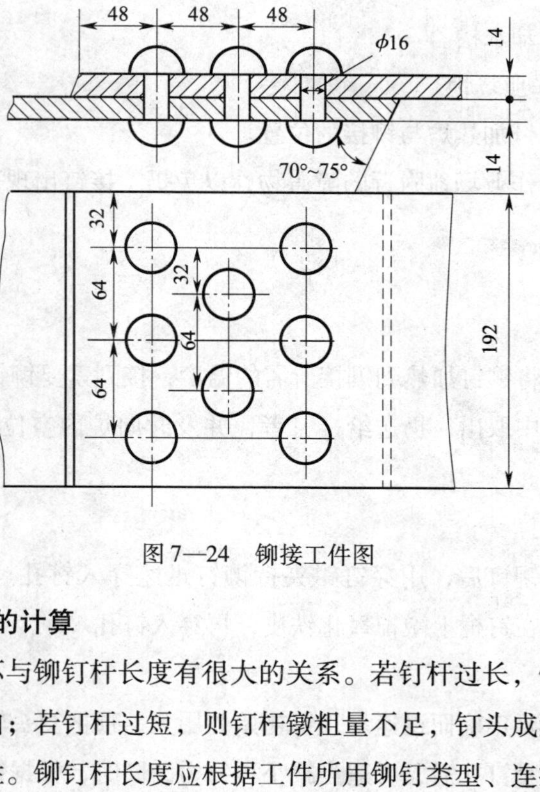

图 7—24　铆接工件图

2. 铆钉杆长度的计算

铆接质量的好坏与铆钉杆长度有很大的关系。若钉杆过长，铆钉的镦头就会过大，且钉杆容易弯曲；若钉杆过短，则钉杆镦粗量不足，钉头成型不完整，将会影响铆接强度和紧密性。铆钉杆长度应根据工件所用铆钉类型、连接件总厚度等因素来确定。工件中所采用的半圆头铆钉杆长度可按下式计算：

$$L = (1.65 \sim 1.75)d + 1.1\Sigma\delta$$

式中　L——铆钉杆长度，mm；

d——铆钉杆直径，mm；

$\Sigma\delta$——连接件总厚度，mm。

由上式计算出的铆钉杆长度只是近似值，当铆钉数量较多时，还应通过试铆最后确定铆钉杆长度。

铆钉杆长度准确确定后，便可将铆接需要的铆钉裁出所需的长度。

该铆接件铆钉杆长度为：

$$
\begin{aligned}
L &= (1.65 \sim 1.75)\ d + 1.1\Sigma\delta \\
&= (1.65 \sim 1.75) \times 16 + 1.1 \times 28 \\
&= 1.7 \times 16 + 1.1 \times 28 \\
&= 58\ (\text{mm})
\end{aligned}
$$

3. 铆接工具和用具的准备

（1）准备好铆钉加热炉、焦炭。

（2）准备好接钉、顶钉和铆钉的工具。

（3）准备好冷却水槽。

4. 布置铆接作业场地

（1）安排好铆钉加热炉与铆接的位置。

（2）清理铆接作业场地附近的障碍物，以免扔、接钉出现事故。

二、操作步骤

1. 铆钉加热

用铆钉加热炉将铆钉加热到铆接所需的温度，接到索要铆钉的信号后，将加热好的铆钉迅速从炉中取出，扔送给接钉者，并及时向炉内空位补充待加热的铆钉，使铆接能连续进行。

2. 接钉与穿钉

待接到烧好的铆钉后，用穿钉钳夹持铆钉迅速穿入钉孔。若铆钉上有氧化铁皮，则应先将铆钉在钉桶上敲掉氧化铁皮，再穿入钉孔。

3. 顶钉

顶钉时，动作要正确而迅速。顶钉初始要用力，顶把窝头轴线应与铆钉轴线重合，待钉杆镦粗胀紧钉孔后，可适当减小顶钉力，同时，根据铆钉成型中的实际情况，调节顶把角度，使铆接更加紧密。

对较小的铆接工件，也可将窝头固定在台架上，代替手顶把顶钉。小台架形式如图 7—25 所示。

4. 铆接

铆接过程如图 7—23 所示，先用顶把 4 把穿入钉孔的铆钉头部顶住，然后将铆

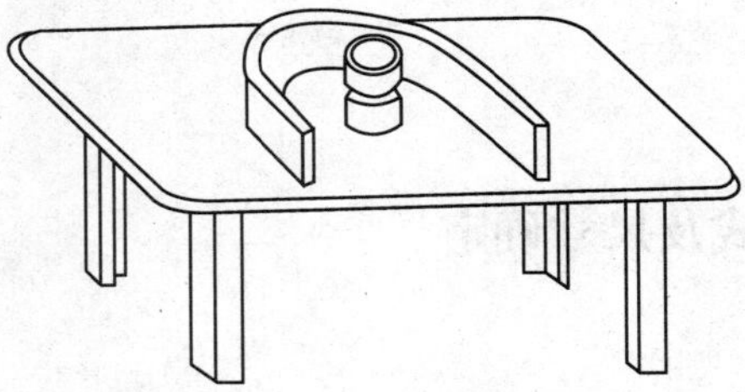

图 7—25　铆接小台架

钉枪前端的窝头 1 罩在铆钉 2 上端进行击打。开始时，风量要小些，并采取断续送风法镦粗铆钉杆。待钉杆镦粗后，加大送风量，先将钉杆头打成蘑菇形，然后逐渐打成完整的钉头形状。如果出现钉杆弯曲或钉头偏斜，可将铆钉枪相应倾斜适当角度进行矫正，待钉杆正位后再将铆钉枪扶正。铆钉成型后，铆钉枪还要略微倾斜地绕钉头旋转一周击打，迫使钉头周边与工件 3 表面接合紧密。但注意铆钉枪的倾斜度不得过大，以免窝头磕伤工件表面。

三、注意事项

1. 穿戴好劳动保护用品。
2. 扔、接钉时，扔钉者在得到接钉者发出索要铆钉的信号后方可扔钉。
3. 接钉者不应面向阳光站立，以免阳光刺眼而影响观察飞落的铆钉。
4. 接钉者脚下必须平整，周围不得有任何障碍物。

第 2 节　咬接与螺纹连接

学习单元 1　咬接

学习目标

- 了解咬接结构形式
- 熟悉咬接工具的种类及使用
- 能进行平缝、角缝的咬接操作

知识要求

一、咬接结构形式及尺寸确定

1. 咬接

将两块板料的边缘或一块板料的两边折弯扣合，并彼此压紧的连接方式称为咬接。

2. 咬接结构形式

根据接缝需要可咬合成各种各样的形式。按形式分为立扣和卧扣。按结构分为挂扣、单扣、双扣等（见图7—26）。

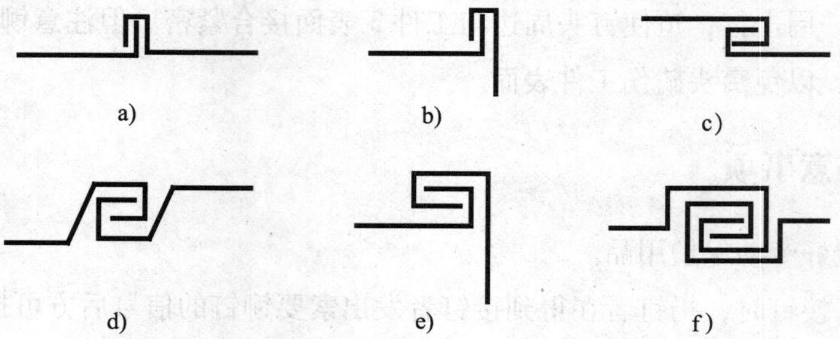

图7—26　咬接结构形式

a）立缝挂扣　b）角缝挂扣　c）卧缝挂扣　d）卧缝单扣　e）角缝单扣　f）卧缝双扣

一般所说的咬缝指的是图7—26d所示的卧缝单扣。这种咬缝有一定的强度，又平滑，应用也最多。日常用的盆、桶等都用这种咬缝。图7—26a所示的立缝挂扣应用于弯头上。

3. 咬接尺寸确定

（1）咬接折边尺寸确定

折边的尺寸与咬接板料的厚度有关。折边的尺寸过小，易出现咬接不上的现象；折边的尺寸过大，咬接边的力臂增大，咬接强度不足。所以，确定咬接折边尺寸，是保证咬接质量的关键。

1）第一道边尺寸确定。第一道边尺寸取咬接板料厚度的6~8倍。

2）第二道边尺寸确定。第二道边尺寸取第一道边尺寸加3~5倍板料厚度。

（2）下料尺寸确定

下料尺寸的准确性，是保证咬接件尺寸的关键。下料尺寸应是构件尺寸加折边尺寸。

二、咬接工具的种类及使用

1．垫铁

垫铁（见图 7—27）用轻轨铁道钢加工而成。垫铁用于折边和咬接时作枕垫用。

2．方木

方木是木质较硬（色木、柞木或曲柳）的木方，如图 7—28 所示。咬接时，由于用垫铁枕垫，如用铁锤击打，易将板料打胀产生变形。方木的硬度低于金属，咬接时用方木击打可以避免产生变形。

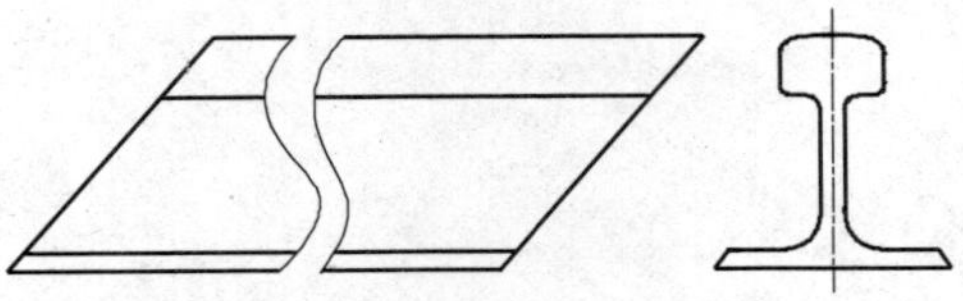

图 7—27　垫铁

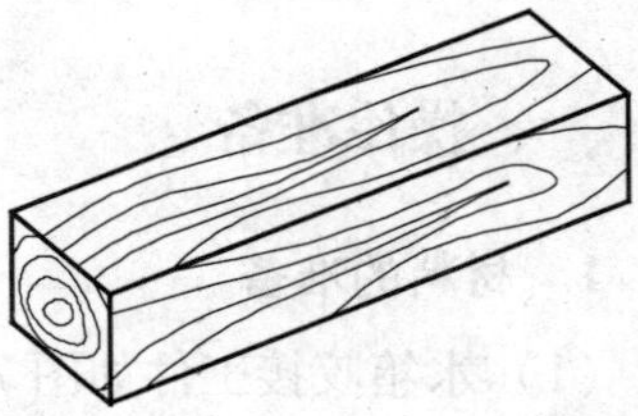

图 7—28　方木

3．方锤

方锤的一端为方头，一端为弧面或斜面，如图 7—29 所示。用方木击打咬接的接缝，严密性较差，用方锤轻轻敲打可增加接缝的严密性；用方锤的斜面端可进行一些挂扣的咬接。

4．铁剪子

铁剪子主要用于下料。直口铁剪子（见图 7—30）用于剪切直线或曲率较小的曲线。弯口铁剪子（见图 7—31）用于剪切曲率较大的曲线和内曲线。

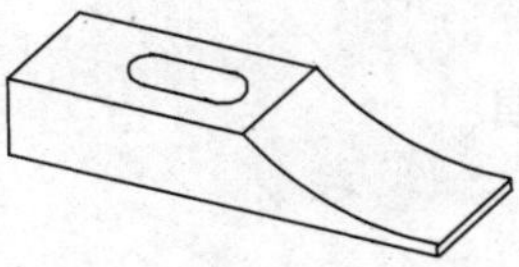

图 7—29　方锤

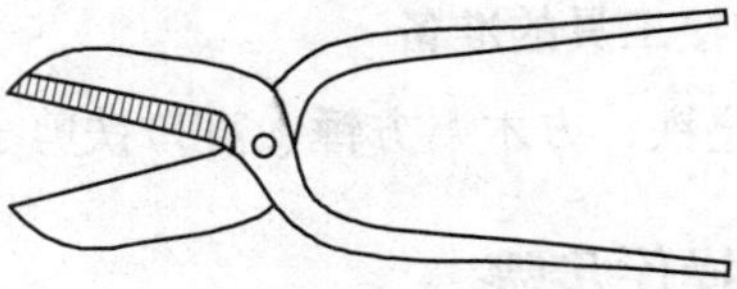

图 7—30　直口铁剪子

5．弯嘴钳

弯嘴钳如图 7—32 所示。弯嘴钳用于方木或锤子无法击打挂扣接缝的咬接。

6．划线工具

划针、钢直尺、90°角尺等。

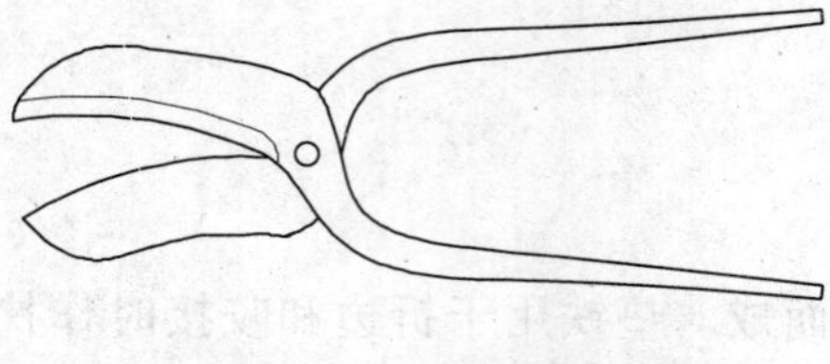

图 7—31　弯口铁剪子

图 7—32　弯嘴钳

技能要求

水箱咬接

一、操作准备

1. 材料的准备

（1）水箱咬接工件如图 7—33 所示。

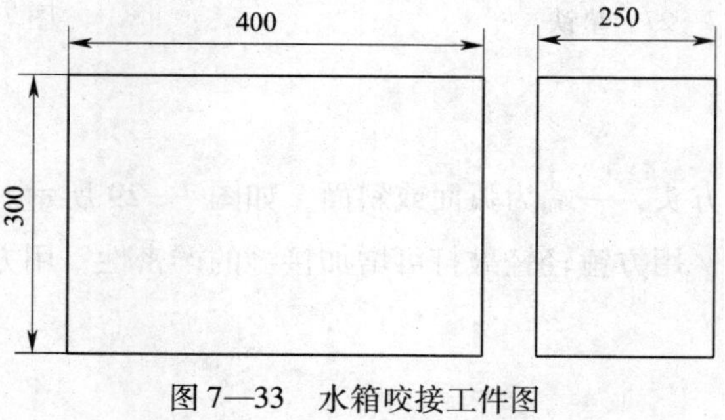

图 7—33　水箱咬接工件图

（2）准备厚 0.5 mm，长乘宽为 2 000 mm × 1 000 mm 镀锌板一张，8#铁线 1 500 mm。

2. 咬接工具的准备

准备垫铁、方木、方锤、直口铁剪子、划线工具。

二、操作步骤

1. 划线、下料

按图 7—33 所给尺寸进行水箱板料四周的划线。然后，按划好的线下料，如图 7—34a 所示。这里要特别说明的是：板料要按一定的尺寸去掉四个角。这是因为平缝咬合后，四层铁板叠在一起，在上口夹钢丝卷边和下口与底部咬合时，由于厚度较大造成咬合困难和咬合不严密。上、下角去掉的尺寸如图 7—34c 所示。

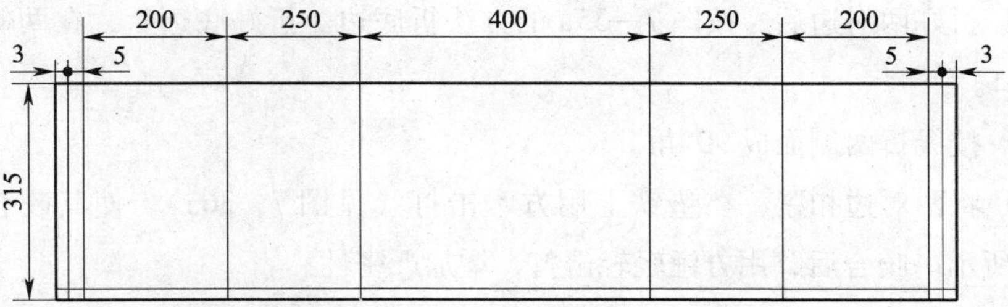

a)

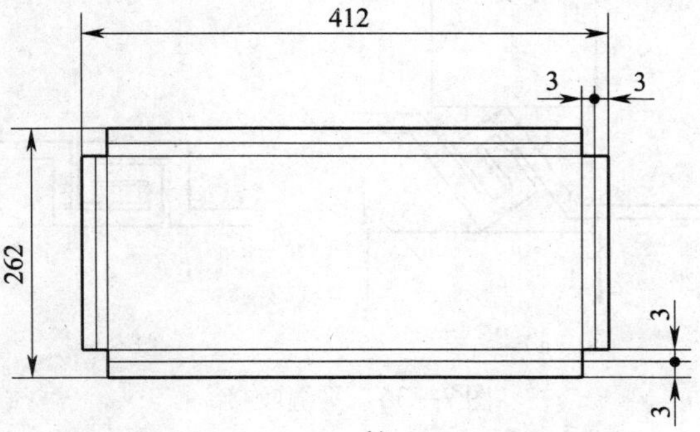

b)

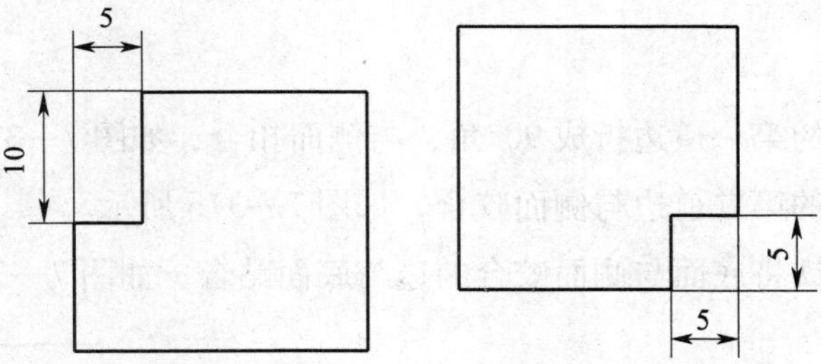

c)

图 7—34　下料尺寸

a）划线　b）去掉四个角　c）去掉的上、下角尺寸

2. 咬接平缝

（1）按图 7—34a 划好的线折平缝咬接边，如图 7—35 所示。图 7—35a 所示为折第一道边，图 7—35b 所示为折第二道边。但应注意的是，两边折的方向相反，否则咬接不上。

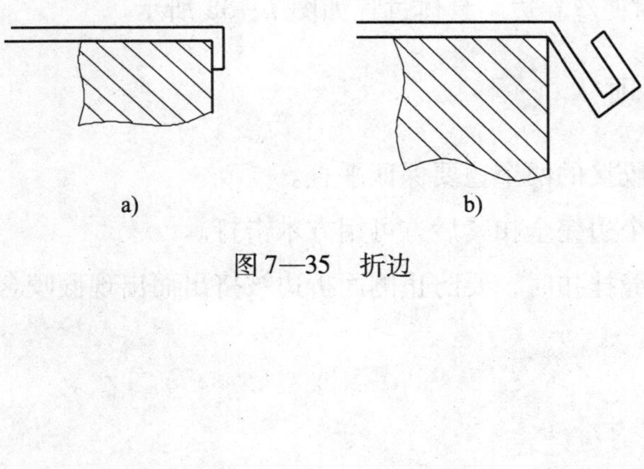

a)　　b)

图 7—35　折边

（2）折好两对边后，按图 7—35a 的方法折底边。折好底边后，在两侧面的折角处剪口。

（3）按线折两侧面成 90°角。

（4）将两对边扣紧，在垫铁上用方木击打（见图 7—36a），使其咬合，如图 7—36b 所示。咬合后，用方锤轻轻击打，增加严密性。

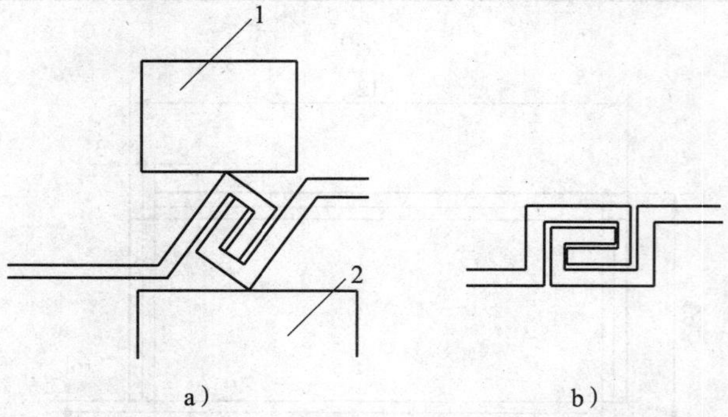

图 7—36　平缝咬接

1—方木　2—垫铁

3. 咬接角缝

（1）将底面的第一道边折成 90°角，与侧面扣合，如图 7—37a 所示。

（2）将底面的第二道边与侧面咬合，如图 7—37b 所示。

（3）利用垫铁将底面与侧面咬合的边与底面贴合，如图 7—37c 所示。

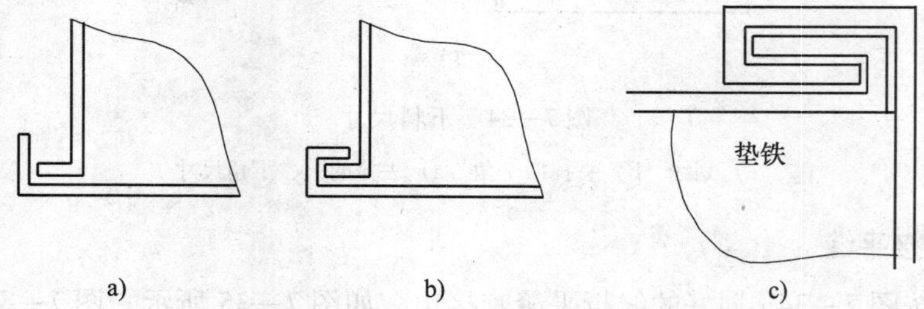

图 7—37　角缝咬接

4. 上口卷边

水箱上口采用夹丝卷边。具体过程如图 7—38 所示。

三、注意事项

1. 咬接时，咬接的两个边要保证平直。

2. 咬接的两个边完全扣紧后方可用方木击打。

3. 在咬接角缝挂扣时，要防止侧面折边被挤出而出现假咬合现象。

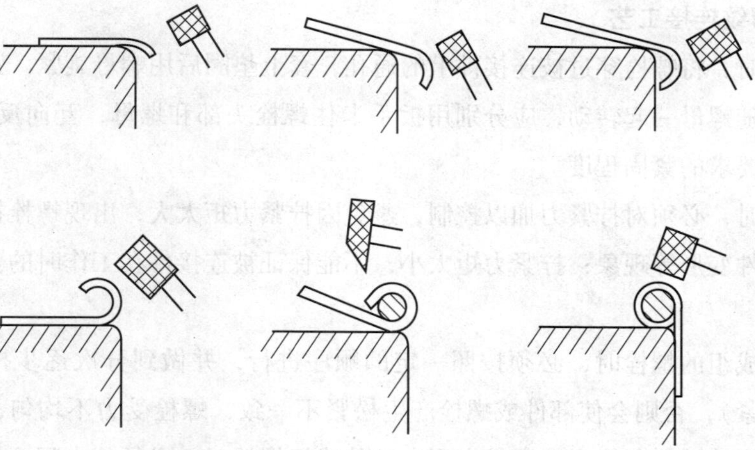

图 7—38　上口卷边

学习单元 2　螺纹连接

学习目标

- 了解螺纹连接的结构形式
- 熟悉螺纹连接工具及工艺
- 能进行螺纹连接件的连接操作

知识要求

一、螺纹连接的结构形式

螺纹连接是利用螺纹零件构成的可拆卸的固定连接。常用的螺纹连接有螺栓连接、双头螺柱连接和螺钉连接三种形式。螺纹连接具有结构简单、紧固可靠、装拆迅速方便、经济等优点，所以应用极为广泛。螺纹紧固件的种类、规格繁多，但它们的形式、结构、尺寸都已经标准化，可以从相应的标准中查出。

二、螺纹连接工具及工艺

1．螺纹连接工具

螺纹连接所用的工具为扳手。

2. 螺纹连接工艺

连接时，将螺栓穿过被连接件上的通孔，套上垫圈后用螺母旋紧。紧固时，为防止螺栓随螺母一起转动，应分别用扳手卡住螺栓头部和螺母，互向反方向扳动，直至达到要求的紧固程度。

紧固时，必须对拧紧力加以控制，避免因拧紧力矩太大，出现螺栓拉长、断裂和被连接件变形等现象；拧紧力矩太小，不能保证被连接件在工作时的要求和可靠性。

拧紧成组的螺栓时，必须按照一定的顺序进行，并做到分次逐步拧紧（一般分三次拧紧），否则会使部件或螺栓产生松紧不一致，螺栓受力不均匀，导致个别受力大的螺栓被拉断。在拧紧长方形布置的成组螺栓时，必须从中间开始，逐渐向两边对称地进行（见图 7—39a）；拧紧方形或圆形布置的成组螺栓时，必须关于中心对称地进行（见图 7—39b、c），图中的数字表示拧紧的顺序。

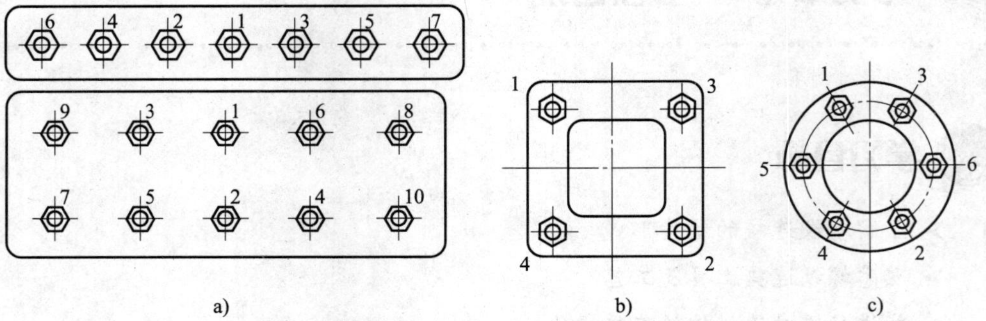

图 7—39　拧紧成组螺栓的顺序

技能要求

方法兰的螺栓连接

一、操作准备

1. 连接件的准备

按图 7—40 所示螺纹连接件的尺寸要求准备好方法兰两个，并按工件图要求的尺寸钻好孔。

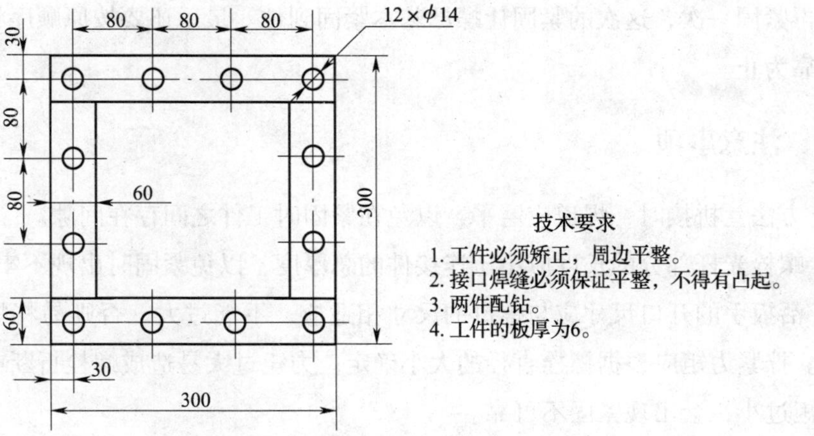

图 7—40　螺纹连接件

2. 工具的准备

准备活扳手两个（200 mm×24 mm）。

3. 螺纹紧固件的准备

准备好 M12×35 的螺栓、M12 的螺母、弹簧垫圈各 12 个。

二、操作步骤

1. 穿入螺栓并预紧

将螺栓穿入连接件的孔中，加上弹簧垫圈，用手拧上螺母。这时不能用扳手将螺母完全拧紧，否则会造成各螺母的松紧程度不一致。

2. 确定紧固顺序

由于该构件是一组螺栓，所以应按一定顺序来紧固。紧固的顺序如图 7—41 所示。

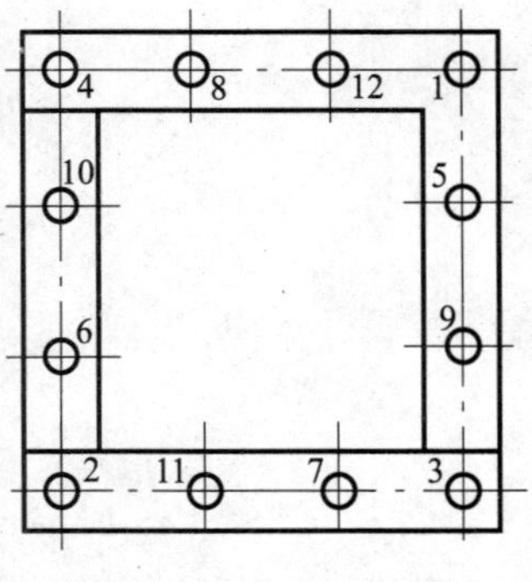

图 7—41　紧固顺序

3. 依次紧固各螺栓

确定紧固顺序后，用扳手紧固时不能一次完成。第一次稍加用力即可，然后按原顺序再紧固一次，这次的紧固让螺母基本紧固到位。最后还要按原顺序将螺母紧固到可靠为止。

三、注意事项

1. 方法兰拼接时，焊道应磨平，以免在紧固时工件之间存在间隙。

2. 螺栓光杆部分的长度应小于连接件的总厚度，以免紧固时出现不牢固现象。

3. 活扳手的开口尺寸应与螺母的尺寸相适应，不能过大，否则易将螺母的六角磨圆。拧紧力矩应根据螺栓直径的大小确定。力矩过大易造成螺栓折断或脱扣现象；力矩过小，会出现紧固不可靠。

第 8 章

检　验

第 1 节　原材料质量检验

学习目标

- 了解原材料检验的基本知识与方法
- 能进行原材料的质量检验

知识要求

一、原材料检验的基本知识

原材料的质量检验是一项重要的工序，原材料的尺寸、形状的准确程度，不仅影响零件的号料和零件加工的正常进行，还会由于连接的问题影响产品的经济性、安全性和使用寿命。所以，在金属结构制作过程中，必须按照工艺程序和规程对各道工序进行检验。因为它是产品质量控制不可缺少的组成部分。

1. 原材料的质量检验内容

（1）各种钢板：主要检验钢板的厚度及钢板的平面度。

（2）型钢的直线度：在单位长度内的翘曲度。

（3）角钢两边的垂直度。

（4）槽钢、工字钢翼板的垂直度。

2．质量检验的步骤

质量检验的过程包括如下步骤：

（1）明确质量目标

根据技术标准明确检验的项目和各项要求。

（2）测量试验

确定适当的方法和手段测定产品，以得到正确的质量特性和结果。

（3）比较

将测试得到的结果同标准规定的质量要求相比较。

（4）判定

根据比较结果判定产品是否合格。

二、原材料质量检验的方法

1．厚度用卡钳检验，如图8—1所示。

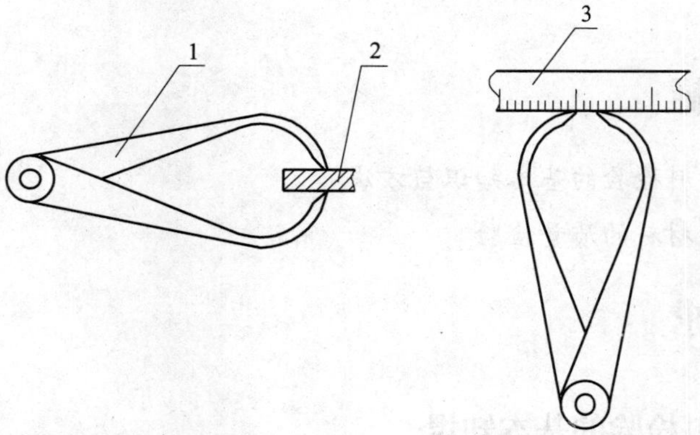

图8—1　钢板厚度的检验

1—卡钳　2—钢板　3—刻度尺

2．平面度、直线度可以用钢直尺或粉线检验，如图8—2所示。

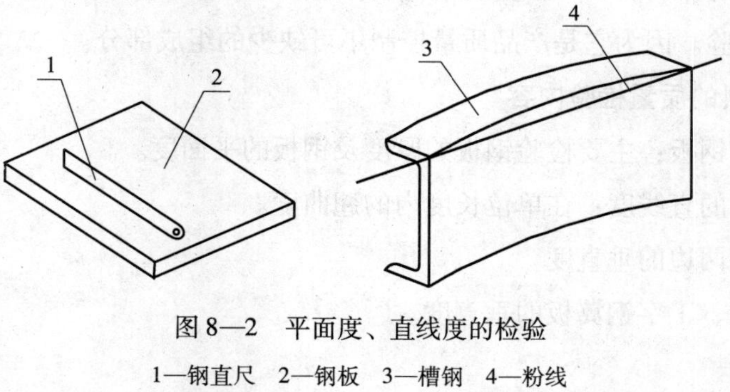

图8—2　平面度、直线度的检验

1—钢直尺　2—钢板　3—槽钢　4—粉线

3．角度、垂直度可以用 90°角尺检验，如图 8—3 所示。

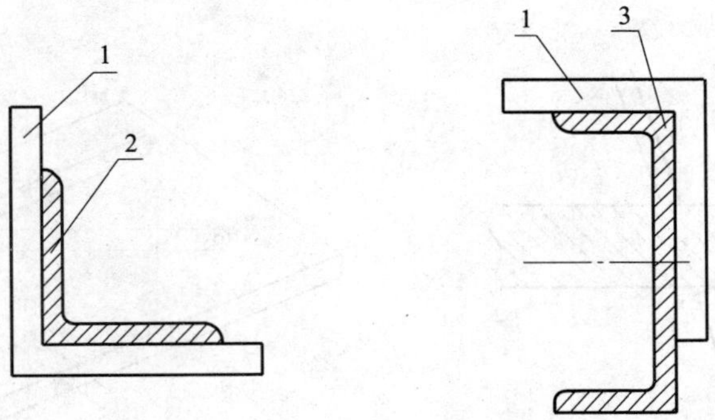

图 8—3　角度、垂直度的检验

1—90°角尺　2—角钢　3—槽钢

4．原材料表面质量直接观察即可。

技能要求

钢板质量检验

一、操作准备

1．钢板的准备

准备 1 000 mm × 500 mm × 12 mm 的钢板一块。

2．工具、量具的准备

准备好卡钳和钢直尺。

二、操作步骤

1．检验钢板的厚度

将卡钳夹在钢板上，这时要保证卡钳与钢板表面垂直，不能出现图 8—4 所示的现象，否则会造成测量误差。卡钳与钢板之间不许有间隙，而且卡钳在钢板上可以自由地移动。取下卡钳，在刻度尺上度量尺寸即可得到钢板的厚度。

2．检验钢板的平面度

将钢直尺立放在钢板表面上，如图 8—5 所示。观察钢板表面与钢直尺的贴合情况，若钢板表面与钢直尺完全贴合，说明钢板表面平直；若钢直尺中间与钢板表面贴合，两端有间隙，说明钢板表面有凸起变形；若钢直尺两端与钢板表面贴合，中间有间隙，说明钢板表面有下凹变形。用钢直尺检验钢板的平面度时，要从不同的几个方向进行检验。

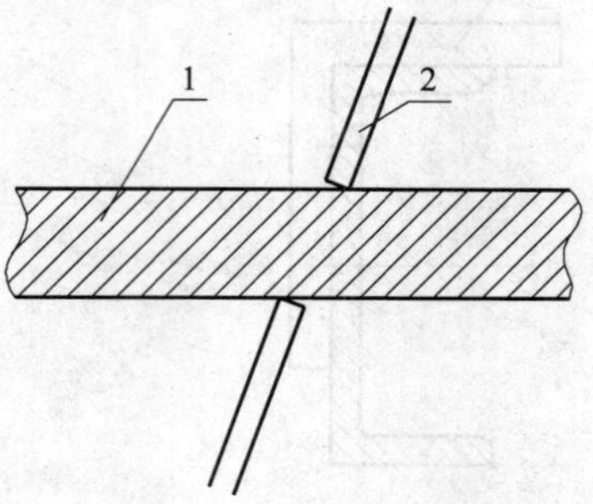

图 8—4　卡钳与钢板表面不垂直

1—钢板　2—卡钳

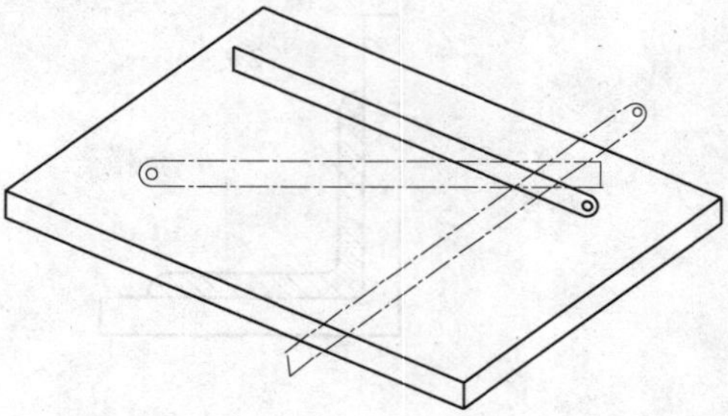

图 8—5　用钢直尺检验钢板的平面度

3. 检验钢板的表面质量

用眼睛观察钢板的表面质量，看是否有锈蚀、划痕等。

三、注意事项

1. 检验钢板的厚度时，要保证卡钳与钢板表面垂直。
2. 检验钢板的平面度时，要在多个方向上进行检验。

第 2 节　零件质量检验

学习目标

- 熟悉线性尺寸的检测方法
- 能正确使用检测工具
- 能对零件进行尺寸、形状等检验

知识要求

一、常用检测工具及使用方法

零件质量检验常用的工具有钢直尺、90°角尺、卷尺、粉线、样板、样杆等。

钢直尺、90°角尺、卷尺、粉线主要用于零件的平面度、直线度、垂直度、线性尺寸等的检测。样板主要用于检验成形加工零件的形状、角度、曲率半径及尺寸，另外，也用于确定零件之间的相对位置，如图 8—6 所示。

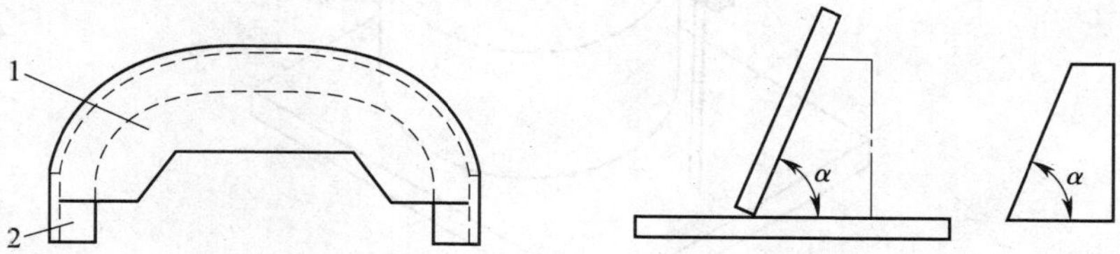

图 8—6　用样板检验零件的形状及相对位置

1—样板　2—弯形件

二、线性尺寸的检测方法

线性尺寸是指零件上被测的点、线、面与测量基准间的距离。由于组成构件的各个零件间都有尺寸要求，因此，线性尺寸测量在装配中应用最多，而且在进行其他项目的测量时，往往也须辅以线性尺寸的测量。

线性尺寸测量，主要是利用各种刻度尺（卷尺、盘尺、钢直尺、木折尺等）来完成。有时，也用画有标志的样棒进行线性尺寸的测量。如图 8—7 所示为在槽钢上装配立板。为了确定立板与槽钢接合线的位置，需要测量其中一块立板距槽钢端面的尺寸 a 及两立板间的距离尺寸 b。这两个尺寸即属于线性尺寸。

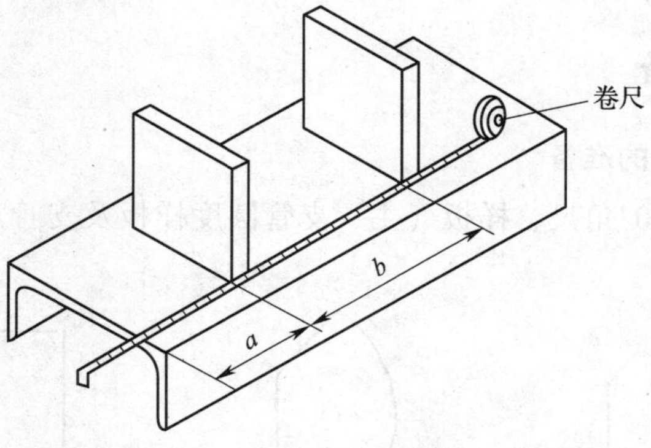

图 8—7　槽钢上装配立板的尺寸测量

构件的某些线性尺寸，有时因受构件形状等因素的影响，而不能直接用尺测量，需要借助其他量具来完成。图 8—8 所示的工件为圆锥台与圆筒所组成，按图示的位置装配，在测量整体高度时，由于圆锥台小口端面（封闭的）较圆筒外壁缩进一段，无法用尺直接测量，这时可借助于用轻型工字钢制成的大平尺，来延伸圆锥台小口的端平面，再用钢直尺或卷尺间接测量。

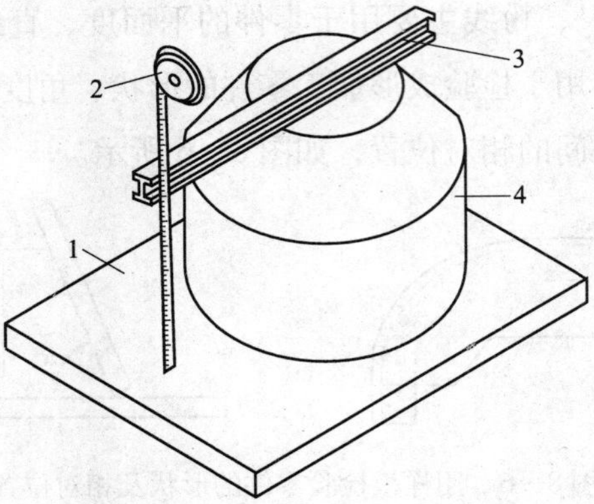

图8—8　间接测量工件高度

1—平台　2—卷尺　3—大平尺　4—工件

采用间接测量法时应注意：所采用的测量方法和辅助量具应能保证测量结果的精确度，而且应简便易行。如上例中为保证测量结果的精度，所用大平尺的工作面（代替零件被测面的尺面）应十分平直，而且尺身应不易变形。此外，为使用方便，大平尺不宜过重，常用小型铝质工字钢制作。

技能要求

相贯件质量检验

一、操作准备

1. 工具、量具的准备

准备刻度尺、90°角尺、样板（主、支管圆度样板及支管定位样板），样板如图8—9所示。

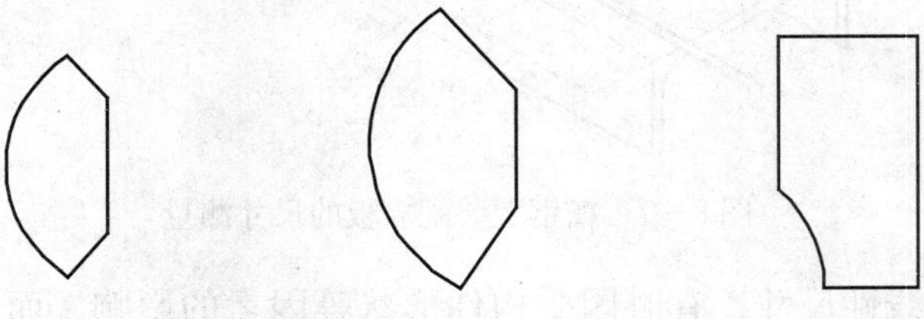

图8—9　检验样板

a）小圆卡形样板　b）大圆卡形样板　c）支管定位样板

2. 工件的准备

相贯件如图8—10所示。

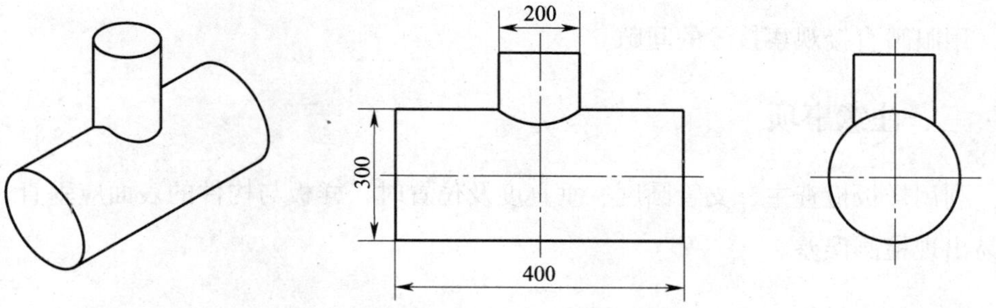

图 8—10 检验工件图

二、操作步骤

1. 主、支管圆度的检验

用卡形样板在圆管整个圆周的各个位置进行检验，看圆管是否与样板贴合，如图 8—11 所示。若样板两端与圆管贴合，中间有间隙，说明圆管的曲率过大；若样板中间与圆管贴合，两端有间隙，说明圆管的曲率偏小。

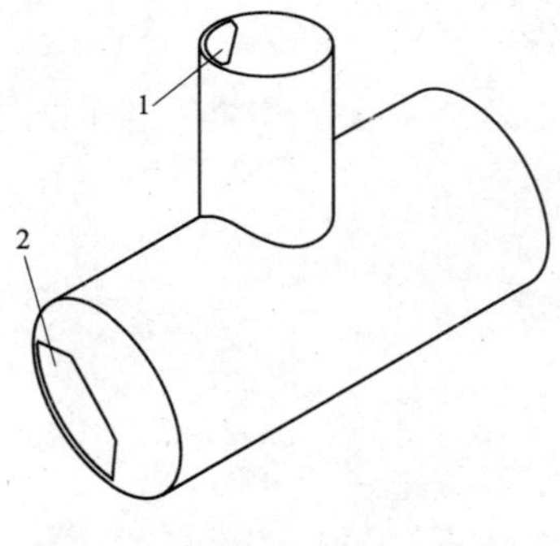

图 8—11 主、支管圆度的检验

1—小圆卡形样板 2—大圆卡形样板

2. 主、支管尺寸的检验

用刻度尺测量支管的高度、主管的长度及支管的左右位置，如图 8—12 所示。

3. 主、支管垂直度的检验

用 90°角尺检查主、支管左右方向的垂直度；用定位样板检查主、支管前后方向的垂直度，如图 8—13 所示。

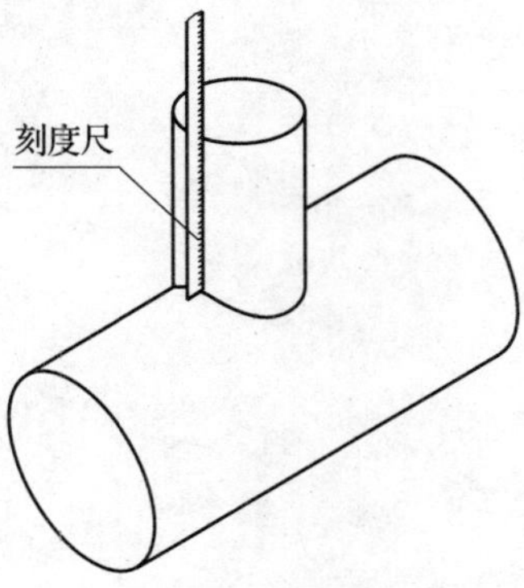

图 8—12 主、支管尺寸的检验

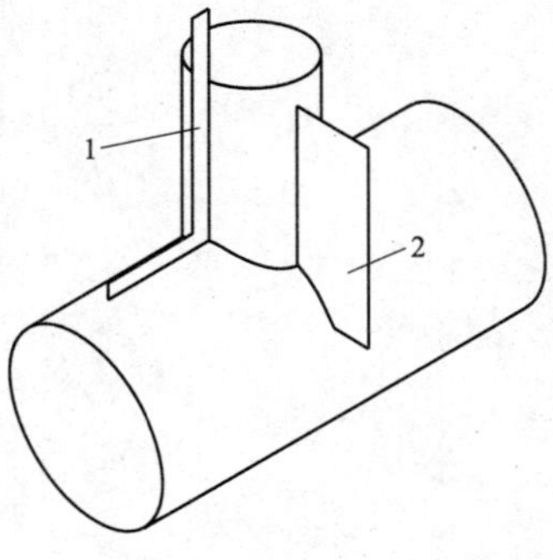

图 8—13 主、支管垂直度的检验

1—90°角尺 2—定位样板

4. 接缝间隙的检验

用眼睛直接观察接缝的间隙。

三、注意事项

利用样板检查主、支管圆度、垂直度及位置时，样板与构件的表面应垂直，否则易出现检测误差。